LA

FÊTE-DIEU,

SAINTE JULIENNE ET L'ÉGLISE SAINT MARTIN,

A LIÉGE,

ESQUISSES HISTORIQUES,

PUBLIÉES

SOUS LES AUSPICES DE L'ARCHI-CONFRÉRIE DU TRÈS-SAINT-SACREMENT,
ÉRIGÉE DANS L'ÉGLISE PRIMAIRE DE SAINT MARTIN,

par

Un Membre de l'Archi-Confrérie,

A L'OCCASION DU SIXIÈME JUBILÉ SÉCULAIRE DE L'INSTITUTION DE LA FÊTE
DU TRÈS-SAINT-SACREMENT.

Panem de cœlo præstitisti eis omne
delectamentum in se habentem
Office de St.-Sacrement.

LIÉGE,

H. DESSAIN, IMPRIMEUR DE L'ÉVÊCHÉ,

PLACE ST.-LAMBERT, N° 9-28.

1846.

LA

FÊTE-DIEU.

APPROBATION.

Ayant lu attentivement les Esquisses Historiques que se propose de publier un Membre de l'Archi-Confrérie du St.-Sacrement érigée dans l'église de St.-Martin en cette ville, nous n'y avons trouvé rien de contraire à la foi ni aux bonnes mœurs. Nous en approuvons l'impression. Cette publication, fruit de longues et patientes recherches, est riche de faits et de détails historiques du plus haut intérêt; elle atteste le profond respect de l'auteur pour la sainte Église, ses dogmes et ses institutions, et témoigne surtout de son zèle pour le jubilé mémorable qui va rappeler au peuple catholique la plus belle gloire du Diocèse et de la cité de Liége. Les amateurs de nos vieilles chroniques, les savants eux-mêmes, les fidèles surtout liront avec bonheur un livre qui, sous un petit volume, embrasse une foule d'événements, rappelle bien des grandeurs et reflète avec une rare fidélité les traits caractéristiques de nos anciennes populations. Nous avons particulièrement remarqué les pages où l'auteur raconte l'histoire de ces Liégeois du dix-septième siècle, qui confondaient dans un même sentiment d'amour la religion et son culte, les libertés et les franchises du pays. Elle est belle et noble la mémoire de ces hommes pieux autant que courageux qui allaient chaque année, au milieu des solennités du culte, abriter sous la protection du Dieu de nos autels la bannière de leurs droits civils et politiques! Nous ne formons qu'un vœu : c'est que leurs descendants, héritiers de ces grandes traditions, retracent de siècle en siècle, les beaux exemples des citoyens également fidèles à Dieu et au pays, aimant la religion par dessus tout et plaçant l'amour de la patrie, le zèle du bien public au nombre des devoirs qu'elle prescrit et sanctifie.

Liége, le 28 avril 1846.

H.-J. JACQUEMOTTE, *Vic. Gén.*

JUBILÉ DE 1846.

Adoration du S. Sacrement par les trois
promotrices de la fête Dieu 1 S! Julienne.
3 la bienheureuse Eve. 2 Isabelle de Huy.

D'après le tableau original de la chapelle du S! Sacrement
à S! Martin.

Le retour du sixième anniversaire séculaire de l'institution de la Fête-Dieu, devait nécessairement faire naître l'idée de retracer les événements qui amenèrent au XIIIᵉ siècle l'introduction et l'établissement de cette grande fête dans l'Église catholique ; de rechercher de quelle manière les Liégeois , qui furent les premiers à célébrer la fête du Saint-Sacrement dans le monde chrétien , la solennisèrent dans les siècles suivants , et de dire enfin quelle fut l'histoire de cette belle basilique de St.-Martin qui réclame avec orgueil la gloire d'avoir , la première entre toutes, reconnu et solennisé la fête auguste du Sacrement de l'Eucharistie.

Telle est la pensée que nous avons essayé de réaliser dans les *Esquisses historiques* que nous offrons aujourd'hui à nos compatriotes.

Nous nous sommes efforcé d'abord de présenter dans un cadre assez resserré les principaux événements de la vie de sainte Julienne qui précédèrent et suivirent l'Institution de la Fête-Dieu à Liége, puis ceux qui signalèrent l'*adoption et la sanction* solennelle de cette fête par les souverains pontifes qui l'étendirent à l'Église universelle.

Longtemps avant nous des écrivains d'un mérite reconnu ont publié des traités spéciaux sur l'histoire de la Fête-Dieu, mais les uns étaient entrés dans des détails étrangers à l'historique de la fête, les autres n'avaient retracé que la biographie de Ste.-Julienne et tous avaient négligé la partie si intéressante de l'histoire de la célébration de la Fête-Dieu par les Liégeois dans les siècles suivants, et celle de cette belle église de St.-Martin qui essuya, au moyen-âge, de si graves atteintes des perturbations politiques de la cité de Liége. Nous avons tâché de combler ces lacunes importantes après avoir présenté le résumé historique de la fête, pour lequel nous avons consulté les ouvrages les plus orthodoxes et les plus authentiques (1).

_____

(1) Parmi les ouvrages que nous avons plus spécialement consulté nous citerons :

Après avoir esquissé la vie de Ste.-Julienne et l'histoire de l'institution et de la propagation de la fête, nous nous sommes appliqué à rechercher comment les anciens habitants de la vieille cité de Liége avaient célébré et solennisé cette auguste Fête-Dieu qui avait pris naissance sur le sol liégeois et quelle

---

1° *Acta Sanctorum* , 1er vol. du mois d'avril où se trouve la vie de Ste.-Julienne qui nous a constamment servi de guide.

2° Fisen, *Flores ecclesiæ Leodiensis* , in-fol., et *Origo prima festi Corporis Christi* , 1638, in-12.

3° Leruite, *Histoire mémorable de Ste.-Julienne* , 1598, in-12.

4° Chapeauville , *Tractatus historicus de prima et vera origine festivitatis Corporis et Sanguinis Christi et Gesta Pontificum Leodiensium* , in-4°.

5° Bertholet , *Histoire de l'Institution de la Fête-Dieu* , éditions de 1746 et 1781, in-4°.

6° Bertholet , *Histoire inédite de Liége* et *Vies des Saintes des Pays-Bas* , Mss. de la bibliothèque de l'Université de Liége.

7° Les écrivains liégeois insérés dans l'*Amplissima collectio du P. Martène* , in-fol.

8° Baronius , *Annales ecclesiastici* , in-fol., Tom. XXII.

9° Baillet , *Vies des Saints* , Tom. I, in-fol.

10° Saumery , *Délices du Pays de Liége* , in-fol., tome I.

11° Relation du jubilé de la cinquième année séculaire de l'Institution de la fête du Très-Saint-Sacrement, 1746, in-4° de 12 pages.

12° Les historiens liégeois, Fisen, Foullon, Bouille, et enfin les *Historiens des Gaules* de Dom Bouquet , et l'*Histoire littéraire de la France* des Bénédictins.

fut leur ardente piété envers le Saint-Sacrement des
Autels, qu'ils regardèrent à toutes les époques comme
leur plus puissante sauve-garde, et qu'ils associèrent même au XVII° siècle à l'un des actes les plus
importants de leur vie politique.

A cette partie tout à fait neuve de nos Esquisses,
nous avons joint l'histoire rapide des deux confréries du Très-Saint-Sacrement et de l'Adoration perpétuelle érigées dans l'église primaire de St.-Martin,
confréries qui célèbrent cette année le sixième jubilé séculaire de l'institution de la fête. Nous re-
traçons ensuite l'histoire de la fondation et des vi-
cissitudes qu'a subies l'église de St.-Martin, histoire
que nous avons fait suivre de la description de
l'église actuelle et des antiquités qu'elle possède
encore.

Le volume est terminé par l'Exposition de l'ancienne liturgie de la Fête-Dieu et de l'office composé
par le clerc Jean, par une légende inédite, en vers,
de Ste.-Julienne, et par une collection complète de
brefs, de mandements épiscopaux et de programmes
relatifs à la célébration des jubilés du Très-Saint-
Sacrement dans le siècle passé.

Telles sont en quelques mots les matières principales que nous avons taché d'exposer dans l'opuscule que nous publions à l'occasion du jubilé anniversaire de l'institution de la Fête-Dieu, qui va
se célébrer au mois de juin prochain. Comme on

l'a vu par les lignes qui précèdent, nous nous sommes spécialement attaché à retracer l'historique de cette fête et celui de sa solennisation; et si nos lecteurs trouvent que nous ne sommes pas resté trop en dessous de la tâche que nous avons osé entreprendre et que notre plume n'a pas toujours trahi nos efforts et notre bonne volonté, nous serons amplement payé de nos travaux et de nos recherches.

Liége, le 10 avril 1846.

LA FÊTE DIEU

SAINTE JULIENNE, ET L'ÉGLISE ST-MARTIN.

CHAPITRE PREMIER.

Établissement du christianisme dans nos contrées.

Parmi les vastes contrées de la Gaule , le pays,
habité par les Éburons , et qui depuis fut classé
dans la grande famille européenne sous le nom de
Pays de Liége , fut un de ceux où le christianisme
pénétra d'abord et où il fut embrassé avec le plus
d'ardeur par ses habitants. Ces peuples barbares ,
pressentant sans doute , à cette époque , les grandes
choses qui devaient s'accomplir sur cette terre privilégiée et mériter plus tard à l'église de Liége le

nom glorieux de fille chérie de l'église romaine,
SANCTA LEGIA ROMANÆ ECCLESIÆ FILIA , étaient pous-
sés à se convertir à la foi chrétienne par une force
divine qui préludait aux destinées catholiques , s'il
nous est permis de nous exprimer ainsi , de la société liégeoise.

Le culte ensanglanté de Teutatès et des Druides ,
qui , depuis des siècles, régnait en maître dans nos
vastes forêts et qui enseignait à ses adeptes le
meurtre, l'adultère, la vengeance et le souvenir de
l'injure , fut forcé bientôt de reculer devant la lumière chrétienne , devant le signe de la rédemption , devant la croix enfin qui , comme le dit
Fleury, enseignait à aimer le prochain comme soi-
même, à ne point frapper ceux qui nous frappent,
à ne point poursuivre ceux qui nous dépouillent ,
nous montrait une vie future , éternellement heureuse en nous faisant mépriser la vie présente et
ne reconnaissait d'autre inégalité que celle des vertus , des talents et du zèle obéissant à la raison sans
prétendre la gouverner. « Tels furent les principes
que les apôtres Euchère , Valère et Materne, vinrent annoncer aux Belges ; principes qui , comme
nous venons de le dire, forcèrent les Druides et
leurs dieux cruels à se réfugier dans les sombres
forêts de la haute Allemagne.

Ces saints apôtres après avoir parcouru le pays de Cologne, de Trèves, de Tongres, de Metz, réunirent autour d'eux quelques disciples zélés qui propagèrent et allèrent porter au loin la parole divine, de manière que le nombre des chrétiens nouveaux s'accrut bientôt considérablement sur les bords de la Meuse, du Rhin et de la Moselle.

Le premier établissement du christianisme dans notre pays doit donc être reporté à la fin du troisième siècle de notre ère ou au commencement du quatrième, et, dans l'un ou l'autre cas, nous devons reconnaître St-Materne comme le premier apôtre qui vint prêcher et enseigner l'évangile, comme celui à la voix de qui marchèrent les missionnaires et les prédicateurs apostoliques qui l'aidèrent à accomplir sa mission religieuse et civilisatrice tout à la fois. C'est St-Materne, en effet, qui occupe à cette époque le siége de Cologne et celui de Tongres, sept ans après, en 335, St-Servais, lui succède dans ce second évèché, prêche et enseigne dans tout le pays désigné sous le nom de Mosagaw et dans les contrées qui joignent le Brabant; Falco poursuit et étend ces prédications dans les régions plus au sud et qui plus tard furent comprises dans le territoire de l'archevêché de Rheims; St-Monulphe et St-Gondulphe lui succèdent, continuent ces rudes et pé-

nibles labeurs et jettent ainsi la plus vive lumière
sur cet évêché de Tongres le plus ancien et le plus
illustre de la Belgique. La tâche si laborieuse de
ces ardents propagateurs de la foi catholique fut
complétée à Dinant par St-Perpète, à Huy par
St-Jean l'Agneau et St-Domitien, en Famenne par
St-Monon , dans le Hainaut par St-Pholien et
St-Ursmer, dans l'ancien duché de Limbourg et le
pays de Stavelot par St-Remacle et enfin par
St-Lambert et St-Hubert, qui établirent, d'une
manière stable et définitive, le christianisme dans
ces pays et fixèrent les bornes de ce vaste évêché de
Liége, qui s'étendait au nord jusqu'aux limites de
l'évêché d'Utrecht, où St-Wilibrod prêchait l'évangile , vers Nimègue, Grave , Bréda et jusqu'aux
bords de la mer, en Zélande , et, au sud, jusques
à Bouillon et à Sedan.

  Cet immense diocèse ne cessa de prospérer sous
les pieux successeurs de ces saints personnages, partout des institutions religieuses se fondent, de graves et silencieux monastères s'élèvent, qui non
seulement se consacrent d'une manière spéciale au
culte de Dieu, mais encore propagent la parole divine en civilisant et instruisant les peuples. C'est
surtout dans le VIIᵉ siècle que nous voyons notre
pays arrivé à un haut degré de civilisation , il de-

vient le centre de la monarchie franque, les maires
du palais viennent habiter au milieu de nos populations, Jupille et Herstal, sont là pour l'attester ; et
c'est dans ces lieux encore, que Charlemagne, le
grand empereur d'Occident, venait se reposer des
fatigues du trône.

L'invasion des Normands n'arrêta pas l'élan catholique qui s'était emparé de nos contrées ; l'évè-
vêque Estienne, allié à la maison royale de France
par les liens du sang, qui occupa le siége épiscopal
au commencement du X⁰ siècle, écrivit alors un
office de la fète de la Ste-Trinité, dont son successeur Richer établit la fète à Liége, d'où elle se répandit dans toutes les églises des Gaules et de la
Germanie, et sous le pape Jean XXII fut étendue
à toute la chrétienté.

Trois siècles plus tard, cette même église qui
avait reconnu et célébré d'une manière si formelle
le grand mystère de la Ste-Trinité, institue, la première entre toutes, une autre fète catholique, destinée également à solenniser un des plus grands
mystère de foi, cette fète, c'est celle du Saint Sacrement que les chanoines de St-Martin célébrèrent
pour la première fois en 1247.

Honneur, honneur à l'église de Liége, qui
la première dans le monde chrétien, célébra les

deux fêtes spéciales qui sont consacrées à rappeler
aux enfants de l'Église deux des plus augustes mystères de la foi catholique ; honneur à cette église qui
introduisit dans le culte l'exposition du Saint Sacrement qui offrait aux yeux des chrétiens l'adoration de leur Sauveur divin ; c'est donc à juste titre
que cette église belge a reçu le nom glorieux de fille
de l'église romaine, car, comme cette dernière, elle
a contribué à la propagation des dogmes les plus sublimes de la religion. Glorifions-nous donc Liégeois
de cette appellation catholique et ne cessons d'inscrire sur nos bannières :

SANCTA LEGIA ROMANÆ ECCLESIÆ FILIA.

CHAPITRE II.

Sainte Julienne. — Son enfance.

Liége, comme toutes les grandes villes du moyen-âge, eut, au temps des croisades, sa Léposerie (Ladrerie) qui était à la fois un monastère et un hôpital. L'époque de la fondation de cette maison est fort incertaine ; cependant Bertholet et Ernst la fixent à l'année 1176. Elle fut bâtie au moyen de donation de riches chevaliers et d'opulents bourgeois qui avaient faits le voyage de la terre sainte, et qui en étaient revenus atteints du mal terrible de la lèpre. Avant cet établissement les lépreux demeuraient au pied de la montagne, dans de misérables cabanes et y vivaient des aumônes qu'on voulait bien leur faire ; ils y subsistèrent de cette manière jusqu'au temps de l'évêque Raoul de Zæringen, époque à laquelle fut fondée la maison claustrale de Cornillon, ainsi qu'en fait foi un record des échevins et du peuple liégeois daté de l'an 1176. Cette date est également rapportée par le père Bouille dans son premier volume de l'*Histoire de Liége*, qui cependant, nous devons en faire la remarque, se contredit quelques lignes plus bas en donnant l'année 1182 pour date de cet établissement, opinion qui a été adoptée par le père Foullon.

Le monastère de Cornillon, dans lequel on suivait l'observance de la règle de St.-Augustin, était divisé en deux parties distinctes, l'une pour les hommes, l'autre pour les femmes ; tous, sains et malades, portaient le nom de Frères et celui de Sœurs et vivaient sous la direction d'un prieur commun, qui était assisté de quelques clercs et prêtres séculiers pour la célébration des offices divins. Les sœurs étaient en outre soumises à une supérieure qui portait également le nom de prieure, mais qui devaient aussi obéissance au chef commun. L'administration temporelle était confiée à la bourgeoisie de Liége ; elle élisait trois hommes capables qui prenaient soin des biens et des revenus du monastère ; cette admission de la bourgeoisie liégeoise dans l'administration du monastère a été faite pour perpétuer le souvenir de la part qu'elle prit à son établissement.

Les réglements donnés en 1189 par l'évêque Raoul , furent confirmés en 1242 par son successeur Robert de Torote, et contribuèrent singulièrement à maintenir dans ce nouveau monastère une grande austérité de mœurs et une pratique sévère des statuts de l'ordre qui y étaient adoptés, au point que Jacques de Vitry, qui écrivait au XIII° siècle, nous apprend que dans ces temps de relachement et de désordres, cette maison était citée comme l'une de celles où la discipline monastique était le plus rigoureusement observée et qu'elle pouvait passer pour un modèle de piété et des vertus religieuses. C'est là que sainte Julienne , l'illustre promotrice de l'auguste Fête-Dieu , reçut sa première éducation et ceignit le voile religieux.

Au petit village de Retinne , situé dans le ressort de la banlieue de Liége, vivait au XII° siècle, un noble citoyen, puissant par sa richesse, mais recommandable surtout par ses vertus chrétiennes ; cet homme s'appelait Henri ; uni depuis longtemps à une fille non moins noble et non moins pieuse que lui , nommée Frescinde , son union était restée stérile jusques là ; cette réprobation , comme on la considérait à cet époque , était le sujet de peines continuelles et incessantes pour le vertueux Henri ; enfin, par ses bonnes œuvres et ses ferventes prières, il parvint à fléchir la rigueur du ciel. Dieu lui accorda deux filles, Agnès et Julienne (1) , qui vit le jour en 1193.

Les premières années de ces deux enfants se passèrent à l'ombre de l'aile maternelle, mais à peine Julienne eut-elle atteint l'àge de cinq ans qu'elle perdit ses parents ; les proches et les amis de ces intéressants enfants s'assemblèrent, leur donnèrent des tuteurs ; ceux-ci ne voulant pas qu'elles fussent sevrées des exemples de religion et de vertu qu'elles avaient reçu jusqu'alors de leurs pieux parents, les placèrent dans la maison de Cornillon qui , comme nous venons de le dire , était à la fin du XII° siècle une des plus recommandables du vaste diocèse de Liége.

Les sœurs de Cornillon confièrent l'éducation des deux jeunes élèves qui étaient mises sous leur pro-

---

(1) La naissance de Ste.-Julienne eut cela de remarquable qu'elle coïncidait avec l'époque où les Begards avançaient parmi leurs hérésies qu'il ne fallait pas même adorer le corps de Jésus-Christ dans le Sacrement de l'Eucharistie.

tection, à la sœur Sapience, religieuse de mérite, qui habitait près de l'hôpital une maison appelée la Vacherie, dont il existait encore des traces à la fin du siècle dernier. Cette religieuse qui devint plus tard prieure de Cornillon et à laquelle succéda Julienne, voua aux deux jeunes sœurs une affection particulière et les entoura de soins maternels; Elle trouva chez elles les plus heureuses dispositions et s'empressa d'y semer les germes précieux de toutes les vertus, ou plutôt ne fit que les cultiver et les développer; de peur, comme s'exprime l'auteur de la vie de Ste.-Julienne insérée dans les Acta Sanctorum (1), qu'on ne jettât dans ce sol riche et productif des semences empoisonnées.

Les deux élèves répondirent à l'envie à la pénible et laborieuse entreprise dont la vertueuse Sapience s'était chargée; toutes deux profitèrent de cette belle et austère éducation, Agnès, en particulier passa et termina sa carrière dans une grande pureté de mœurs et dans toutes les pratiques de la vertu et de la religion, c'est au moins ce que l'histoire nous apprend sur cette sainte fille, digne sœur de Ste.-Julienne qui va nous occuper uniquement.

Sainte Julienne, douée des plus belles qualités

---

(1) April. Tome I. p. 437-477.

qui ornent l'enfance, douce, docile, soumise et
attentive à ses devoirs, recherchant peu les jeux de
son âge, était en outre douée d'un esprit pénétrant
et subtil et retenait sans peine tout ce qu'on lui
enseignait; jeune encore elle savait le psautier par
cœur, et n'admettait dans son âme, que ces passions excellentes dont la flamme sacrée anime, par
son énergie, un cœur vertueux; les récits des actions héroïques des saints et des personnages célèbres la portait à les imiter et à pratiquer, dans
un âge très-tendre encore, des austérités qui firent
présager ce qu'elle deviendrait un jour. Nous citerons à cet égard une anecdote rapportée par tous
les auteurs qui ont parlé de Ste.-Julienne et qui
prouve à quel point ces récits avaient fait impression sur sa jeune imagination.

Après avoir lu la relation des jeûnes merveilleux
de St.-Nicolas, évêque de Myre, elle résolut d'essayer d'en faire autant; un jour qu'il y avait un
jeûne commun aux frères et aux sœurs de la maison, elle crut devoir s'y associer et se cacha si bien
qu'elle ne mangea de toute la journée. Sa pieuse
fraude fut bientôt découverte, et les réprimandes
et la punition la suivirent de près. Julienne ne leur
opposa que la plus profonde humilité et se borna
à demander pardon de sa faute qu'elle expia en-

core par la confession que lui avait prescrit sœur
Sapience, sa maîtresse.

L'abnégation de soi-même était poussée à un si
haut degré chez la jeune Julienne, qu'à peine au
sortir de l'enfance elle s'était vouée aux travaux les
plus infimes et les plus humiliants de la maison ;
c'est ainsi qu'on la voyait garder et traire les va-
ches, nettoyer les étables, transporter le fumier et
se livrer avec ardeur à d'autres travaux manuels
réservés aux domestiques, travaux pour lesquels la
sœur Sapience lui avait fait de fréquentes admones-
tations, lui faisant voir que sa naissance et la faiblesse de sa constitution s'y opposaient ; cependant
cédant à ses pressantes sollicitations, on lui avait permis de les continuer ; les courts loisirs que lui lais-
saient ces pénibles travaux étaient remplis par la
lecture, la prière et la méditation ; cette pieuse
enfant s'habituait ainsi aux vertus obscures et journalières qui caractérisent l'homme vertueux dans
les petites comme dans les grandes situations.

Ste.-Julienne apprit le latin et fit assez de progrès
dans cette langue non-seulement pour entreprendre
de corriger l'office du St.-Sacrement qu'elle fit composer par Jean de Cornillon, comme nous le verrons plus tard, mais encore pour s'occuper de la
lecture des ouvrages de St.-Augustin pour lequel

elle avait une dévotion et une estime toutes particulières et qu'elle ne cessa d'imiter et de chérir pendant toute sa vie. Elle n'estimait pas moins les
sermons et les homélies de St.-Bernard, dont elle
apprit aussi par cœur plus de vingt sermons, elle en
méditait avec plaisir les grandes vérités, en récitait
volontiers des morceaux détachés et faisait sa lecture habituelle de ses commentaires sur le cantique
des cantiques ; c'est ainsi que le flambeau de la religion allumé par l'amour divin, conduisait cette
jeune vierge vers Dieu, la dégoûtait insensiblement
des choses de ce monde et la disposait à entrer dans
une union intime avec lui.

Les premières années de Ste.-Julienne s'écoulè-
au milieu de ces travaux divers, mais à peine eut-elle
atteint l'âge de quatorze ans, qu'elle sollicita l'honneur d'être admise au nombre des sœurs de Cornillon, et revêtit l'habit religieux en 1207. La vie des
sœurs de Cornillon se partageait entre la prière et les
exercices extérieurs, entre la contemplation et les
soins à donner aux malades ; Julienne s'y livra avec
une ardeur spéciale, heureuse d'accomplir les devoirs que lui prescrivait son état; au service des malades dont elle s'acquitta continuellement avec une
exactitude exemplaire, elle sut allier la charité et la
douceur envers ses consœurs ; Julienne entourait

ses compagnes de prévenances , elle s'étudiait à
leur être utile et à leur procurer tout ce qu'une in-
dustrieuse charité suggérait à son esprit , elles les
suppléait et les aidait dans leurs travaux les plus
pénibles , mais elle accomplissait tous ces soins
avec tant de grâce que loin d'y remarquer un esprit de suffisance ou de vanité , elle obligeait tout
le monde et n'offensait personne.

Ces occupations laborieuses étaient suivies de
lectures pieuses , de profondes méditations sur les
saints mystères , de longues veilles. Pendant trente
ans , la vie de Ste.-Julienne ne fut qu'un jeûne continuel ; à peine si chaque soir elle prenait quelque
nourriture suffisante pour la soutenir. L'horreur
du péché et la peine qu'elle ressentait de ceux com-
mis par les hommes faisaient taire chez elle tout
autre sentiment et la jettaient dans une douleur
inexprimable. Cette sainte fille se considérait comme
une victime expiatoire et s'offrait à la miséricorde
divine pour en recevoir grâces et pardon.

Il est facile de voir par ce que nous venons de
rapporter , que Dieu destinait Julienne à une haute
sainteté ; brûlant, comme les anges, d'un amour
parfait , épuré de l'impression des sens , elle recevait les plus insignes faveurs célestes ; le Seigneur
se communiquait à elle et la remplissait d'une

telle abondance de grâces qu'elle en était comme inondée. C'est surtout à l'église, pendant la célébration des saints mystères qu'elle se sentait plus particulièrement reconnaissante de ces divins bienfaits ; elle était alors toute pénétrée de la présence réelle de Jésus-Christ sous les espèces eucharistiques, et ne pouvait trouver des expressions assez convenables et assez fortes pour l'y adorer, elle s'humiliait, se prosternait la face contre terre et s'ingéniait à lui rendre les hommages les plus éclatants qu'elle ne cessa d'offrir (1), et par la fréquente communion et par toutes les pratiques de la plus austère pénitence.

(1) Les bornes de ce petit volume ne nous permettent pas d'entrer dans tous les détails de cette vie contemplative ; nous nous contenterons à cet égard de renvoyer le lecteur aux hagiographes et aux biographies spéciales de Ste.-Julienne.

CHAPITRE III.

Ste. Julienne. Ses visions et ses premières persésutions.

Nous abordons dans ce chapitre les faits les plus délicats et la partie la plus controversée de la vie de Ste.-Julienne ; ces faits ont été, pour la plupart, repoussés par ces esprits égarés qui méprisent tout ce qui ne porte pas l'empreinte d'une évidence matérielle, nous les abandonnons à leur malheureux aveuglement et à leurs doutes déplorables ; de semblables faits sont, dans notre opinion, au-dessus de leur appréciation et il faut être éclairé des lumières de la religion pour comprendre et admettre ces phénomènes qui sont des manifestations de la sagesse divine et de la toute puissance de l'éternel.

Vers le commencement de l'année 1208, Ste.-Julienne, à peine âgée de seize ans, fut favorisée d'une vision qui la frappa d'étonnement et dont elle ne put alors pénétrer le mystère ; le globe de la lune rayonnant de la clarté la plus vive et la plus brillante s'offrit à ses yeux avec une barre obscure, noire et diamétrale qui coupait son disque en deux parties parfaitement égales (1) ; inquiète de savoir ce que pouvait signifier un semblable prodige et craignant d'ailleurs que ce ne fut une aberration de son esprit, elle alla consulter son ancienne directrice Sapience qui venait d'être élue prieure, se confia également à d'autres religieuses de la maison pour la vertu desquelles elle avait une grande admiration, en entretint encore plusieurs personnes graves, renommées par leur piété et leur science, et leur exposa toutes les circonstances de la vision qu'elle avait eue.

Toutes lui conseillèrent unanimement, si elle voulait vivre en paix, de regarder cette vision com-

_____

(1) Le savant historien Fleury qui n'admet ces sortes de faits qu'avec la plus grande réserve a cru cependant devoir le mentionner et le rapporte avec les circonstances que nous venons de rappeler. Voir son Histoire ecclésiastique, Paris, 1719, éd. in-4°, tom. XVIII, n° 36, liv. 85, p. 47.

me un songe, de n'y point ajouter foi, en un mot de l'éloigner de son esprit ; Julienne résolut de suivre ces avis , mais le ciel en avait décidé autrement , et la vision ne cessa de se représenter. Cette persistance, que Julienne eut soin de cacher, transpira cependant au-dehors ; les uns continuèrent à la considérer comme une vaine illusion, les autres commencèrent à y trouver quelque mystère inexplicable ; mais le résultat le plus positif à cette époque fut que l'on considéra Ste-Julienne, comme une personne supérieure pour laquelle chacun professa dès lors une estime particulière, tant ses vertus chrétiennes et sa piété incontestable avaient su imposer, même aux plus indifférents. Sa réputation se répandit dans le diocèse et bientôt elle reçut les visites des personnages les plus hauts placés du pays. La supérieure Sapience voyant combien ces fréquents entretiens lui donnaient de distractions et semblaient la contrarier, fit bâtir un oratoire où Julienne se livra sans réserve à ses méditations contemplatives.

Cependant la vision ne discontinuait de lui apparaître ; convaincue alors que ce phénomène renfermait quelque mystère , elle résolut de prier le Tout-Puissant de le lui révéler et commença des jeûnes et des prières plus fervents que jamais. Un

jour enfin livrée à une méditation profonde et
tombée dans une contemplation extatique (1), Dieu
lui révéla le secret; il lui apprit que l'église était
représentée par le disque de la lune, que la ligne
noire qui la coupait dans son diamètre et voilait
une partie de sa clarté, signifiait qu'il manquait
à cette église une fête solennelle, et qu'il l'avait
choisie pour en provoquer l'institution, voulant
que chaque année rappelât dans un jour spécial
l'institution du sacrement de son corps et de son
sang précieux ; car, comme le dit un savant
auteur (2), « l'église étant trop occupée à pleu-
« rer la mort du Sauveur le jour de la cène,
« (le jeudi saint) ne pouvait donner une attention
« assez particulière à un mystère tout divin qui
« doit être célébré avec une sainte joie et une
« pompe extraordinaire pour nous faire mieux
« comprendre le bonheur que nous avons de pos-
« séder le corps du fils de Dieu. » C'est ainsi que

---

(1) Fisen et Bertholet disent qu'elle s'endormit, tandis que
l'auteur contemporain de la vie de Ste-Julienne n'en dit mot,
il se sert au contraire de ces expressions : *Tunc revelavit ei
Christus.*

(2) Buffier, *le véritable esprit de l'emploi des fêtes solennelles*, Paris 1712, in-12°.

la providence préparait aux chrétiens un solide et
puissant appui contre la nouvelle invasion des hérésies de Béranger, renouvellées par Wiclef, Cal-
vin et Luther quelques siècles plus tard, et qui
étonnèrent le monde catholique par l'audace de
leur impiété.

Quoique Ste-Julienne eut reçu de Dieu lui-
même l'ordre exprès et solennel de travailler à
l'institution de cette grande fête, elle ne pouvait
cependant se persuader que le Sauveur voulut se
servir d'une instrument aussi faible qu'elle pour
accomplir un évènement aussi important ; longtemps donc elle hésita et se défendit de se charger
d'une mission qui, selon elle, convenait beaucoup
mieux à un docteur de l'église qu'à une pauvre sœur
Augustine consacrée à la prière et aux soins a
donner à de malheureux lépreux ; vingt ans elle
lutta courageusement avant d'entreprendre une
œuvre aussi grave ; mais vaincue enfin, et suivant
encore en cette circonstance la voie que lui avait tracé
la providence, elle découvrit et dévoloppa ses projets à quelques personnes pieuses et à quelques
théologiens de mérite dans lesquels elle avait la
confiance la plus entière.

La prieure Sapience que l'auteur anonyme , inséré dans les *Acta Sanctorum*, appelle *vénérable*

et Henriquez dans son Menologium *bienheureuse*
étant morte en 1230 (1) on s'assembla pour élire
une prieure nouvelle. Tous les suffrages se portèrent sur Julienne dans laquelle on se plaisait à
reconnaître la réunion de tout les talents nécessaires pour remplir ces fonctions pénibles et importantes à la fois. Cette dernière dans le but d'être
utile et de faire quelque bien accepta et porta,
comme on devait s'y attendre, dans cette charge
nouvelle, tout le zèle et toute l'activité d'une supérieure vigilante et attentive à faire fleurir la discipline, l'ordre, la piété et l'union parmi les sœurs
dont la direction lui était confiée. La sagesse de
ses discours, l'aménité et la douceur de ses ma-
nières, sa parole persuasive lui concilièrent bientôt tous les esprits et lui gagnèrent tous les cœurs ;
cependant quelques religieuses de la maison qui
qui depuis longtemps portaient impatiemment le
joug de la discipline monastique, se coalisèrent
contre la nouvelle supérieure. Ce troupeau jadis
si paisible se divisa en deux camps, dont l'un ne
cessa d'imiter les actions de Ste-Julienne et l'autre
de les critiquer amèrement. L'une se réjouissait

(1) Selon les Bollandistes ; en 1222 selon Bertholet.

des progrès incessants que la digne supérieure faisait dans le chemin de la vertu et de la sainteté,
tandis que l'autre n'y voyait que le résultat d'un
esprit fanatique qui se laissait emporter par son imagination désordonnée. Ainsi commencèrent les
persécutions de Ste-Julienne, persécutions qui
ne devaient finir qu'avec sa vie.

Ces dissensions intestines amenèrent nécessairement le relâchement des devoirs imposés par la
règle; plusieurs des religieuses même poussèrent
l'oubli de ces devoirs jusqu'au point d'exciter contre
elles par leur scandaleuse conduite, l'opinion publique. Julienne en supérieure aussi éclairée que
bonne leur fit de sages réprimandes sur leur égarement, tacha de les ramener à leurs devoirs,
mais loin d'obtenir quelque résultat favorable, le
mal ne fit qu'empirer; elle eut recours alors aux
voies rigoureuses, et, avec elles, la révolte augmenta.

A la suite de pénitences prescrites par les statuts
de l'ordre dans des cas semblables, pénitences que
Ste-Julienne venait d'imposer aux sœurs rebelles,
elles résolurent de tirer une éclatante vengeance de
la sollicitude injurieuse, selon elles, de la supérieure.
Dans ce but donc, elles s'associèrent avec les personnes, étrangères à la maison, qui avaient le plus

contribué à les faire dévier du chemin de la vertu ,
et cherchèrent tous les moyens possibles de perdre
la supérieure tant au dehors qu'au dedans du monastère, la médisance et la calomnie furent leurs
armes principales; on alla enfin jusqu'à lui imputer
des crimes odieux dont la pensée même ne lui était
jamais venue à l'esprit. Le prieur Godefroid , aussi
recommandable par sa sagesse que par ses vertus ,
dirigeait à cette époque la maison de Cornillon, la
justifia complètement des accusations fausses portées contre elle , la préserva des mauvais traite-
ments que la haine lui eut infailliblement fait
essuyer, la protégea en un mot pendant toute sa
vie ; mais à sa mort , les persécutions recommencè-
rent avec plus d'animosité que jamais ; c'est dans
ces circonstances pénibles et déplorables tout à fois
que brillèrent dans tout leur éclat les éminentes
vertus de Sainte Julienne.

Depuis quelque temps la prieure de Cornillon ,
s'était faite quelques liaisons dont la vertu et la piété
étaient les bases constitutives et qui contribuèrent
singulièrement à la soutenir dans les épreuves qui
lui étaient réservées. Vers l'année 1220 , une jeune
fille , nommée Eve , qui pouvait se promettre , par
sa position sociale , une vie douce et agréable forma
le projet de vivre en récluse , manière de vivre qui

était assez en faveur dans le commencement du XIII° siècle (1).

Voici, selon le père Bertholet, quel était l'état de ces récluses. « On bâtissait une cellule murée
» et fermée de toutes parts, à la réserve d'une
» porte et de deux lucarnes ; l'une pour reçevoir la
» nourriture, et l'autre qui avait vue dans l'église
» pour pouvoir entendre l'office divin. Le jour
» qui était marqué pour la clôture, la personne
» qui s'y consacrait était conduite en grande céré-
» monie ; le clergé précédait suivi d'une foule de
» peuple ; on chantait des hymnes et lorsque la cé-
» rémonie était finie toute communication était
» interdite à la récluse. Son temps devait être em-
» ployé à la prière, à la contemplation, et elle ne
» pouvait parler qu'à son confesseur ou à quel-
» que ecclésiastique d'une piété reconnue et avec
» la permission des surveillants. » Nous ajouterons,
que la cellule était toujours adossée aux murs d'une
église et le plus souvent à ceux du chœur afin que

---

(1) Nous trouvons encore à cette époque une autre récluse nommée Hadewige, qui vivait avec sa mère et sa sœur, près de St-Remacle à Liége, et qui avait voué à Ste-Julienne une affection toute particulière.

la recluse pût être continuellement en face des Saints Tabernacles ([1]).

Tel fut le genre de vie rigoureux que résolut d'adopter Eve, qui, avec son amie Julienne, devait accomplir le grand œuvre de l'Institution de la Fête-Dieu.

Avant d'exécuter son dessein et d'embrasser complètement cet état de réclusion, Eve fut en butte aux tentations de toutes espèces, qui souvent revêtirent le caractère de la plus grande violence ; ces tentations ne cessèrent qu'à l'époque de sa liaison avec Ste-Julienne qui lui persuada avec tant d'efficacité de céder à la voix qui la poussait dans ce chemin, que sans plus tarder elle se sépara du monde auquel elle dit un adieu éternel ; cependant elles convinrent que chaque année Ste-Julienne viendrait la visiter dans sa retraite, qu'elles prieraient l'une pour l'autre et qu'à chaque visite elles se communiqueraient leurs pensées les plus secrètes ; c'est dans ces entretiens intimes qu'Eve devint la dépositaire de tous les secrets de son amie Julienne, qu'elle connut ses joies et ses chagrins et apprit à

([1]) On peut consulter également l'histoire de France de Villaret, sur les cérémonies que l'on pratiquait à l'égard des récluses.

marcher dans la carrière de la foi et de la piété
dont son amie lui avait montré le chemin. Heureuse union qui contribua puissamment à l'un des
plus grands événements religieux du monde chrétien et que l'église célèbre chaque année par une
fète solennelle.

CHAPITRE IV.

Premiers commencements de l'Institution de la Fête-Dieu.

L'amitié qui unissait Julienne et Eve, devenait plus intime et plus confiante à chaque visite qui réunissait ces deux saintes filles, c'est dans ces circonstances qu'eurent lieu les premières révélations de Ste-Julienne à son amie ; elle lui raconta avec détails ses visions et l'explication qu'elle avait reçu de cet étonnant phénomène ; ces ouvertures jettèrent la pieuse Eve dans un ravissement céleste et elle travailla dès lors par ses prières et ses conseils à l'accomplissement du grand projet qui venait de lui être révélé.

Vers la même année (1230) vivait à Huy, une re-

ligieuse dont les macérations corporelles, les mor-
tifications de l'esprit, la piété et la charité ardente
avait étendu au loin la renommée, cette vierge s'appelait Isabelle. Cette grande réputation qui était
parvenue jusqu'à la prieure de Cornillon l'engagea à rechercher les moyens de connaître Isabelle, pour la charger de l'exécution de l'œuvré
qu'elle méditait depuis si longtemps et que, dans
son humilité, elle croyait devoir confier à un autre.
Pour accomplir un semblable dessein, il fallait nécessairement que ces filles privilégiées eussent
entr'elles de nombreuses conférences, qu'elles par-
tageassent les mêmes travaux, et qu'elles pûssent
soutenir mutuellement leur zèle, ce qui ne pouvait
guères avoir lieu que pour autant qu'elles pourraient habiter le même lieu, vivre sous le même
toit; c'est ce que Julienne accomplit d'abord en
obtenant que la pieuse Isabelle viendrait demeurer
au monastère de Cornillon.

L'aggrégation d'Isabelle à la maison de Cornillon ne fut pas plutôt consommée, que Julienne
eut avec elle de longs et fréquents entretiens, et ne
tarda pas à reconnaître dans sa nouvelle compagne
une haute connaissance des choses divines; cependant elle ne pût rien découvrir touchant l'institution
qu'elle avait si fort à cœur, et de plus même, lors-

qu'elle s'en ouvrit à Isabelle, celle-ci lui exprima entr'autres motifs d'opposition que chaque jour l'église célébrait ce mystère et le glorifiait dans le Saint Sacrifice de la Messe.

Cette objection inattendue affligea profondément Sainte-Julienne; une année entière suffit à peine pour calmer sa douleur qui ne reçut quelque soulagement qu'à l'époque où Isabelle étant allée visiter la récluse Eve, eut, dans l'église même de St.-Martin, une extase dans laquelle le Tout-Puissant lui fit connaître que la fête du Saint-Sacrement de l'Eucharistie serait bientôt solennisée dans l'Eglise universelle.

Remise à peine de ce ravissement céleste, Isabelle sentit son âme embrâsée d'un feu divin ; ses pensées, ses actions, ses démarches n'avaient plus qu'un seul but, elle ne respirait plus qu'une seule chose, l'INSTITUTION DE LA FÈTE-DIEU.

Julienne, heureuse et ravie à la fois de cette révélation nouvelle, la félicite avec effusion du bienfait dont Dieu venait de la gratifier, et dès ce moment toutes deux unirent leurs efforts et leurs prières pour accomplir la grande et difficile entreprise que Dieu avait confié à leur piété et à leur zèle.

Jean de Lausanne, chanoine de la collégiale de St.-Martin, fut l'ecclésiastique qui reçut les premières ouvertures de Julienne.

Ce chanoine Jean, originaire de la ville de Lausanne, sur le lac de Genève, dont il avait pris le nom, était un prêtre aussi vertueux que savant, auquel la sainteté et l'austérité de mœurs avaient donné une grande influence sur le clergé de cette époque, dont les membres les plus éminents le consultaient souvent sur les points les plus ardus et les plus obscures de la doctrine ; c'est à cet homme vénérable que Julienne confia les révélations et les ordres qu'elle avait reçu touchant l'institution de la Fête-Dieu, le priant d'en conférer avec d'autres théologiens, en lui gardant toutefois le secret, et de lui rapporter ensuite ce que ces prêtres en pensaient.

Jean de Lausanne se chargea avec empressement de cette mission honorable et s'en acquitta avec toute la sollicitude possible. Il consulta d'abord Jacques Pantaléon de Troyes, archidiacre de Campine dans l'église de Liége, qui devint plus tard évêque de Verdun, patriarche de Constantinople et ceignit enfin la tiare sous le nom d'Urbain IV, dont l'excellence des mœurs égalait la profondeur et l'étendue de ses connaissances scientifiques, théologiques et littéraires, puis Hugues de S. Cher, non moins recommandable que lui, alors provincial de l'ordre de St.-Dominique et plus tard cardinal

du titre de Ste-Sabine et légat du pape ; il consulta
également Guiart de Laon , évèque de Cambray,
prélat célèbre par son zèle contre les simoniaques et
le savant chancelier de l'université de Paris , si
renommée par son enseignement, les frères Gilles,
Jean et Gérard , tous trois docteurs et frères de
l'ordre de St.-Dominique , à Liége, et beaucoup
d'autres savants et dignitaires de l'église. Toutes
ces personnes aussi recommandables par leur
science que par leur piété, se prononcèrent, après
mûr examen , en faveur des visions de Sainte-Julienne. Toutes reconnurent que bien loin que cette
fête fut contraire aux dogmes de l'église il convenait au contaire de la célébrer avec éclat pour
réveiller la piété des populations chrétiennes pour
le précieux souvenir de ce bienfait.

Satisfaite d'avoir trouvé dans les hommes les
plus éminents une approbation dont son humilité
l'avait fait désespérer, Julienne, après avoir remer-
cié Dieu , pensa à faire composer un office pour
cette fête et ne connaissant aucun homme célèbre
par son savoir de qui elle pût obtenir ce travail,
elle choisit pour cette entreprise un frère de son
monastère, nommé Jean (1), d'un âge jeune encore,

(1) Jean devint en 1241 prieur de son monastère qu'il

mais d'une pureté de mœurs remarquable (1). Jean
s'excusa d'abord, refusa même, alléguant son in-
capacité et son ignorance des ouvrages des saints,
Pères, mais Julienne l'encouragea et lui promit
l'assistance divine qu'elle obtiendrait par ses prières; Jean accepta enfin, et pendant qu'il écrivait
et cherchait dans les livres saints les passages les
plus convenables à faire partie de cet office, Julienne priait. C'est ainsi qu'en peu de temps fut
composé le premier office du St-Sacrement ; office
de jour et office de nuit, capitules, répons, hymnes, versets, leçons, tout, en un mot, fut composé
et écrit dans un style aisé et correct, avec un choix
d'expressions et un tour de phrase si élégant que
Jean ne cessait de répéter qu'il n'y reconnaissait
rien comme venant de lui et que tout était l'œuvre du Tout Puissant.

L'ouvrage du clerc Jean fut approuvé et loué
par les savants personnages dont nous venons de
retracer les noms, mais avant d'être livré à leur
examen, il avait soumis chacune des parties à l'ap-

---

gouverna pendant quatorze ans ; forcé de quitter Liége par
suite des dissensions qui agitaient cette ville, il revint à son
poste et y mourut bientôt après dans un âge peu avancé.

(1) Juvenis erat humanâ doctrinâ mediocriter instructus,
sed insigni morum integritate.

probation de Ste-Julienne, dans laquelle il reconnaissait une science admirable des choses divines;
si elle louait son travail, Jean n'y changeait absolument rien, si au contraire elle trouvait que quelques corrections étaient nécessaires il s'empressait
de les faire et admettait sans contradiction les rectifications et les additions que Ste-Julienne croyait
devoir y introduire.

Cet office fut récité pendant dix-huit ans par les
chanoines de St-Martin (1); ils ne l'abandonnèrent
qu'après avoir adopté celui que S. Thomas d'A-
quin venait de composer et que le saint Père avait
envoyé à la récluse Eve qui le leur avait commu-
niqué (2). Cet office est celui que récite encore
aujourd'hui l'église catholique.

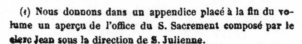

(1) Nous donnons dans un appendice placé à la fin du volume un aperçu de l'office du S. Sacrement composé par le
clerc Jean sous la direction de S. Julienne.

(2) Les chanoines de St.-Martin n'adoptèrent pas entièrement l'office de S. Thomas. Bertholet dans son *Histoire de la
Fête-Dieu* indique quelles étaient les différences qu'ils y in-
troduisirent.

CHAPITRE V.

Ste-Julienne.— Persécutions nouvelles.

Les événemens qui devaient amener l'accomplissement du grand-œuvre de l'institution de la Fête
Dieu marchaient au gré et selon les désirs de Ste-
Julienne, lorsque le ciel se couvrit de nuages et annonça à la prieure de Cornillon que bientôt elle
aurait de nouvelles tempêtes à affronter.

Les ecclésiastiques de distinction que notre
sainte avait consultés et qu'elle avait priés de s'occuper de l'œuvre qui faisait l'objet de toute sa vie,
après en avoir conféré entr'eux, en parlèrent à
leurs amis, qui la communiquèrent à d'autres, et
bientôt la ville entière retentit du projet de Ju-

lienne de Cornillon. Subissant alors le sort réservé
aux choses de ce monde, le grand projet de Julienne fut apprécié sous un point de vue faux ; on
supposait des motifs ambitieux à la vierge de Cornillon et chacun répétait à l'envi qu'il était extra-
vagant qu'une nonne (1) voulut établir une fête
dans l'église, fète dont elle avait rêvé la révélation ; quelques personnes cependant continuèrent
à penser que la révélation venait de Dieu, Hugues de S. Cher, entr'autres, ne se borna pas
à soutenir cette opinion dans de nombreuses conférences particulières, mais encore il prit la plume,
écrivit une longue lettre dans laquelle il défendit très-éloquemment la cause de Ste-Julienne,
monta en chaire et annonça au peuple avec ce
langage empreint d'une conviction profonde qui
dans tous les temps fut l'apanage de la vérité,
que Dieu avait décrété l'institution de la Fète-
Dieu et que ce serait en vain qu'on y mettrait
obstacle ; cette éloquente défense n'arrêta pas l'opposition qui se manifestait de toutes parts et qui
allait sans cesse croissant ; des ecclésiastiques, des
religieux même s'unirent à des laïcs incrédules
pour railler les projets de Julienne.

(1) Bertholet dit une *fillette*, Fisen en un *femmelette* ; et
Leruitte, dans son naif langage, une *songeresse*.

Abandonnée des hommes, huée et vilipendée
'par les méchants qui répandaient sur la vertueuse
prieure les satires les plus odieuses en la traitant
de visionnaire, Julienne résolut de visiter Cologne, et d'aller puiser au pied des saintes reliques
qui y sont conservées, de nouvelles forces et une
nouvelle assistance pour l'accomplissement de sa
mission divine.

Elle partit donc pour Cologne, en compagnie de
quelques sœurs de la maison, auxquelles elle
laissa ignorer le but de son voyage, s'arrachant
ainsi au ridicule et aux calomnies qui n'auraient
fait que croître si elle était restée à Liége; donnant
aux passions le temps de se calmer et à ses conci-
toyens celui de revenir à des sentiments meilleurs.

Le séjour de sainte Julienne à Cologne fut exclusivement employé à la prière et aux pratiques religieuses ; après avoir successivement visité les
nombreuses reliques que renferme cette ville catholique, après avoir adressé à ces illustres martyrs
de la foi chrétienne les plus ferventes supplications
de s'adjoindre à elle pour atteindre le but qu'elle
poursuivait avec une constance si héroïque, elle
revint à Liége et, peu après, visita Tongres et Maes-
tricht pour supplier dans la première de ces deux

3

villes la sainte Vierge (1) de lui être favorable et
pour implorer, dans la seconde, le secours de
St.-Servais, cet illustre et glorieux défenseur de la
consubstantialité du Verbe.

Cependant le Seigneur touché de la persévérance
de Ste.-Julienne, avait permis que les hommes qui,
jusqu'alors s'étaient prononcés avec le plus d'animosité contre la célébration de la Fête-Dieu, revins-
sent de leurs préjugés et fussent au contraire au
nombre de ceux qui montraient le plus d'empressement pour son institution ; mais de nouveaux
obstacles devaient venir retarder encore l'accomplissement de l'œuvre de Julienne, et cette fois ils
furent d'autant plus difficiles à surmonter que la
tempête éclata au sein même du monastère de Cornillon.

Vers l'année 1233, le vénérable prieur Godefroid, qui avait défendu Julienne des attaques
odieuses dirigées contre elle et prouvé son innocence, mourut. Son successeur, dont l'auteur anonyme de la vie de Ste.-Julienne nous cache le

(1) On prétend que la chapelle de la Ste.-Vierge à Tongres
y fut bâtie dans le second siècle de l'Ere chrétienne, par St.-
Materne ; elle serait dans ce cas, la plus ancienne de celles cons-
truites en deçà des Alpes sous l'invocation de la Sainte Vierge.

nom (1) mais que des auteurs plus récents ont appelé Roger, loin d'hériter des vertus du vénérable
Godefroid et, à son exemple, de faire fleurir et prospérer la discipline dans le monastère, y introduisit
au contraire les déréglements et le relâchement de
la régle.

Cet homme qui avait acheté à prix d'argent la
charge de prieur, déréglé dans ses mœurs, portant
impatiemment le joug de la discipline, était l'en-
nemi personnel de Ste.-Julienne, dont il ne pouvait souffrir les avis salutaires et les sages représentations ; il résolut donc de la perdre. Abusant
d'abord de son autorité, il commit les plus hon-
teuses prévarications, employa les moyens les plus
injustes pour parvenir à son but; après avoir épuisé
les voies simoniaques, dont il s'était servi pour se
faire nommer prieur, il chercha quelques prétextes
plausibles pour exciter de nouveaux troubles, et
prétendit entr'autres que l'on devait lui remettre
tous les registres de la communauté, dont lui seul
devait administrer les biens. Julienne, qui connaissait la conduite de ce prêtre indigne et qui crai-
gnait d'ailleurs la ruine totale du monastère si elle
consentait à cet acte injuste, assembla ses reli-

_____

(1) Acta Sanctorum.

gieuses pour les consulter, et, d'après leur avis,
s'opposa à la demande du prieur et refusa les registres réclamés.

Roger s'unit alors avec les ennemis de Ste.-Ju-
lienne pour répandre par la ville d'odieuses accusations ; elle voulait, disaient-ils, enlever aux bourgeois de Liége la juridiction de l'hôpital pour la
conférer à l'évèque, auquel elle avait donné se-
crètement d'immenses sommes d'argent pour en
obtenir l'institution d'une certaine fête qu'elle avait
rêvée ; ne pouvant rendre compte de l'emploi des
revenus de la maison, elle s'était emparée des registres dont elle ne voulait pas se dessaisir. Ces bruits
calomnieux ameutent la populace qui court à l'hôpital, envahit le couvent, demande avec clameur
Ste.-Julienne, qui s'était retirée en lieu sûr, brise
les portes de l'oratoire de la supérieure, ouvre et
fouille les armoires de la communauté, espérant y
trouver les registres convoités, qui, quoique sous
leurs yeux, échappent à leurs recherches ; ces furieux
trompés dans leur espérance, atteignent alors le
paroxisme de la rage, ils insultent, maltraitent et
injurient deux religieuses qui gardaient l'oratoire
de Ste.-Julienne, foulent aux pieds les ornements
sacrés et, après avoir livré la maison au pillage, se
dispersent en désordre.

Julienne considérant que le prieur Roger et ses indignes fauteurs ne cesseraient d'exciter contre elle non seulement les membres du monastère, mais encore les bourgeois de Liége, que sa vie même serait en péril si elle continuait à habiter Cornillon, résolut de céder à l'orage. Accompagnée de ses sœurs fidèles, elle quitta l'an 1240 son propre monastère et alla demander asile à la récluse de St.-Martin. Eve les reçut avec les marques de la plus vive amitié, mais sa modeste cellule était trop petite pour loger une corporation tout entière; Jean de Lausanne, chanoine de St.-Martin, qui, comme nous l'avons vu, professait pour Ste.-Julienne la plus profonde estime et la plus grande admiration, vint mettre sa maison à sa disposition, ajoutant qu'il en sortirait et qu'il irait habiter les cloitres de sa collégiale; il lui abandonna encore la moitié de sa prébende, pour que la sainte pût, par ce moyen, pourvoir aux frais matériels de la vie. Reconnaissante et pleine de gratitude pour le secours inespéré que Dieu lui envoyait, Julienne accepta les offres du chanoine Jean, pensant avec raison que c'était la meilleure manière de reconnaitre sa noble générosité.

Cependant l'évêque Robert de Torote, informé des troubles graves qui avaient agité la solitude de

Cornillon, avait nommé une commission d'hommes
honorables et probes chargés de rechercher si l'administration spirituelle et temporelle de la maison
était régulièrement faite et de quelle manière le
prieur Roger était parvenu à ces hautes fonctions
monastiques. Ces députés commencèrent aussitôt
une enquête sévère ; après avoir interrogé les sœurs
et reçu leurs dépositions sous serment, il fut prouvé
que le misérable Roger n'avait obtenu le prieuré
qu'en devenant simoniaque, et que, sous sa direction, la maison de Cornillon marchait, sous tous les
rapports, à une ruine certaine. Pendant l'examen
de cette grave et scandaleuse affaire, l'évêque Robert qui professait une estime toute particulière pour
les personnes vertueuses, vint visiter Julienne dans
sa retraite, il l'interrogea et l'écouta avec bonté sur
toutes les circonstances qui signalèrent ces troubles
déplorables, la consola ainsi que ses fidèles compagnes et, éclairé enfin sur l'excellence de sa cause,
lui donna l'assurance que ce procès serait bientôt
instruit, et, qu'aussitôt que les formalités judiciaires
seraient exécutées, il porterait son jugement. Malgré ces assurances formelles de la part du géné-
reux prélat, cette affaire se prolongea pendant trois
mois tout entiers, mais enfin les preuves maté-
rielles produites par l'enquête établirent de la ma-

nière la plus incontestable l'innocence de Ste.-Julienne et la noire perversité de ses adversaires ; tout le monde reconnut alors qu'elle avait agi sagement en refusant à un économe prévaricateur l'administration des biens de la communauté.

La sentence de l'évêque déclara Julienne innocente des griefs dont on l'accusait et la rétablit à la tète des religieuses de son monastère dans lequel elle ne tarda pas à rentrer avec ses compagnes d'exil. Quant au prieur simoniaque il fut déposé et rélégué à l'hôpital des lépreux de Huy pour y subir les peines ecclésiastiques qui lui furent imposées.

Le premier soin de Julienne après sa rentrée à Cornillon, fut de donner un successeur légitime au prieur Roger ; elle s'adressa à plusieurs personnes capables, mais toutes refusèrent, alléguant pour causes de leur refus, les dissentions intestines et les troubles récents qui avaient agité cette maison religieuse; dans cette triste et pressante nécessité, Julienne fit élire le clerc Jean, qui avait composé l'office du St.-Sacrement. Jean était digne de ces importantes fonctions; l'innocence de ses mœurs et ses talents reconnus, donnaient l'assurance à Ste.-Julienne que sous l'administration d'un prêtre aussi probe que lui, le monastère de Cornillon sortirait bientôt de l'état misérable dans lequel il était tombé.

L'évêque Robert qui *respectait la sainteté des mœurs* de la prieure voulut réédifier à ses frais l'oratoire particulier de Ste.-Julienne, et il ordonna en conséquence qu'on le rebâtit dans un lieu plus commode et plus sain ; mais Jean de Lausanne et la récluse Eve pensèrent que les devoirs de l'amitié qui les unissait à Ste.-Julienne réclamaient d'eux cette marque d'affection, et l'un et l'autre s'empressèrent de faire relever les ruines de cette sainte Thébaïde.

Les nouvelles persécutions dont Ste.-Julienne venait de sortir victorieuse, augmentèrent encore sa réputation. Son humble cellule fut de nouveau visitée par des personnes du plus haut rang qui, non contentes de jouir de sa conversion édifiante, venaient encore se recommander à ses prières. Sa bonté, sa candeur, sa pureté évangélique, sa sagesse persuasive lui avaient ramené tous les esprits, même ceux les plus prévenus contre elles, au point, dit Bertholet, que le parloir de Cornillon était devenu une école de philosophie chrétienne où des personnes versées dans les sciences se faisaient honneur d'être les auditeurs assidus d'une humble fille qui leur dévoilait des mystères que leurs études les plus approfondies n'avaient pu leur faire connaître. Ce qui contribua surtout à étendre sa renommée,

furent des nombreuses visites qu'elle reçut de l'évèque Robert, de Guy, évêque de Cambray, et d'autres ecclésiastiques éminents qui venaient la consulter sur des points de la doctrine et lui demander
l'assistance de ses prières. L'humilité de Julienne
souffrait de l'importance que l'on attachait à ses
entretiens ; elle s'en plaignit à son amie Eve qui
la consola en lui annonçant qu'après la mort de
l'évêque Robert, elle aurait à essuyer de nouvelles
persécutions.

Les secousses violentes que la maison de Cornillon venait d'éprouver, y avait introduit, comme
nous l'avons dit, le relâchement de la discipline et
l'oubli des devoirs religieux. Sainte Julienne, dont
la vertu croissait au milieu du désordre et de la corruption, semblable à ces plantes bienfaisantes qui
grandissent et prospèrent dans des marais putrides,
entreprit de ramener à Cornillon l'ordre, la discipline et d'y faire refleurir les vertus chrétiennes ;
son mépris pour les mœurs déréglées, son indignation contre les abus nombreux l'engagèrent à
entreprendre cette réforme qu'elle eut le bonheur
d'accomplir (1). Profitant, à cet effet, de la haute

---

(1) Quoiqu'aucun historien n'ait fait mention de ce fait,
nous n'hésiterons pas à attribuer aux conseils et aux sollici-

faveur dont elle jouissait auprès de l'évêque Robert,
elle obtint du vertueux prélat la confirmation des
anciens priviléges et des constitutions nouvelles ré-
tablissant l'ordre et la discipline dans ce troupeau
égaré. « Frères et Sœurs de Cornillon , y disait le
» prélat, le devoir de notre ministère nous oblige
» de pourvoir à tout ce qui peut servir à votre salut
» et à votre tranquillité , et de saisir toutes les oc-
» casions d'empêcher la peste de s'introduire parmi
» vous , c'est pourquoi , mes très-chers fils en Jé-
» sus-Christ , nous déclarons aux Frères et aux
» Sœurs de n'avoir ensemble qu'une conversation
» honnête, pleine de charité et d'union , de garder
» et de maintenir avec soin la discipline ecclésias-
» tique, de travailler avec assiduité , de garder le
» silence aux temps prescrits et de ne s'écarter en
» rien des observances et des coutumes anciennes. »
Il défend en outre au prieur de ne changer aucune

---

tations de Ste.-Julienne , les constitutions de réforme et de
rétablissement de la maison de Cornillon que l'évêque Robert
donna en 1242 ; cette année ne coïncide-t-elle pas, en effet,
avec le temps où Ste.-Julienne était prieure, gouvernant la
maison de commun accord avec le prieur Jean , son ami? Ne
coïncide-t-elle pas encore avec l'époque de son crédit auprès
de l'évêque , des ecclésiastiques les plus éminents de ce temps
et des premiers personnages du diocèse ?

des parties de la règle sous quelque prétexte que
ce soit à moins d'une nécessité absolue , prescrit
ensuite la formule du serment que devaient prononcer les personnes qui faisaient profession à Cornillon (1), recommande aux supérieurs l'exactitude
et la discrétion dans l'accomplissement de leurs
fonctions , leur défend rigoureusement , en vertu
de l'obéissance que l'on doit à la règle , de posséder
rien en propre et que , si quelqu'un des religieux
contrevenait à cet ordre , il soit impitoyablement
chassé de la maison , après avoir reçu les représentations convenables . et n'y soit réintégré qu'après
avoir donné les marques les plus évidentes de repentir et de pénitence.

Ce réglement portait encore que l'on devait élire
dans chacune des deux maisons , deux personnes
discrètes et animées d'un saint zèle pour la discipline canonique , qui seraient chargées de veiller à
l'observance de la règle et de rapporter aux supé-

---

(1) Voici quel était ce serment : Ego N. facio professionem
et promitto stabilitatem in hac domo N. voveo etiam et promitto Deo et B. Mariæ et tibi N. hujus domûs patri , abdictam
proprietatis , et custodiam castitatis perpetuam et obedientiam secundum regulam D. Augustini , ad discretionem tuam ,
tuorumque successorum , et quod ero obediens tibi , tuisque
successoribus usque ad mortem.

rieurs les infractions qui auraient été commises. Il prescrivait enfin qu'à l'élection d'un supérieur ou d'une prieure, les membres de la communauté devaient, avant d'y procéder, consulter des personnes prudentes et sages qui les éclaircraient sur leur choix, mais qui jamais ne pourraient être élues ; défense sévère était également faite aux personnes laïques de s'occuper de l'élection qui, ce cas échéant, serait toujours déclarée nulle.

Le reste des nouvelles constitutions de Cornillon données par l'évêque Robert, se rapporte à l'administration temporelle; la plus remarquable de ces dispositions, est celle relative aux comptes des revenus de la maison qui, deux fois par an, le lendemain de la Toussaint et de la Pentecôte, devaient être clairement établis en présence de trente personnes choisies à cet effet.

Julienne heureuse d'avoir obtenu un réglement sage et sévère à la fois, qui présageait un avenir tranquille à la maison en la faisant rentrer dans les voies normales de la vie monastique, travailla avec une ardeur nouvelle à l'accomplissement de son auguste projet.

CHAPITRE VI.

La Fête-Dieu est établie à Liége.

⁝ Pendant les nombreux et fréquents entretiens que Ste-Julienne avait eus avec l'évêque, elle avait, comme on le pense bien, parlé souvent au vertueux prélat de son projet ; elle s'était efforcée de lui faire comprendre les raisons et les motifs qui militaient en faveur d'une institution qui devait réveiller la piété et l'amour des chrétiens pour l'auguste Sacrement des autels ; l'évêque avec toute la prudence et la circonspection possible convenait volontiers que l'institution de cette fête servirait à la gloire de Dieu, au bien général de l'Eglise, mais qu'il ne pouvait se décider qu'après avoir mesuré toute l'importance d'une semblable démarche et en avoir pesé mûrement toutes les conséquences. Ainsi s'exprimait le prélat qui cependant adoptait tous les autres discours de Julienne comme autant d'oracles.

De retour d'un voyage, l'évêque Robert vint voir Julienne, et lui tint ce langage. « *J'ai reçu de Dieu un bienfait singulier, par lequel il a daigné me manifester sa très-sainte volonté et m'intimer son ordre suprême sur l'Institution de la fête du St-Sacrement de l'Eucharistie. Autrefois je ne répondais à l'évidence de vos motifs qu'en vous disant que je les croyais justes, mais aujourd'hui mes doutes sont dissipés, mon indécision est changée en certitude. Je pense donc maintenant que rien ne peut contribuer davantage à la gloire de Dieu et au salut du prochain que l'établissement d'une fête solennelle du sacré corps de notre Seigneur Jésus-Christ* (1).

Julienne qui prévoyait que les démarches de Robert pour obtenir l'archevêché de Rheims l'occuperaient beaucoup et lui laisseraient ainsi peu de temps à donner à l'accomplissement de l'œuvre de l'institution de la fête nouvelle, lui fit à cet égard d'humbles représentations en lui prédisant

(1) Fisen, *Origo festi corporis Christi.*

que c'était en vain qu'il travaillait à occuper ce
siége archiépiscopal ; malgré les sages conseils de
la prieure, Robert continua longtemps à prétendre à
cet archevêché qui fut accordé en 1244, par le pape
Innocent IV à Juhel archevêque de Tours. Cette
nomination fit cesser toutes les prétentions de Robert à cette position élevée, et le ramena à l'administration de son diocèse et à la direction du troupeau qui lui était confié. Il se souvint alors du
projet de la vierge de Cornillon ; pressé par Julienne
et quelque désir qu'eût l'évêque d'établir enfin la
fête du St-Sacrement, cette précieuse institution
fut cependant retardée encore; ce ne fut que deux
ans après, dans l'année 1246, qu'elle eût définitivement lieu (1). Convaincu alors par les représentations et les vœux de personnes pieuses et respectables qui soumirent à son approbation le plan et
l'ordre de cette solennité, en le priant de reconnaître dans ce travail un présent de la bonté divine et

(1) Un ancien manuscrit conservé autrefois dans la Bibliothèque des PP. Carmes, fixait à l'année 1244 l'Institution de la
Fête-Dieu qui fût révélée à une *béguine* de Cornillon , ce qui
peut s'accorder en supposant que l'évêque Robert , résolut
cette année même l'institution dont la fête ne fût instituée ,
que deux ans après.

d'en ordonner l'exécution, l'évêque se décida enfin et résolut de satisfaire le zèle et la piété des fervents adorateurs de l'auguste Sacrement de l'Eucharistie.

Il était en usage, à cette époque dans l'Église, de Liége, de convoquer des assemblées synodales à la fête de St-Lambert, 17 de septembre et à la fête de la Dédicace ; ç'est dans les réunions, qui eurent lieu à la fin de l'année 1246 que l'évêque Robert, proposa aux membres de ce conseil annuel l'établissement de cette fête, attendue depuis si longtemps et désirée si ardemment par les membres les plus éclairés du clergé du diocèse de Liége ; c'est à l'avis de cette assemblée que l'évêque soumit le mandement épiscopal qui déterminait enfin un office propre et une fête annuelle pour honorer cet auguste mystère, témoignage éclatant de l'amour du Sauveur pour les hommes ; il y fixait le jeudi après l'Octave de la Trinité, pour la Solennisation de cette fête, en ordonnait l'observance comme le saint jour du dimanche et prescrivait un jeûne la veille de sa célébration.

Ce monument de la foi et de la piété des Liégeois, le plus beau et le plus glorieux de cette ancienne Église de Liége, qui, à toutes les époques a brillé d'un éclat particulier dans l'Église universelle, est trop précieux et donne une trop haute idée de la dévotion de nos pères pour que nous n'en reproduisions pas ici la traduction (1).

ROBERT, *par la grâce de Dieu évêque de Liége, à nos chers fils les abbés, prieurs, doyens, curés et autres ecclésiastiques de notre diocèse de Liége, salut et toutes bénédictions.*

—

« Entre plusieurs merveilles que le Seigneur
» notre Dieu, toujours adorable dans ses œuvres
» a opérées, celle qui est au-dessus de toutes, et
» qui, par sa sublimité mérite davantage nos ad-
» mirations, est le Sacrement ineffable de son
» sacré corps. C'est là qu'il se donne lui-même pour
» notre nourriture, et qu'il nous a laissé un mé-
» morial précieux de sa passion, autant que de
» l'amour infini qu'il nous porte. Le prophète roi,
» qui est entré dans l'abîme des secrets divins,
» nous en a félicités longtemps auparavant par ces
» paroles : *Dieu plein de miséricorde et de compas-
» sion a fait d'étonnants prodiges, en se donnant à
» manger à ceux qui le craignent.*

---

(1) Avant la révolution de 1789 on conservait une des copies originales de ce précieux mandement dans les archives de l'église paroissiale de St-Jean Baptiste, église détruite aujourd'hui.

» Que si Dieu même, qui n'oubliera pas dans
» toute l'éternité les merveilles de sa toute puis-
» sance, a fait annoncer celle-ci avant son institu-
» tion ; et si après l'avoir saintement établie, il s'en
» est encore souvenu en disant : *aussi souvent que*
» *vous sacrifierez, faites le en mémoire de moi :*
» peut-on trouver à redire, si nous, outre la com-
» mémoration quotidienne que nous en faisons'dans
» la Messe, nous statuons qu'on rappelle une fois
» l'an, à tous les fidèles, le mémorial de ce pré-
» cieux, vénérable et ineffable Sacrement, et que
» nous en instituions une fête spéciale.

» Nous croyons qu'il est d'autant plus digne, rai-
» sonnable et plus salutaire de l'ordonner ainsi,
» que puisque les Saints que l'on invoque jour-
» nellement dans les litanies, les messes et les
» oraisons secrètes ont encore leurs fêtes marquées
» à certains jours de l'année, il est très-juste que
» le Saint des Saints, la source de toutes bénédic-
» tions, ait sur la terre une solennité qui lui soit
» proprement consacrée, afin qu'on lui rende de
» grandes actions de grâces, comme au Seigneur
» notre Dieu, qui par les effets d'une charité très-
» pure, et aussi immense qu'elle est inestimable se
» représente tous les jours sur nos autels. C'est
» dans cette admirable représentation qu'il ne cesse

» et ne cessera d'accomplir sa promesse, *voilà que*
» *je suis avec vous jusqu'à la consommation des*
» *siècles*, et c'est par là qu'il nous confirme de plus
» en plus la vérité de cet oracle, *mes délices sont*
» *d'être avec les fils des hommes*. Cette solennité
» aura encore cela de propre, qu'elle contribuera
» à suppléer aux manquements, aux irrévérences,
» et aux omissions qu'on commet dans la célébra-
» tion de cet adorable mystère. Et qui est-ce des
» fidèles qui puisse révoquer en doute qu'elle ne
» tende à la gloire de Dieu, à l'accroissement de
» la foi, de l'espérance et de la charité, à la mul-
» tiplication des autres vertus et au grand profit des
» élus ?

» Nous désirons que le troupeau confié à nos
» soins, jouisse de ces avantages, et voulant exci-
» ter les hommes à rendre au Seigneur les actions
» de grâces qui lui sont dues, nous ordonnons
» que vous observiez tous les ans, la cinquième
» férie après l'octave de la Sainte Trinité, la fête
» solennelle du très-Saint Sacrement (1) et que vous
» récitiez son office de neuf leçons, les répons,

(1) Le père Bertholet, a traduit *après le dimanche de la Tri-nité*, parce qu'il ignorait l'ordre des anciens rits liégeois.

» versets et antiennes propres , dont nous vous en-
» verrons une copie.

» Cette fête sera chômée inviolablement et gar-
» dée à perpétuité au jour désigné dans toutes les
» églises de notre diocèse de Liége ; on s'y abs-
» tiendra de toute œuvre servile, comme au jour
» des dimanches. De plus vous avertirez tous les ans
» vos sujets de jeûner dévotement la veille , et afin
» qu'ils obtiennent la rémission de leurs péchés ,
» vous les exhorterez de s'y préparer par prières ,
» aumônes et autres bonnes œuvres , de se rendre
» dignes de recevoir ce saint Sacrement, sans néan-
» moins y contraindre personne. Nous espérons
» qu'en vue de cette fête, Dieu et Jésus-Christ son
» Fils , se laisseront toucher par les sacrifices d'ex-
» piation qu'on leur offrira , et qu'ils daigneront
» ouvrir les portes de leur asile au monde entier
» qui est menacé d'un prochain naufrage. Vous
» prendrez copie des présentes lettres et vous au-
» rez soin de garder fidèlement ces copies. Donné
» l'an du Seigneur 1246. »

Après la publication de ce mandement, l'évêque
Robert fit faire plusieurs copies de l'office du saint
Sacrement que Ste.-Julienne avait fait composer
par le clerc Jean , et les fit distribuer aux principales églises de son diocèse. Ces ordres ayant été

exécutés, il partit pour Huy où il alla consacrer
au faubourg de cette ville une chapelle en l'honneur
de St.-Léonard, et de là se rendit à Fosses pour
y passer les derniers beaux jours de l'automne ; il
était depuis quelque temps dans ce château, lorsque
le 13 octobre (1), jour où l'église de Liége célèbre
le triomphe de St-Lambert, il fut atteint de la maladie qui le conduisit au tombeau.

Sentant la mort approcher, le prélat, saisi d'un
saint zèle, exhorta les personnes qui entouraient
son lit funèbre, et les conjura avec ardeur, de travailler à la solennisation de la fête du très-saint
Sacrement des Autels, ouvrage sacré qu'il aurait
voulu accomplir lui-même si la main puissante de
l'Eternel n'était venue y mettre obstacle en le rap-
pelant à lui; désirant enfin, dans ce moment suprême, donner des preuves non équivoques de son
amour pour cette fête des fêtes, il se fit réciter
l'office du St.-Sacrement qu'il venait de prescrire
à son église, renouvela ses sollicitations en se servant, dans ce moment solennel, de ces paroles de
son divin maître *hoc facite in meam commemorationem*, faites ceci en mémoire de moi, et mourut

---

(1) V. Foullon, Fisen, Bouille et tous les historiens liégeois.

quelque moment après (1) animé des sentiments de la plus vive piété. —Son corps déposé à l'abbaye d'Alne y resta jusqu'à ce que Etienne, abbé de Clair-vaux le fit transporter dans son église où il fut in-humé devant l'autel de St.-André , ainsi qu'il l'avait demandé lorsqu'il était évèque de Langres. On plaça l'épitaphe suivante sur son tombeau :

EXTA HIC EXTANT

ET QUIEVIT CORPUS R^{mi}

PRÆSULIS ROBERTI

EPISCOPI LEODIENSIS LXVIII

QUI PRIMUS

IN ORBE CHRISTIANO

FESTUM

CORPORIS CHRISTI

CELEBRANDUM INDIXIT

DEIN CLARAM VALLEM

DELATUM

CUM FUISSET OLIM

EPISCOPUS LENGONENSIS

OBIIT

XVII KALEND. NOVEMB.

ANNO DOMINI

MCCXLVI.

(1) Le 16 octobre 1246.

Quoique l'institution de la Fête-Dieu eut été proclamée et ordonnée par l'autorité diocésaine, aucune église cependant n'en fit la célébration, soit à cause de la froideur qu'on remarquait dans les premiers dignitaires du clergé, soit aussi par suite des persécutions nouvelles que souffrit Ste.-Julienne ou encore des dissensions qui surgirent à Liége pour l'élection d'un nouvel évêque; toutes ces causes réunies avait fait oublier le mandement de l'évêque Robert, et ce document précieux semblait être enseveli dans le même tombeau que le prélat, il ne fallut rien moins que le crédit puissant dont Julienne et Eve jouissaient auprès des chanoines de la collégiale de St.-Martin pour décider ces prêtres pieux à célébrer enfin cette fête. Ces saintes filles appuyées et soutenues par leur ami commun, Jean de Lausanne, firent voir à la communauté canoniale de St.-Martin, combien cette fête nouvelle contribuerait à la gloire de Dieu et au bien de l'église ! quel lustre elle jetterait sur la cité de Liége ! leur douce éloquence persuada enfin les chanoines, qui, comme nous venons de le dire, résolurent unanimement de célébrer cette fête l'an 1247 (1246 v. s.) au jour fixé par l'évêque Robert. Ce fut donc le 6 juin de cette année qu'eut lieu la première célébration de la Fête-Dieu, au

milieu d'un concours immense de peuple qui venait, avec empressement, s'associer à la piété
des chanoines de St.-Martin. Ainsi fut établie
cette grande fête chrétienne, qui se développa
insensiblement, et fut adoptée quelques années
plus tard par l'église catholique toute entière.

CHAPITRE VII.

Ste.-Julienne quitte le monastère de Cornillon.

Nous n'essayerons pas de décrire la joie de Julienne, d'Eve et d'Isabelle de Huy, ni leurs saints transports en voyant leur grande œuvre si longtemps repoussée, si souvent ajournée, recevoir enfin une consécration solennelle. Cependant le bonheur qu'éprouvait la récluse de St.-Martin était tempéré par une crainte instinctive qui l'inquiétait et venait troubler la sérénité de son âme. Elle ne voyait dans ce vaste diocèse de Liége, si recommandable par sa piété et son obéissance, qu'une seule église entre toutes qui se conformât au mandement de l'évêque; les autres gardaient à cet égard

4

un silence mortel ou se refusaient même à faire aucune démarche publique pour une fête qu'elles regardaient comme une manifestation au moins singulière. Eve ne pouvant supporter plus long-temps ces angoisses continuelles, communiqua ses appréhensions à sa fidèle amie Julienne qui la con-sola et la rassura en ces termes : « *Cessez ma chère Eve de vous attrister et de craindre ; les décrets de Dieu sont au-dessus de ceux des hommes, et tout ce qu'il a résolu est trop solidement établi pour être jamais renversé par leurs efforts. Il viendra un temps, n'en doutez pas, que cette fête se célébrera non-seulement dans une collégiale de Liége, dans le diocèse, mais dans l'univers entier. Toute la chré-tienté la recevra. Tous les fidèles feront de cette ins-titution les motifs de leurs triomphes et l'église l'ob-jet de ses adorations, on s'y opposera il est vrai ; mais qui peut rien entreprendre contre Dieu ?* »

Nous n'avons pas besoin de faire remarquer à nos lecteurs avec quel éclat cette prédiction de Ste.-Julienne s'est accomplie quelques années plus tard.

Depuis sa rentrée à Cornillon, Ste.-Julienne avait joui du bonheur et de la tranquillité d'une vie sans troubles ; la mort de l'évêque Robert qui l'avait protégée contre les persécutions, vint la li-vrer de nouveau à la merci de ses ennemis implacables que la crainte de l'autorité épiscopale avait contenu jusqu'alors.

Cette fois encore l'orage partit du monastère même ; quelques frères qui vivaient dans le libertinage et l'inobservance de la régle, souffrant à regret que le prieur Jean suivit les conseils de Julienne, résolurent de rappeler de Huy, Roger, le prieur déposé. Afin d'éviter le reproche de mépriser les sentences des juges, reproches qu'on n'aurait pas manqué de leur adresser, ils reçurent Roger parmi eux comme une personne étrangère, et commencèrent dès ce moment à persécuter le prieur Jean, qu'ils chassèrent quelque temps après en lui donnant pour successeur un moine blanc de l'ordre de St.-Norbert.

Julienne prodigua ses consolations au vertueux Jean, ainsi qu'à ses sœurs fidèles ; exhorta Jean à se maintenir avec fermeté dans les fonctions qu'il occupait si légitimement, et persuada aux sœurs de souffrir avec patience et résignation ces tribulations nouvelles ; les religieux égarés, non contents d'avoir rappelé le prieur simoniaque, lui confièrent l'administration des biens de l'hôpital, objet des premières contestations, mais Julienne, fidèle à ses premières convictions, s'opposa, comme elle l'avait déjà fait, à ces iniquités et à ces injustices criantes.

Roger comprit alors qu'aussi longtemps que Julienne habiterait Cornillon , il ne pourrait jouir en paix du prieuré qu'il venait d'usurper pour la seconde fois ; c'est ce qui l'engagea de nouveau à recourir aux moyens les plus iniques pour forcer la prieure à quitter la maison. Après avoir, ainsi que ses partisans coupables, épuisé les railleries injurieuses et les reproches amers, qui furent adroitement répandus dans le peuple, il voulut forcer Julienne à reconnaître son autorité; et pour parvenir à cet acte odieux il eut recours à la violence et aux voies de fait les plus blâmables, ce qu'il fit avec d'autant plus de facilité que la cité de Liége , n'offrait à cette époque déplorable qu'un tableau effrayant de troubles et de brigandages. Après avoir essayé une dernière fois, sans plus de succès qu'auparavant, d'intimider Ste-Julienne par d'abominables menaces , il ameute contre elle la plus vile populace de la ville , qui , armée de pierres et d'autres projectiles, se porte en fureur à l'oratoire de la Sainte, en vomissant les plus affreuses injures contre elle. Arrivée à Cornillon , elle envahit le couvent, brise les fenêtres, enfonce les portes et met au pillage l'habitation de la prieure qui n'échappe qu'avec peine à cette tourbe furieuse pour se réfugier dans le dortoir commun ; déjà ces misérables s'en étaient rendus maîtres ; la présence de Ste-Julienne y excita des clameurs nouvelles et plus violentes encore, au point que l'un des plus furieux de cette troupe sacrilège osa lever un main criminelle sur la sainte ! ! !

Julienne n'opposa à ces infâmes insultes que le calme de l'innocence et la patience religieuse la plus exemplaire, priant et implorant Dieu pour ses ennemis dont elle souffrait le funeste égarement.

Cependant Julienne, voyant que sa présence à Cornillon serait un sujet continuel de discorde et de dissention, qui pourrait peut-être amener plus tard la ruine de cette maison religieuse, résolut de la quitter, pour aller chercher loin de cet asile la paix et le repos qu'elle n'avait pu y trouver. La congrégation entière voulut la suivre ; mais elle fit observer aux sœurs fidèles qu'elles ne pouvaient abandonner le monastère où les appelaient des devoirs sacrés qu'elles avaient juré d'accomplir chaque jour ; elle les exhorta donc à la patience et à la résignation en leur promettant l'aide de Dieu, qu'elle ne cesserait d'implorer pour elles. Après ces tristes adieux elle quitta Cornillon (1) pour n'y

(1) En 1248.

plus revenir, accompagnée seulement des trois
sœurs, Isabelle, Agnès et Ozille auxquelles elle
avait permis de partager son exil; et comme Julienne quittait la maison sans rien emporter, on
lui demanda de quelles ressources elle allait vivre
elle et ses compagnes? Des aumônes que nous en-
verra la providence divine répondit-elle, jamais
elles ne nous manqueront.

Julienne se réfugia d'abord à l'abbaye de Robermont qui était située à peu de distance de Cornillon; elle y fut reçue avec tout le respect que
commandaient ses vertus et sa piété; mais cet asile
était trop rapproché du foyer de la révolte qui s'é-
tait élevée contre elle pour qu'elle put espérer d'y
vivre longtemps tranquille; en effet, le prieur
Roger la força bientôt par ses machinations diabo-
liques à quitter cette retraite pour aller demander
l'hospitalité aux sœurs du Val-Benoît qui, comme
celles de Robermont, professaient la règle de Cî-
teaux (1); ce premier succès loin de satisfaire sa
haine implacable ne fit que l'irriter encore, car
peu de temps après Julienne, poursuivie par de
nouvelles et d'odieuses calomnies fut obligée en-

---

(1) Ces deux monastères ont été supprimés à l'entrée des
Français à Liége en 1794 et vendus comme biens nationaux.

core une fois de chercher un nouveau refuge et de
se retirer au Val-Notre-Dame, près de Huy, où
l'on professait également la règle de S. Bernard (1).
Comme à Robermont, comme au Val-Benoit, elle
y fut accueillie avec bonté et respect; pendant son
séjour assez prolongé dans cette maison religieuse,
les bonnes sœurs épuisèrent pour elle et ses compagnes d'exil ces petits soins délicats, ces prévenances inestimables qui font oublier que l'on est loin de
ses foyers domestiques; rien, en un mot, ne man-
qua à Ste-Julienne au Val-Notre-Dame, dont elle
dût s'éloigner encore, poursuivie par la haine de
ses ennemis; pour eux, cette paisible retraite était
trop rapprochée de Liége, cité malheureuse, qui
éprouvait alors les calamités les plus terribles, les
malheurs les plus inouis, dont l'histoire nous ait
conservé le souvenir (1).

En quittant le Val-Notre-Dame, Julienne se di-
rigea vers Namur; elle y fut recueillie ainsi que
ses sœurs par quelques pauvres béguines qui vou-

---

(1) Il ne reste plus que quelques bâtiments de cette abbaye
qui fut, comme tant d'autres, détruite à l'époque de l'invasion
française en 1794.

(2) Consultez à cet égard Hocsem, Gilles d'Orval, et les autres chroniqueurs liégeois.

lurent bien consentir à les abriter, mais qui étaient
trop misérables pour pouvoir subvenir à leur entretien ; c'est dans ces pénibles circonstances que
notre sainte persécutée et ses compagnes d'infortune
souffrirent tout ce que la misère et la pauvreté ont
de plus humiliant. Après cette nouvelle épreuve,
Dieu leur donna quelque consolation. Himane
de Hoechsteden, sœur de l'archevêque de Cologne,
Conrad de Hoechsteden, abbesse de Salsinnes, où
l'on professait également la règle de Citeaux, apprenant que des religieuses mandiaient leur pain
de porte en porte, écrivit à l'un des archidiacres
de Liége, nommé Jean, homme pieux et charita-
ble, protecteur des Béguines de Namur, et qui ne
pouvait ignorer la cause de l'exil de Ste-Julienne
et de ses trois compagnes. Ce prêtre vertueux apprenant seulement alors que l'illustre prieure de
Cornillon était à Namur, qu'elle y vivait d'aumônes, sans abri certain pour reposer sa tête, lui fit
offrir une maison, située près de l'église de S. Au-
bain; Julienne accepta et y vécut quelques années
dans la plus extrême indigence. Dans la suite,
l'archidiacre Jean ayant fait construire dans cette
maison, qui était sa propriété, un hôpital pour
servir de retraite aux béguines pauvres et malades,
donna à Julienne un terrain situé entre l'hôpital

et l'église saint Symphorien pour y construire quelques cellules, ce qu'accomplit Julienne, aidée des
aumônes et de l'assistance de plusieurs personnes
charitables et de quelques pieux bourgeois de Namur. Cet établissement prospéra et Julienne y
vécut heureuse, si nous comparons sa situation
nouvelle à ce qu'elle était auparavant. Elle y vivait
d'aumônes et de privations corporelles (1) mais sa
vie était riche et somptueuse de grâces et de bénédictions célestes.

L'abbesse de Salsinnes indignée à la fin de voir
que des servantes fidèles de Jésus-Christ, qui
avaient donné des biens considérables à leur monastère (2), fussent réduites à une semblable extré-
mité, obtint que la maison de Cornillon leur paye-
rait une pension alimentaire. C'est vers cette époque que Julienne, pour faire cesser les calomnies
nouvelles, et après avoir toutefois consulté des

---

(1) Cette nouvelle maison ne possédait aucune dotation.

(2) Ste.-Julienne légua au monastère de Cornillon la tota-
lité de ses biens qui étaient pour la plupart des propriétés
foncières considérables. En 1835 les Hospices civils de Liége,
qui remplacent l'ancien couvent de Cornillon, conservaient
encore des traces de la libéralité de Ste.-Julienne, car le 30
avril de cette année fut remboursée la rente appelée *rente de
Ste.-Julienne* qui était de 122 muids par année.

hommes pieux et instruits, entr'autres Guy, évèque de Cambray, se soumit, elle et ses compagnes , à l'obéissance de l'abbesse de Salsinnes.

Vers l'année 1234, Agnès (1) et Ozile, moururent ; elles furent inhumées à Salsinnes. Dans tout le cours de leur exil volontaire, ces saintes filles se montrèrent dignes d'être les compagnes de Julienne ; elles partagèrent avec le même héroïsme et la même abnégation qu'elle, les souffrances et les tribulations que Dieu avait jugé convenable de leur envoyer, et ne cessèrent un seul instant d'être à la hauteur de la mission consolatrice qui leur avait été donnée.

Raissius dans sa *Belgica Christiana* et le martyrologe de l'ordre de Citeaux donnent à ces fidèles compagnes de notre grande sainte le titre glorieux de BIENHEUREUSES.

Isabelle fut très-affectée de la mort de ses compagnes ; réduites par cette perte à n'être plus que deux pour habiter leurs modestes cellules , Isabelle pensa que la vie commune conviendrait mieux à leur état. Elle s'en ouvrit à sa sœur Julienne , lui réprésentant qu'étant vieilles déjà , faibles de com-

_____

(1) Cette Agnès est autre qu'Agnès , sœur de Ste.-Julienne.

plexion, infirmes, leur faiblesse réclamerait bientôt
des soins et des attentions qu'elles pourraient trouver à Salsinnes, dont l'abbesse avait pour elles une
affection particulière.

Julienne qui prévoyait l'orage qui éclaterait
bientôt sur Salsinnes, ne goûta pas d'abord cet avis;
cependant pressée d'adopter ce parti, elle y consentit, et se retira près de Himane, qui la reçut
avec toutes les marques de la joie la plus profonde,
lui fit donner un appartement vaste et spacieux,
malgré les refus de Julienne qui demandait avec
instance une chambre plus petite et une cellule
plus rapprochée de l'église.

Julienne était retirée depuis quelque temps à
Salsinnes, dont le séjour lui était devenu particulièrement agréable, lorsqu'elle y essuya la plus
grande perte qu'elle put faire. Isabelle de Huy, sa
compagne inséparable, le témoin constant de son
innocence et de ses vertus, l'image la plus parfaite
de sa fermeté et de sa constance y fut atteinte d'une
maladie mortelle qui peu de jours après la conduisit aux pieds du Seigneur. On enterra Isabelle
auprès de ses sœurs qui l'avaient précédée dans
l'éternité; cette lugubre et solennelle cérémonie
eut lieu loin des yeux de Julienne afin de ne pas
accroitre sa douleur et sa tristesse.

Julienne dans ees circonstances pénibles priait ordinairement pour les morts; elle ne le fit pas pour Isabelle, l'abbesse s'en étant aperçue lui en témoigna son étonnement en lui demandant quelles pouvaient être les causes qui l'avaient déterminé à ne point prier pour la sœur Isabelle : — *Parce que j'ai ouï dire d'un saint personnage* se contenta de répondre Julienne *que c'est faire injure à un saint que de prier pour lui.*

Julienne demeurée seule, demanda au monastère de Cornillon, qu'Ermentrude, religieuse d'un mérite incontestable, d'une patience et d'une piété à toute épreuve, vint partager sa retraite; celle-ci heureuse d'habiter encore avec son ancienne supérieure, s'empressa d'accourir à Salsinnes et n'abandonna Julienne qu'à sa mort.

CHAPITRE VIII.

Mort de Sainte-Julienne.

Depuis huit ans Julienne avait quitté la cité de Liége ; malgré cette longue absence on y avait conservé un précieux souvenir de sa vertu et de sa piété ; toutes les personnes religieuses désiraient ardemment la voir rentrer au sein de cette ville si malheureuse ; mais Dieu en avait ordonné autrement et avait résolu que sa fidèle servante terminerait sa vie sur la terre étrangère, plus digne sans doute de la posséder que son ingrate patrie, livrée alors à toutes les horreurs de la vie la plus déréglée (1).

---

(1) V. les auteurs cités, p. 67.

5

Julienne, de temps à autre, recevait dans sa retraite de Salsinnes les visites de ses anciens amis
qui venaient puiser dans ses entretiens les maximes
chrétiennes les plus sublimes et s'édifier de sa patience angélique. De ce nombre fut le clerc Jean,
ancien prieur de Cornillon, chassé par les ennemis
de Ste-Julienne. Jean reçut à Salsinnes l'accueil le
plus empressé, il consola Julienne des peines sans
nombre qu'elle avait éprouvées et dans ces pieux
entretiens, où ces deux vertueux personnages rap-
pelaient leur passé si candide, Julienne lui prédit sa mort prochaine, qui arriva en effet quelques
jours après son retour à Liége (1).

Plus Julienne approchait de sa fin et plus Dieu
la favorisait de révélations ; quelque temps après
la mort de Jean, elle annonça qu'un grand malheur menaçait l'abbaye de Salsinnes, que le peuple

---

(1) Jean est inscrit comme *Bienheureux* dans le Nécrologe
de Citeaux au 1ᵉʳ de janvier qui fut certainement le jour de
sa mort que l'on fixe à l'année 1256. Autorisé par la commission administrative des Hospices civils, nous avons fait faire,
dans l'église de Cornillon, des recherches pour retrouver les
restes mortels de Jean que l'on dit avoir été déposés, lors de
la reconstruction de l'église actuelle, dans un caveau particulier. Ces recherches faites en présence de M. Davreux, membre
de cette commission, n'ont produit aucun résultat.

de Namur irrité contre cette maison viendrait la ruiner de fond en comble. En effet, quelque temps après, le malheur prédit par Julienne arriva terrible et menaçant ; et Julienne dans les dernières années de sa vie fut une fois encore obligée de fuir.

Il n'entre pas dans notre sujet de retracer les événements qui amenèrent la ruine de l'abbaye de Salsinnes, il nous importe seulement de dire que l'abbesse Himane pourvut continuellement aux besoins de ses religieuses qui s'étaient retirées dans différents endroits ; elle n'oublia pas davantage sa vertueuse amie Julienne ; elle voulut lui servir de compagne et la conduisit avec Ermentrude à Fosses où elles furent reçues par un chanoine de la collégiale de cette ville. Ce vénérable ecclésiastique s'empressa de mettre sa maison à la disposition de l'abbesse et de son amie qu'il connaissait déjà par la voix publique, de leur procurer tout ce qui pouvait leur être nécessaire, « s'ingéniant « dit Leruite, à n'omettre aucun bon office pour « leur témoigner son estime et sa vénération. »

La sœur de ce chanoine par amour pour la retraite et la religion s'était consacrée à l'état de récluse ; son frère lui avait fait bâtir une cellule près de l'église de Fosses et, sa sœur étant morte, se disposait à la faire détruire lorsqu'il l'offrit à Julienne ; elle l'accepta avec d'autant plus de plaisir qu'elle apprit que cette vertueuse fille y était entrée le jour même où Eve était venue habiter la sienne à St-Martin. Julienne s'y retira peu après avec Ermentrude, sa fidèle compagne.

Après de nombreuses calamités, de cruelles persécutions, de continuelles agitations, Ste-Julienne reçut enfin du juge suprême des vivants et des morts la récompense qu'elle avait méritée à tant de titres. Atteinte d'une maladie de consomption, qui la tenait continuellemant alitée, elle prévit que l'heure de la délivrance sonnerait bientôt pour elle ; désirant, dans ce moment suprème, avoir un entretien avec le chanoine Jean de Lausanne, elle le fit prier de venir près d'elle ; sans cesse elle s'informait s'il n'arriverait pas ; mais elle attendit en vain ; ni De Lausanne, ni aucun de ses anciens amis ne vinrent à Fosses, soit qu'on ne crut pas sa maladie mortelle, soit que les dangers qu'ils auraient courus, par suite de la guerre de Namur, les empêchassent d'arriver jusqu'à elle. Ainsi se perdirent sans retour les excellentes dispositions que cette sainte fille eut confiées sur les mystères et les visions dont elle avait été honorée pendant sa vie.

Voyant à la fin que personne n'arrivait, elle appela sa fidèle Ermentrude et commença à lui parler de sa mort prochaine et de quelques affaires secrètes qui la concernaient ; les pleurs de sa compagne l'arrêtèrent et de crainte de l'affliger davantage elle résolut de se taire...... Plus cette pieuse fille approchait de sa fin, et plus elle était embrâsée de l'amour de Jésus ; quoique, pendant toute sa vie, elle eut brûlé du même feu, elle le cachait autant qu'il lui était possible et ce ne fut que dans ses derniers moments qu'elle se livra sans réserve à tous les élans de cet amour divin. *Seigneur*, répétait-elle souvent, *Seigneur quand me délivrerez-vous de cette enveloppe mortelle ? quand sortirai-je de cette vallée de larmes et de misère ? quand m'accorderez-vous la grâce de vous voir face à face ?* Et ceux qui assistaient à ses derniers moments, électrisés d'une mort si sainte, l'encourageaient dans ces pieux sentiments en lui répétant qu'elle mourrait bientôt ; *non, non* répondait-elle, *non, je ne mourrai pas, mais je vivrai.* Voulant dire, sans doute, qu'elle jouirait bientôt de la vie des élus et de la béatitude éternelle.

Sa maladie se développa encore dans le carème ; cependant elle ne cessa chaque jour de réciter ses heures canoniales, et de garder, pendant ce saint

temps, un rigoureux et profond silence, se renfermant dans l'intérieur de son âme, toute occupée
des grandeurs célestes et ravie de les contempler
bientôt. Le grand jour de Pâques étant arrivé, elle
se lève au point du jour, se rend pour la dernière
fois à l'église, malgré sa faiblesse extrême, y en-
tend matines et laudes, sans donner les moindres
marques d'infirmité, et reçoit, des mains du cha-
noine-chantre de Fosses, la Sainte Eucharistie,
en forme de Viatique. Elle s'acquitta de ce devoir
religieux avec une foi si vive et une ferveur si ardente, qu'elle édifia non-seulement les assistants
mais la ville de Fosses toute entière. Julienne passa
toute la journée à l'église et ne rentra dans sa cellule que le soir; elle y était retirée de quelques
instants, lorsqu'elle demanda qu'on lui donnât
l'Extrême-Onction; elle reçut ce Sacrement avec
reconnaissance, versant d'abondantes larmes de
joie; le prêtre surpris de cette joie céleste, le fut
davantage encore lorsqu'à chaque onction Julienne
prononça l'oraison propre à l'onction qui occupait
le ministre.

Dans cet état de béatitude céleste, Julienne attendit avec impatience son heure dernière; le mercredi après l'octave de Pâques, l'abbesse de Salsinnes voyant approcher le moment suprême,

voulut passer la nuit auprès d'elle; Julienne s'en
s'en aperçut, et la pria d'aller se reposer, l'assurant
qu'elle ne mourrait ni ce jour ni le lendemain. Le
vendredi de grand matin, l'abbesse étant venue la
voir encore, avec quelques-unes de ses religieuses,
proposa à la malade, qui ne pouvait plus recevoir
la Sainte Eucharistie, tant ses infirmités s'étaient
développées en quelques jours, qu'on apportât dans
sa cellule l'auguste Sacrement des Autels pour
qu'elle put l'adorer une fois encore.

Julienne dont la modestie ne se démentit pas à
ce moment solennel, répondit que ce serait là une
trop grande présomption, qu'il n'était pas juste
qu'un si grand roi fut apporté à une si vile et si
chétive créature et qu'il n'était pas nécessaire qu'elle
vit encore dans cette vie celui que dans quelques
instants elle allait posséder éternellement. Mais
l'abbesse ayant insisté sur la nécessité qu'avant
d'expirer elle devait adorer encore le Sauveur des
hommes, elle y consentit.

Vers les neuf heures du matin, le chantre de
Fosses, revêtu de l'aube ou du surplis, *albis in-
dutus*, apporta le Saint des saints, dans sa modeste
cellule; dès que Julienne entendit la clochette ar-
gentine qui annonçait l'approche du Seigneur,
réunissant ses efforts par une force surhumaine,

elle se dresse sur son lit, se met à genoux, et d'un esprit sain et placide, elle récite avec une ferveur ardente ses actes d'adorations ; le chantre alors ouvrant le saint ciboire lui montra l'Hostie sacrée et lui dit : *Voilà Julienne, voilà votre Dieu et votre Sauveur qui a daigné naître et mourir pour l'amour de vous, priez-le qu'il chasse vos ennemis invisibles et qu'il vous conduise à l'immortalité bienheureuse.*

Julienne ayant les yeux fortement attachés sur l'Hostie sainte, prononça ces dernières paroles, *que mon bon Dieu me soit favorable ainsi qu'à madame* (1), puis penchant la tête, elle s'endormit dans le Seigneur le vendredi 5 avril 1258, âgée de 66 ans (2).

---

(1) Ces paroles prouvent à quel point Julienne portait la reconnaissance des bienfaits reçus.

(2) Chapeauville dit que Julienne était née en 1191, dans cette supposition elle eut été âgée de 68 ans en 1258 ; cependant l'auteur anonyme qui nous a constamment servi de guide dans cet opuscule, ne lui en donne que 66 accomplis, et de là vient que d'autres écrivains lui en ont donné 67, en quoi ils ont eu raison en comptant les années d'après le nouveau calendrier. Mais pour avoir une opinion positive sur ce fait, il faut rechercher quelle était la lettre dominicale de l'année de sa mort ; or, puisqu'il est certain qu'elle mourut un vendredi 5 avril, il est facile de trouver l'année de sa mort et celle de

Malgré les instances de l'abbesse de Salsinnes, Julienne avait rigoureusement recommandé qu'on l'enterrât à l'abbaye de Villers, ordre de Citeaux, située sur la frontière du Brabant et du pays de Namur. Un religieux de cette abbaye nommé Gobert, issu des comtes d'Aspremont, en Lorraine, prit soin de l'ordonnance de son enterrement. Avant de quitter Fosses on célébra dans l'église collégiale des obsèques solennelles, après lesquelles les dépouilles mortelles de Julienne furent placées sur un char et conduites religieusement à l'abbaye de Villers; l'abbesse de Salsinnes, Ermentrude et quelques autres religieuses suivirent le convoi funèbre jusqu'à Villers et après avoir dit un dernier adieu à Julienne, revinrent à Fosses.

A l'approche du convoi, les religieux de Villers sortirent processionnellement de leur monastère pour recevoir ces dépouilles précieuses, qu'ils

---

sa naissance. Suivant les tablettes chronologiques, le vendredi tombait en 1257 le 6 avril, ce ne peut donc être l'année de son décès, c'est au contraire la suivante dans laquelle le vendredi tombe le 5 avril, qui s'accorde parfaitement avec la date de sa mort, et comme, à cette époque, elle avait 66 ans révolus ou 67 commencés, il en résulte qu'elle naquit en 1193 et non en 1191 comme l'a prétendu Chapeauville et quelques autres écrivains d'après lui.

déposèrent dans leur église ; suivant l'usage, ils passèrent la nuit autour du cercueil, en chantant des Psaumes et des hymnes sacrés. Le lendemain c'était un dimanche, au moment de rendre les derniers devoirs à Julienne et de descendre ses restes inanimés dans la sépulture qui leur avait été préparée, un prêtre étranger, inconnu dans le couvent, se présenta, monta en chaire et prononça un discours éloquent (1) sur le Très-Saint Sacrement de l'Eucharistie que la pieuse Julienne avait adoré toute sa vie et honoré d'un culte tout particulier.

La messe mortuaire et les cérémonies de l'absoute terminées, le corps de Julienne fut descendu dans le caveau de l'abbaye et placé dans la partie qui renfermait les dignitaires et les personnages les plus respectables de la maison. L'abbaye de Villers, si célèbre déjà, reçut un nouvel éclat de ce précieux dépôt, éclat qui rejaillit sur l'ordre de Citeaux tout entier. (2).

---

(1) Dieu voulant sans doute que rien ne manquât à la solennité des funérailles de sa fidède servante.

(2) Un curieux rapprochement à observer, c'est que Robert de Thorote et Ste.-Julienne, premiers promoteurs de la Fête-Dieu, moururent tous les deux à Fosses et furent l'un et l'autre inhumés dans des églises appartenant à l'ordre de St.-Bernard.

CHAPITRE IX.

Julienne dont les vertus avaient édifié le monde, dont la mort fût aussi sainte que la vie avait été constamment exemplaire , et qui avait montré à ce moment suprème , où les hommes forts faiblissent , toute la grandeur et la fermeté d'une âme chrétienne et d'une conscience sans reproche; Julienne fut honorée après sa mort comme sainte.

La première translation des reliques de Ste.-Julienne eut lieu au commencement du XIV° siècle , elles furent extraites du caveau dans lequel elles avaient été déposées en 1258 et placées derrière le maître autel de l'abbaye de Villers, avec les autres reliques que possédait ce monastère (1), elles y

_____

(1) Il ne reste plus que des ruines imposantes de l'abbaye

demeurèrent jusqu'au 17 janvier 1599 , époque à
laquelle une nouvelle translation eut lieu ; c'est ce
que nous apprend Chrysostôme Henriquez , auteur
d'une Histoire de l'ordre de Citeaux , qui rapporte
que les reliques de Ste.-Julienne étant restées près
de trois siècles derrière le grand autel de Villers ,
elles furent placées , après les troubles qui agitèrent avec tant de violence les Pays-Bas, dans un
lieu plus décent et plus convenable par l'abbé
Robert Henrion. Ce prélat ayant fait bàtir une
somptueuse chapelle , ornée de jaspe et de marbres précieux , en l'honneur du fondateur de son
ordre St.-Bernard , y fit déposer les reliques de
St.-Julienne, qui furent renfermées dans un mausolée de marbre noir poli, orné de sculptures
délicates.

Une partie des reliques précieuses de Ste.-Ju-
lienne fut transportée le 7 août 1672, avec une
pompe extraordinaire à l'abbaye de St.-Sauveur à
Anvers ; cependant l'église de St.-Martin, la première qui , entre toutes , avait compris la mission
divine de Sainte-Julienne en célébrant la fête du

---

de Villers qui, comme presque tous les grands monastères de
la Belgique , fut supprimée à l'arrivée des Français dans ce
pays en 1794 et vendue comme propriété nationale à d'avides
spéculateurs.

.

Très-Saint-Sacrement des Autels, était restée deshé-
ritée de la plus petite parcelle des restes du corps
précieux de la sainte ; ce ne fut qu'en 1746 qu'elle
pût enfin posséder quelques légères parties de ce
trésor. A la sollicitation des chanoines de la collégiale de Saint-Martin, l'abbé du monastère de
Saint-Sauveur à Anvers, M. De Pester, voulut bien
consentir le 29 janvier 1746 à priver sa maison
d'une faible partie des reliques de Sainte-Julienne
qui furent d'abord déposées à l'abbaye de St.-Lau-
rent, où le clergé de St.-Martin alla les chercher
processionnellement le 1er avril 1746 (1) pour les
ramener à l'église où elles furent déposées dans une
châsse et placées à côté de celles de son amie et de sa
collaboratrice Eve, la recluse. Chaque année ces précieuses reliques que l'église de St.-Martin a eu le
bonheur de sauver de la grande tempête de la fin
du siècle dernier, grâce à la vigilance incessante
de ses pieux chanoines, sont exposées à la vénération des Liégeois fidèles.

Une partie des restes de Ste.-Julienne avait été
portée à Rome dans le XVIe siècle par l'infante

(1) Voyez à la fin du volume l'acte inédit qui rapporte ce
fait.

Marguerite de Parme, gouvernante des Pays-Bas ;
le roi de Portugal en obtint des fragments qu'il
reporta dans son palais et qu'il fit déposer dans
sa chapelle particulière. Ce sont ces fragments qui
furent rapportés plus tard à Anvers, et dont les
chanoines de St.-Martin obtinrent des parcelles.

Julienne fut considérée comme Sainte, à toutes
les époques et par tous les écrivains ecclésiastiques
les plus orthodoxes; jamais ce titre glorieux ne lui
a été contesté si ce n'est par les ennemis de la religion catholique et en particulier par les abominables sectaires qui osèrent nier la présence réelle.
Ne voyons-nous pas, en effet, la plupart des mar-
tyrologes des ordres religieux et des annalistes de
l'église universelle la traiter de ce nom, Wion dans
son Martyrologe de l'ordre de St.-Benoit, Saus-
saye dans celui des Gaules, Miraeus dans les Fastes
belges, Bernard de Brito dans sa chronique de
Citeaux, Henriquez dans ses Annales et son Menologium du même ordre, le Martyrologe d'Usuard,
les *Natales Sanctorum Belgii* de Molanus, les Annales ecclésiastiques de Bzovius, les *Fasti sanctorum* de Rosweyde, la Bibliothèque des femmes
illustres de Jacobs, le grand ouvrage de Raynal-
dus sur l'histoire de l'église, tous sont unanimes ;
et si nous citons les écrivains liégeois, nous ver-

rons encore que tous sont d'accord pour lui donner ce nom, Fisen, Foullon, Leruite, Lahier, Chapeauville, l'auteur du Sacrarium Leodiense; enfin les Bollandistes ont rendu le plus éclatant hommage à la sainteté de Ste.-Julienne en insérant sa vie dans les Acta Sanctorum (1), ces savants religieux ont fait l'apologie de la sainteté de Julienne, d'une manière si évidente et si claire, que nous n'avons pas hésité, afin de ne pas laisser subsister de lacune à cet égard dans ce petit livre, à la reproduire en entier :

« Pour qu'on ne puisse pas prétexter, y est-il
» rapporté (2), que Julienne n'est devenue célèbre
» dans l'église que par rapport à la révélation
» qu'elle eut de l'Institution de la Fête-Dieu, et
» qu'anciennement on ne l'honorait d'aucun culte,
» il ne faut que recueillir brièvement les différentes
» preuves des honneurs qu'on lui a rendus. En
» premier lieu il est constaté par les témoignages
» des plus anciennes histoires, que d'une voix
» unanime le clergé et le peuple lui ont toujours
» déféré le titre de Sainte et de Bienheureuse ;

_____

(1) Tom. 1er du mois d'avril p. 437-476.
(2) Nous nous sommes servis de la traduction du P. Bertholet qui est très-fidèle.

» titre qu'on a même attaché à une fontaine (*)
» située à Retinne, village où elle est née, et que
» de père en fils par une tradition non inter-
» rompue depuis tant de siècles, on l'appelle en-
» core aujourd'hui la *Fontaine de Ste.-Julienne.*

» En second lieu sa sépulture solennelle parmi
» les corps saints de l'abbaye de Villers, est con-
» nue de tout le monde; on ne fut porté à l'en-
» terrer de la sorte que par le motif de sa sainteté,
» puisque c'était une vierge exilée, pauvre, sans
» secours et sans appui et à qui, à moins de la
» bonne odeur de ses vertus, on n'avait garde
» d'accorder une semblable prérogative. On lui a
» érigé aussi un monument de marbre haut de
» quatre pieds avec une oraison commune à la
» vérité aux autres saints, dont les reliques y repo-

(*) Cette fontaine existe encore; ses eaux limpides sont
employées par les villageois des environs pour les maladies
des yeux; elles ont la propriété de ne jamais se putréfier et
jamais, nous ont rapporté les villageois de Retinne, on n'a
vu croître dans son bassin des plantes aquatiques ni des
roseaux. On nous a assuré que le conseil communal de Retinne
suivant à cet égard l'inspiration de M. Bozard, curé actuel,
a l'intention d'y faire construire un petit monument commémoratif.

» sent , mais propre à Ste.-Julienne. On a de plus
» inséré son nom dans les litanies de l'abbaye de
» Floreffe , où il est dit : *Bienheureuse Julienne ,*
» *vous qui avez été illustrée de plusieurs révélations,*
» *vous dont Dieu s'est servi pour faire célébrer an-*
» *nuellement la fête du Très-Saint-Sacrement dans*
» *toute l'église , priez pour nous.*

» En troisième lieu , la canonisation de Julienne
» est décidée par quatre de ses statues, qui portent
» toutes les indices attribués ordinairement aux
» saints. La première est de bois, posée à la colonne
» du chœur de Cornillon , en face d'une pareille
» de St.-Augustin ; statue fort ancienne qui tom-
» bait de vétusté et qu'il a fallu repeindre et lui
» donner de fortes couleurs pour la conserver jus-
» qu'à ce jour (1) ; elle avait des fleurs sur la tête,
» mais on lui a substitué une couronne. Depuis un
» temps immémorial on la trouve exposée à la
» vénération publique; on a coutume de fléchir le
» genou et de prier devant elle, d'y allumer des
» cierges, de lui offrir des vœux et les bourgmestres

---

(1) Cette statue existe encore aujourd'hui dans l'église de
Cornillon. Elle est placée sur le petit autel du côté de l'épître.
La même église renferme un autre monument non moins
curieux élevé à la mémoire de Ste.-Julienne, c'est une cloche

» de Liége ou leurs commissaires l'honoraient au-
» trefois tous les ans par l'offrande d'un bouquet
» de fleurs , au jour de St.-Augustin.

» La deuxième statue semblable à celle-ci se
» trouve dans l'église paroissiale de Fléron où
» chaque année, on la porte à la procession devant
» le Saint-Sacrement (1), en mémoire de la révé-
» lation que Julienne eut d'en faire établir la fête et
» pour honorer le village de Retinne qui dépend de

---

sur laquelle nous avons lu l'inscription suivante. *Bta Juliana
hujus domûs olim priorissa o. p. n. Paulus Grongnart m.
f. aº* 1687.

(1) Cette statue existe encore dans l'église primaire de
Fléron où l'on a conservé également l'antique usage de la
porter chaque année à la procession du Saint-Sacrement. La
chapelle du village de Retinne possède aussi une statue fort
ancienne de notre sainte, dont les savans auteurs des Acta
Sanctorum n'ont pas fait mention. Cette statue que nous
avons examiné avec beaucoup d'attention nous a paru aussi
ancienne que celle de Cornillon, dont elle rappelle tous les
caractères. Une autre statue très ancienne, en pierre de sable,
dont les Bollandistes ont également ignoré l'existence est celle
qui occupait autrefois l'une des deux niches de la grande
porte d'entrée de la maison des Prébendiers de Cornillon.
Cette statue assez détériorée a un mètre de hauteur; elle est
religieusement conservée par l'administration des Hospices
çivils de cette ville.

» cette paroisse (¹). La troisième est taillée sur une
» pierre à côté du tabernacle dans l'église de Cor-
» nillon , mais usée et presque rongée , en sorte
» qu'on n'y voit qu'un reste de son effigie. La qua-
» trième , qui était au soleil d'argent de la même
» église , répondait à la figure d'un ange , avec le
» chef rayonnant et semblait de ses mains étendues
» soutenir le Saint-Sacrement. Quoiqu'on en ait
» changé la forme et qu'on ait refondu cet ancien
» soleil pour en faire un autre , il y a néanmoins
» des témoins oculaires de ce fait et entr'autres

---

(1) Par arrêté royal du 11 juillet 1842 un traitement de
desservant de succursale a été attaché à la chapelle de la
commune de Retinne et Monseigneur l'a érigée en paroisse ;
au moment où nous écrivons ce petit livre l'administration
communale, aidée par le gouvernement et la province , fait
construire, d'après les plans de M. Suys, architecte du Roi ,
une jolie église gothique qui sera consacrée sous l'invocation
de Ste -Julienne , qui , comme on l'a vu , est née dans cet
endroit. La commission administrative des Hospices de Liége
voulant aussi honorer la mémoire de Ste.-Julienne qui légua
des biens importants à ces établissements de bienfaisance ,
a , par délibération du 20 août 1845 , approuvée par l'autorité communale et la députation provinciale le 29 novembre
suivant , fait don à la nouvelle église de Retinne d'une des
cloches de Cornillon, monument de la reconnaissance des
Hospices de Liége envers l'une de ses premières bienfaitrices.

» l'orfèvre qui y a travaillé, le prieur des Char-
» treux et un de ses religieux. Pour en perpétuer
» la mémoire, on a ajouté au nouvel ouvrage une
» double image de Julienne; la première contenant
» la vision de la lune coupée dans son diamètre et
» la seconde l'apparition des saints apôtres Pierre
» et Paul.

» Les autres preuves que l'antiquité fournit de
» sa canonisation se tirent en quatrième lieu de
» ses images gravées, imprimées et distribuées
» dans le public, avec l'auréole. La plus ancienne
» de toutes représente le Saint-Sacrement, sou-
» tenu des mains de Julienne et d'Isabelle et adoré
» de saint Augustin et de la bienheureuse Ève.
» La seconde n'a que les figures de Julienne,
» d'Isabelle et d'Ève, prosternées à genoux et qui
» font leurs actes d'adorations et de remerci-
» ments (1). Cette image dediée aux chanoines de

(1) Cette image est celle gravée par Valdor. Elle représente
Ste-Julienne, l'auréole sur la tête en adoration devant le Saint-
Sacrement, ayant à sa droite la bienheureuse Ève de la bouche
de laquelle sortent ces paroles : *toto orbe festum hoc celebretur domine* et à sa gauche Isabelle de Huy. Dans le fond se
trouvent le Pape Urbain IV et le Cardinal Hugues de S. Cher
occupés à écrire, le premier, la bulle et le second le décret
de confirmation et de propagation de la Fête-Dieu. Deux pé-
lerins placés à droite et à gauche dans les colonnes du temple.

» St-Martin, est peinte à l'autel de la chapelle et
» on en donne des copies aux confrères de la con-
» frèrie. La troisième ne montre que Julienne seule
» adorant Jésus-Christ dans l'Eucharistie. Enfin
» les murailles intérieures de l'église de Cornillon,
» ont été anciennement ornées de différentes pein-
» tures, qui contenaient toute sa vie. Nous avouons
» qu'on a été obligé de les renouveller trois fois ,
» parcequ'elles dépérissaient, mais on leur a tou-

qui est d'une architecture grecque fort régulière, adressent
également leurs adorations au Saint-Sacrement. Au bas de cette
gravure (qui a 14 cent. de hauteur sur 9 de largeur) se trouve
l'inscription suivante : *Festi sanctissimi, augustissimi et divi-
nissimi sacramenti Corporis et Sanguinis Christi prima institutio ; prima solemnitas ; et celeberrima confraternitas in ecclesia
collegiata S. Martini Leodii : ubi et prima instituendi ejusdem festi revelatio facta B. Julianæ Corneli Montensi; B.
Evæ in eadem ecclesia reclusæ et B. Isabellæ de Huyo anno
circiter 1224. Primum celebrandi per dioc. Leod. preceptum
a Roberto episcovo cui precepto soli canonici St.-Martini ac
primi tum parent ac primi olim festum celebrant 1246.
Primum Hugonis cardinalis diplomatum 1252 festi (urgent
B. Evæ) ab Urbano pp. 4 institutio œcumenica eidem B. Evæ
cum officio ecclesiastico missa 1264.*

*Sumptu capituli presentæ nobilis ecclesiæ cui admodum
RR. DD. Decano cæterisque canonicis huc iconismum DD. I
Valdor 1625 cum gratiâ et privilegio sereniss.*

Cette gravure de l'un des meilleurs graveurs liégeois est devenue aujourd'hui de la plus grande rareté.

» jours substitué les mêmes, et on y voit partout
» les marques de sainteté (1) »

A ces témoignages irrécusables nous ajouterons encore celui du *Sacrum Gynecaeum* qui s'exprime ainsi : *Dans l'église de Cornillon la* BIENHEUREUSE JULIENNE, *vierge, pieure de ce lieu, qui fut ornée de beaucoup de vertus, favorisée de révélations et du don de prophéties*, le *Sacrarium Namurcense* qui place au cinq avril la fête de Sᵗᵉ-Julienne, au rite semi-double. Un hommage plus éclatant encore fut celui que lui rendit le pape Innnocent XII dans les lettres d'indulgence qu'il accorda le 27 février 1698 à l'église de Cornillon; cette bulle qui donne le nom de SAINTE à Julienne accorde des jours d'indulgence aux personnes pieuses qui visiteront l'église de Cornillon le jour de la célébration de sa fête ; le pape Benoit XIII lui donna également la même appellation en 1725 dans la bulle d'érection d'une confrérie en son honneur qui fut instituée dans l'église de Cornillon ; tous les évêques de Liége, et tous les prélats belges ont honoré et révéré sous ce titre cette vierge incomparable que

_____

(1) Nous donnons à la fin du volume la légende, en vers, de la vie de Sᵗᵉ-Julienne qui se trouvait au bas de ces peintures.

les Liégeois regardent à juste titre comme une des gloires les plus pures de leur église.

Nous ajouterons que la congrégation des rites de Rome permit la célébration de la fète de Sainte Julienne avec office à trois leçons ; après la translation des restes de Ste-Julienne au monastère de St-Sauveur à Anvers, on permit à cette abbaye de faire composer et de réciter deux leçons propres de la vie de Sainte Julienne, de les faire imprimer pour leur chœur en ajoutant quarante jours d'indulgence au jour de sa fète ; enfin on inséra dans le Bréviaire de l'église de Liége, imprimé sous l'épiscopat du prince Jean-Théodore de Bavière, l'office de Sainte Julienne, à neuf leçons, au chant de l'office du St-Sacrement avec messe propre. Cet office (1) fut constamment célébré jusqu'à l'époque de la publication du nouveau propre des saints du diocèse de Liége, autorisé par la congrégation des Rites et publié par Monseigneur l'Évêque Zaepffel le 15 mai 1805 en vertu des lettres de notre saint père Pie VII transmises par son éminence le cardinal légat Caprara le 21 septembre 1804 ; depuis ce temps le clergé du diocèse de Liége n'a cessé,

(1) Cet office se célébrait à l'église de Cornillon avec octave solennelle.

chaque année, au cinq avril, de rendre à Ste-Julienne les hommages pieux que l'on adresse aux saints que l'église honore d'un culte public.

Le témoignage des chanoines de la collégiale de St-Martin qui les premiers avaient compris la mission divine de Ste-Julienne, ne lui firent pas défaut non plus ; en 1758, cinquième anniversaire séculaire de sa mort, ils célébrèrent une fête solennelle dont nous avons été assez heureux de retrouver le programme, et dont nous transcrivons le préambule :

« C'est à la glorieuse Ste-Julienne que la ville
« de Liége, et surtout l'insigne collégiale de St-
« Martin doit la gloire et l'avantage d'avoir été
« choisie, préférablement à toutes les églises du
« monde, pour servir de berceau à la fête du
« Très-Saint Sacrement de l'autel ; avantage ines-
« timable qui fait et fera éternellement une des
« plus belles prérogatives de ce pays, et qui exige
« par conséquent du peuple liégeois une recon-
« naissance éternelle. C'est ce qui a engagé le cha-
« pitre de la collégiale et Messieurs de la confrérie
« du Très-Saint Sacrement, établie dans leur
« église, de célébrer la solennité de cinq cents ans
» révolus de la mort de cette glorieuse SAINTE,
« le 5 avril 1758, jour auquel notre saint Père le
« Pape Benoît XIV pour exciter la piété des fidèles

« vient d'accorder *indulgence plénière* à gagner
« une fois, à tous ceux et celles qui confessés et
« communiés visiteront l'église de St-Martin de-
« puis les premières vêpres jusqu'au soleil cou-
« chant et les sept jours suivants, et y prieront
« pour les fins ordinaires. Les miracles éclatants
« que cette grande Sainte a opérés pendant sa vie
« et après sa mort, sont des motifs propres à en-
« gager les fidèles à venir implorer son secours et
« sa puissante intercession, pour obtenir de Dieu
« un ardent amour envers le Très-Saint Sacre-
« ment des autels, ses consolations dans nos mi-
« sères et le soulagement de nos frères accablés
« du fléau de la guerre (1). »

Cette fête chrétienne dont la solennisation amena les Liégeois fidèles sous les voûtes majestueuses
de St-Martin se termina le 13 avril par une procession solennelle et par le panégyrique de Ste-
Julienne prononcé par M. Thiry, curé de Wonck,
qui établit, avec cette éloquence persuasive des
orateurs sacrés la sainteté et la puissance protectrice
de la plus grande Sainte des annales Liégeoises.

_____

(1) Les troupes françaises occupaient alors le pays de
Liége.

6

CHAPITRE X.

LA FÊTE-DIEU.

Après la mort de Ste-Julienne, les fondements
jetés pour l'institution de la fête du très St-Sacrement,
parurent devoir rester inachevés. La recluse Eve
demeurée seule pour accomplir cet œuvre éminent
entretenait cependant le feu sacré chez les hommes
qui avaient pris le plus de part à la réalisation de
cette fête des fêtes ; à ses sollicitations pressantes
elle joignait ses prières , et eut enfin le bonheur de
voir la Fête-Dieu étendue à la chrétienté tout entière.

L'empereur Frédéric II , succombant sous le
poids de ses fautes et de ses malheurs était mort

en Italie, le 15 décembre 1250. Ce monarque, le derniers des Césars de la maison de Souabe, laissait deux fils Conrad, roi des Romains et Henri, qui disputèrent l'empire à Guillaume de Hollande. Le premier de ces deux prétendants était soutenu par la plupart des princes de l'Allemagne ; le second comptait dans son parti le Pape, les évêques et quelques feudataires ; le sacerdoce n'épargnait aucun moyen pour affermir son parti, et, après la défaite de Conrad près d'Oppenheim, il en vint jusqu'à ordonner une croisade contre ce malheureux prince ; c'est dans ces circonstances que Hugues de St-Cher, élevé au cardinalat, vint en 1251 à Liége, afin d'engager les Liégeois à prendre part à l'expédition nouvelle.

Hugues de St-Cher, comme nous l'avons vu plus haut, s'était, pendant son premier séjour à Liége, lié d'amitié avec les ecclésiastiques les plus remarquables de cette époque et avait été consulté par Jean de Lausanne, sur l'institution de la Fête-Dieu qu'il avait accueillie alors avec un empressement tout particulier. Eve, apprenant l'arrivée à Liége, de ce prince de l'église, s'empressa d'engager quelques personnes, aussi respectables par leur position élevée dans le clergé que par leur piété, et qui, comme elle, professaient pour l'institution de la

Fête-Dieu, un dévouement à tout épreuve, à présenter au légat le décret de l'évêque Robert, touchant la célébration de cette fête et à lui exposer en même temps que les chanoines de St-Martin, l'avaient continuellement célébrée avec un zèle pieux. Le cardinal demanda d'en voir l'office qu'il lut avec la plus grande attention ; après l'avoir examiné, Hugues approuva cette fête nouvelle et l'office qui avait été composé pour sa solennisation.

Le jour fixé pour la célébration, le légat voulut chanter lui-même la messe à l'église St-Martin ; cette cérémonie amena sur la montagne sainte un concours immense de chrétiens ; le cardinal pour rendre alors son approbation plus solennelle monta en chaire revêtu de ses habits pontificaux et y prêcha très-longuement ; entr'autres choses il annonça à la foule assemblée que cette fête serait célébrée bientôt dans l'univers entier, à cause de la gloire et des hommages qu'on y rendait au tout puissant, et termina en exhortant le clergé et les Liégeois à en continuer la célébration qui devait illustrer leur église dans les siècles futurs.

Ce discours éloquent produisit la plus profonde impression non seulement sur les personnes présentes mais sur la ville toute entière qui, dès cette époque, paraît avoir célébré cette fête avec plus d'empressement.

Frappé de ce témoignage éclatant, Etienne, originaire de Châlons, chanoine de St-Martin, engagea sa sœur, qui se distinguait par une piété solide et un grand attachement au Saint Sacrement
de l'Eucharistie, à consacrer une partie de ses
biens à la célébration de la fête du Sacrement des
autels et lui-même, changeant ses dispositions dernières, légua des revenus suffisants pour le même
objet. L'acte de fondation du chanoine Etienne, fut
la première pierre apportée à la consolidation matérielle de ce grand monument de l'église catholique ; sous ce rapport, comme sous celui des faits
curieux qu'il nous fait connaitre, cet acte doit être
considéré, comme l'un des documents les plus intéressants que l'on possède sur l'histoire de la Fête-
Dieu. Cet acte curieux rapporte que le seigneur
Etienne de Châlons, chanoine de St-Martin, excité
par son attachement à la foi catholique et à la solennité du très Saint Sacrement de l'autel, que le
révérend Père et seigneur Hugues, par la grâce
de Dieu cardinal prêtre de St-Sabine, légat apostolique en Allemagne, avait célébrée solennellement
dans l'église de St-Martin, recommandée en chaire
et autorisée en vertu de ses pouvoirs en faveur de
ceux qui *voudraient aussi célébrer cette fête :* voulant que dans la suite, chaque année, le jeudi après

les octaves de la Trinité, on chômât cette fête solennellement au rite double (1) avec office propre,
leçons et respons, lègue à cet effet tous les fruits de
sa prébende *tant ceux en commun que ceux du ré-
fectoire*, qui revenaient aux chanoines de St-Martin
après leur décès, ainsi que d'autres biens assignés
déjà pour la fondation de son anniversaire, dont il
change la destination. Le chapitre de St-Martin,
confia à Jean de Lausanne, au chantre Gérard et
aux chanoines Beauduin, Hugues et Arnold, le
soin de recevoir cette donation, et celui de veiller
à son administration et à son accomplissement, et
disposa ensuite du revenu de la manière suivante :
vingt deniers furent destinés au luminaire, quatre
à la sonnerie, et le reste aux chanoines, suivant la
coûtume, *ad nostram cedet refectionem* ; enfin le
chapitre ajoute, qu'excité par les puissants motifs
qu'offre la sainte religion à célébrer la solennité,
comme il vient d'être décidé, il déclare en contrac-
ter l'obligation formelle.

Peu de temps après cette première donation,
un autre chanoine de St-Martin, Jean de Laon,

---

(1) C'était l'expression de l'office le plus solennel à l'usage
de Liége. L'expression *triple* n'était point encore en usage.

légua encore, pour le même objet, la moitié de
sa maison ; ces premiers succès ne s'arrêtèrent pas
là, le cardinal, plus que jamais partisan de cette
entreprise, engagea les chanoines du chapitre de
la cathédrale de St-Lambert à célébrer la fête dans
leur église ; cédant à ces sollicitations, ce chapitre
résolut qu'il célèbrerait la fête dans toutes ses parties, *in officio plenario* dit l'auteur de la vie de
Ste-Julienne. Hugues heureux d'avoir contribué
si puissamment déjà à l'établissement de la Fête-
Dieu, voulut donner encore une preuve nouvelle
de sa sollicitude pour cette œuvre catholique ;
avant de quitter Liége pour retourner dans la ca-
pitale du monde chrétien il porta un décret confir-
matoire de celui de l'évèque Robert dans lequel il
prescrivit à tous les archevèques, évèques, abbés,
prieurs, doyens, archidiacres et à tous autres chefs
des églises situées dans l'étendue de sa légation de
célébrer et de garder la fête de l'auguste Sacrement des Autels (1).

Par ce décret la fête nouvelle ne fut plus res-
serrée dans les bornes du diocèse de Liége ; éten-

(1) Bertholet a publié ce décret parmi les pièces justificatives de son histoire déjà citée, nous avons cru inutile de la
reproduire.

due aux diocèses de l'Allemagne , cette première
propagation fit présager que ces limites nouvelles
seraient bientôt trop étroites encore et qu'elle em-
brasserait le monde chrétien , c'est ce que nous
verrons bientôt.

Après le départ du cardinal (1), les chanoines de
St-Lambert cessèrent la célébration de la Fête-
Dieu , prouvant ainsi qu'ils avaient agi plutôt
par un sentiment de complaisance pour le légat
que par une véritable soumission à son décret ; ils
allèrent même jusqu'à défendre le chomâge de
cette solennité , cédant dans cette circonstance aux
préventions aveugles de l'esprit humain qui regarde souvent les innovations les plus sages et les
plus respectables comme des nouveautés dange-
reuses ou absurdes. Les chanoines de St-Martin
au contraire continuèrent la célébration de la fête

---

(1) Hugues publia encore une lettre sur le même objet ,
dans laquelle il attestait qu'il avait célébré la Fête-Dieu à l'é-
glise de St-Martin ; cette lettre, écrite d'un très-bon style, disent d'anciens chroniqueurs, se conservait aux archives de la
cathédrale St-Lambert avec la concession originale des cent
jours d'indulgence accordés dans son décret de 1253. Ces
deux documents précieux ont probablement été détruits ; il
nous a été impossible de les retrouver quelques recherches
que nous ayons faites à ce sujet.

avec une persévérance et une régularité dignes des plus grands éloges.

L'année suivante, 1254, la fète fut approuvée encore par un autre prince de l'église, Pierre Capoche qui était venu à Liége pour apaiser les troubles qui déchiraient alors l'évèché. Ce cardinal, comme son prédécesseur, la recommanda à tous les ecclésiastiques compris dans les limites de la légation, en approuva (1) l'office et la solennisation.

Malgré les éclatants témoignages rendus, à la fète auguste du Saint-Sacrement des autels, cette pieuse fondation n'avait pas franchi encore les frontières du diocèse de Liége, elle était restée stationnaire dans le lieu qui lui avait donné naissance, et il ne fallut rien moins qu'un miracle éclatant pour amener enfin son extension et sa célébration par l'église entière.

Jacques Pantaléon autrefois archidiacre de Liége, Pape sous le nom d'Urbain IV, occupait la chaire de St-Pierre depuis quelque années déjà (2), lorsqu'il fit un voyage à Orviette, et y apprit qu'un prêtre de la Toscane ayant douté, après la consé-

---

(1) Une partie de son approbation a été publiée par Bertholet, ibid.

(2) Depuis le 29 août 1261.

cration du pain et du vin, du changement de ces substances au corps et au sang de Jésus-Christ, Dieu voulut à l'instant même le confirmer dans la foi et dissiper ses doutes en permettant que de l'hostie sainte qu'il tenait entre les mains il sortit du sang qui teignit non-seulement le corporal, mais encore les nappes de l'autel et jusqu'au marbre même. Urbain se fit apporter le précieux corporal par l'évêque de Volsene où ce fait s'était passé, et après avoir vérifié la vérité de ce prodige, il se souvint que Julienne l'avait consulté autrefois sur l'Institution de la Fête-Dieu, que cette fête était célébrée à Liége depuis assez long- temps déjà et que cette église l'avait récemment supplié encore d'en confirmer la célébration par un décret apostolique. La vue de ces manifestations divines et ces souvenirs le persuadèrent que le temps de la publication de la bulle était arrivé.

Le pape consulta St-Thomas d'Aquin qui, comme lui, était à Orviette, et auquel il offrit alors la pourpre romaine. Le pieux religieux refusa ces offres brillants, ajoutant qu'il regarderait comme une grâce toute particulière si, au lieu de penser à son élévation personnelle, le saint Père décrétait la solennisation de la fête du très-saint Sacrement. —Urbain, tout-à-fait convaincu consulta le sacré

collège, et porta en 1264, la bulle de solennisation
et d'extension à l'église universelle (1), et chargea
en même temps S. Thomas et S. Bonaventure d'en
composer l'office afin que le rite fut le même dans
toute l'église. Tous deux se mirent à l'œuvre, mais
S. Bonaventure détruisit, dit-on, le sien après la
lecture de celui composé par S. Thomas, qui fut
envoyé à toutes les églises du monde chrétien avec
la bulle d'institution que venait de signer le Pape
Urbain V.

Pour consommer le grand ouvrage dont il venait de décréter l'accomplissement le Saint Père
employa et ses soins et son autorité à ce que l'é-
glise universelle exécutât rigoureusement la bulle
qu'il venait de publier. Parmi les personnes qui
sollicitaient cette pieuse institution il savait que la
prieure Julienne était une de celles qui avaient té-
moigné le plus d'empressement à ce sujet ; il s'in-
forma près d'ecclésiastiques de l'église de Liége qui
se trouvaient à cette époque en grand nombre à la
cour de Rome, si elle vivait encore ; ils apprirent
au Saint-Père que Julienne était morte depuis près
de six ans, mais que son amie et sa collaboratrice

_____

(1) Nous avons reproduit en entier la bulle d'Urbain parmi
les appendices placés à la fin du volume.

zélée, Eve vivait encore et remplissait la ville et
le diocèse entier du bruit de sa vertu et de sa sainteté ; qu'elle avait engagé les chanoines de S. Martin à continuer la célébration de cette fête qu'avait
prescrite l'évêque Robert et confirmée les deux
légats apostoliques Hugues et Pierre et qu'héri-
tière de l'esprit et de la piété de Ste-Julienne,
cette sainte fille était embrâsée d'un amour divin
pour le très-saint Sacrement des autels.

Au nom d'Eve, le Saint Père s'arrêta ; il l'avait
connue à Liége pendant qu'il était archidiacre de
cette église et se souvint que déjà alors elle était
regardée comme l'une des plus pieuses et des plus
zélées servantes du Seigneur. Persuadé qu'il rani-
merait la piété et la dévotion de cette fille aimée de
Dieu, il lui adressa le bref suivant :

« URBAIN, évêque à notre chère fille en Jésus-
» Christ Ève récluse de St-Martin à Liége, salut
» et bénédiction. Nous savons ma chère fille, que
» vous avez désiré de toute l'étendue de votre âme,
» que la fête solennelle du très-sacré Corps de
» Notre Seigneur Jésus-Christ fut instituée dans
» l'église de Dieu. Nous vous annoncons donc avec
» une sainte joie, et nous vous signifions qu'en vue
» d'affermir de plus en plus la foi catholique nous
« avons jugé à propos de statuer qu'outre la com-

» mémoration quotidienne que l'église fait de cet
» adorable Sacrement, on en solennisât une fête
» spéciale ; à quelle fin nous lui avons désigné un
» certain jour, auquel les fidèles puissent fréquen-
» ter avec dévotion nos églises ; jour qui devien-
» dra pour tous la fête d'une joie intime, ainsi
» qu'il est plus amplement exprimé dans nos
» lettres.

» Au reste sachez que nous-mêmes, à dessein de
» donner au monde chrétien un salutaire exemple
» de cette solennité, nous l'avons célébrée en pré-
» sence des archevêques, évêques et autres prélats
» de l'église qui résidaient auprès du siége aposto-
» lique. Que votre âme bénisse donc le Seigneur,
» que votre esprit se glorifie en lui, parceque vos
» yeux ont vu les merveilles que nous avons prépa-
» rées devant la face de tous les peuples. Réjouissez
» vous parceque le Dieu tout puissant vous ac-
» corde l'accomplissement de vos vœux, et que la
» plénitude de la grâce céleste mette sur vos lèvres
» des cantiques de louanges et de jubilation.

« Et comme nous vous envoyons par le porteur
» de nos présentes lettres, avec notre bulle, le
» livre où est contenu l'office de la Fête-Dieu nous
» voulons et vous ordonnons, par ce bref, de le
» recevoir avec dévotion, et d'en délivrer copie à

» toutes les personnes qui en demanderont. Nous
» vous requérons aussi d'insister par vos prières
» auprès de celui qui a laissé sur la terre un mémo-
» rial si auguste de lui-même, pour qu'il nous
» accorde d'en haut la grâce de gouverner utile-
» ment la sainte église qu'il a confiée à notre sol-
» licitude.

« Donné à Orviette le huitième jour de sep-
» tembre et de notre pontificat le quatrième (1) »

Nous renonçons à peindre la joie que dut res-
sentir la récluse de S⟶t-Martin à la réception de la
lettre et de la bulle du Pape Urbain; elle voyait
la fête, dont depuis tant d'années elle désirait si
ardemment l'institution, non seulement approuvée
et confirmée mais encore étendue à l'église entière
par l'autorité suprême du chef de l'église chrétienne; Ève cependant éprouva un regret au milieu de sa grande jubilation; Julienne, son amie
et sa conductrice dans la voie du Seigneur, n'était
plus là pour partager son bonheur ineffable, pour
adresser, avec elle, des actions de grâces au Tout

---

(1) On conservait l'original de ce précieux document dans
les archives de la collégiale de St-Martin. Il fut détruit dans le
grand incendie de l'église dont nous aurons occasion de parler plus tard.

Puissant pour un bienfait si grand qui devait faire
rejaillir sur le diocèse de Liége une gloire im-
mortelle.

Ève, suivant avec empressement les recomman-
dations contenues dans la lettre du Saint-Père travailla sans relache à la propagation de la fête nouvelle qui fut enfin reçue avec enthousiasme par
tout le clergé liégeois, qui, depuis cette époque
reculée, n'a jamais cessé de la célébrer avec pompe.
Quelque temps après cet heureux événement, Ève,
dont la persistance dans le genre de vie austère
qu'elle avait embrassé ne s'était pas démentie un
seul instant, dont la piété et les vertus furent un
exemple continuel pour les Liégeois, mourut saintement dans la modeste cellule qu'elle s'était fait
bâtir (1). Les chanoines de St-Martin, qui profes-

---

(1) Une tradition constante rapporte qu'une partie de l'entrée de l'église de St-Martin, située vers l'ouest, était autrefois la cellule de la bienheureuse Ève. Les anciens chanoines
y ont fait placer un tableau représentant l'intérieur de la
cellule au moment où Ève est visitée par Ste.-Julienne, Isabelle
de Huy et le chanoine de Lausanne, au bas de ce tableau,
qui n'est pas sans mérite, on lit : HIC HABITAVIT DEVOTISSIMA EVA
RECLUSA, c'est ici que demeuroit la pieuse Ève. Dans le lambris qui le supporte on lit l'oraison suivante. « O bienhu-
» reuse et mille fois hureuse qui avez reçu du ciel cette

saient pour elle une estime toute particulière l'in-
humèrent avec pompe dans leur église et firent
élever en son honneur un riche mausolée en marbre
blanc (1) qui fut détruit en partie en 1312 lors du
grand incendie de l'église sous l'épiscopat du prince
Thibaut de Bar.

A la reconstruction de l'église en 1342 on fit

» grande et admirable dévotion envers N. S. Jésus-Christ
» dans son Saint-Sacrement de l'autel, qui avez passé votre
» vie à ses pieds dans la retraite de St-Martin et qui avez été
» choisie pour être une des premières promotrices de la fête
» de son sacré corps, impétrez-nous par vos prières une dé-
» votion solide envers cet adorable mystère et délivrez-nous par
» votre puissante intercession de tous les maux qui nous
» pressent. Obtenez-nous une santé parfaite de corps et
» d'esprit pour sa plus grande gloire et notre salut. »

A côté de ce tableau se trouve, dans une niche, une statue
en bois de la bienheureuse Ève. Cette statue, assez ancienne,
d'un mètre de hauteur, tient dans la main droite un rouleau
sur lequel on lit : *Bref apostolique du pape Urbain IV à la
bienheureuse Ève récluse de St-Martin pour l'institution de
la fête du Très-Saint-Sacrement l'an 1264.* Au bas de la statue on a écrit : *Beata Eva O. P. N.* Ces deux monuments, selon
nous, attestent non seulement la vérité de la tradition, mais
lui donnent encore la confirmation la plus complète.

(1) Bertholet dit qu'au pilier le plus rapproché de ce mausolée était appendu un tableau contenant l'histoire de la vie
de cette fille bien-aimée de Dieu.

servir ce qui restait des marbres du mausolée de la
bienheureuse Ève à l'érection d'un autel en l'honneur du très Saint-Sacrement ; son corps fut levé
de terre et déposé dans la chapelle consacrée autrefois à St-Jean-Baptiste et aux Onze-mille-Vierges ;
ces cérémonies se firent avec l'autorisation de l'autorité apostolique, qui permit également la distribution de son image avec l'auréole ; hommage
tardif que méritait certainement cette Vierge, l'une
des gloires de la cité de Liége qu'elle édifia constamment par l'admirable pureté de ses mœurs et
par son union presque continuelle avec Dieu, à
laquelle enfin le clergé et le peuple donnaient depuis longtemps d'une voix unanime la qualification
de bienheureuse. (1) Sous l'épiscopat du prince
Ferdinand de Bavière (2), le 4 juin 1622, on visita
de nouveau les reliques de la bienheureuse Ève,
on trouva qu'il restait *le crâne avec toutes ses parties ;*
trois dents ; la machoire entière avec quatre dents

(1) La réputation de la piété et de la vertu d'Ève était si
grande, dit un naïf chroniqueur, qu'on baptisait les petits
enfants de son nom et qu'on les appelait *Ève*, *Èvelette*,
Èveline.

(2) Le procès-verbal de la visite et de la distribution se
trouve à la p. 129 de Bertholet. Hist. de la Fête-Dieu.

*molaires et une incisive; les os supérieurs du bras
ou l'épaule ; le fémur, les tibias, la clavicule gauche
entière, mais la droite cassée; sept vertèbres entières
de l'épine du dos et la huitième rompue ; deux os
de la cuisse supérieure, la grande appelée* ISCHION *;
deux os des intestins, les genoux et quatre petites
côtes avec plusieurs autres fragmens.* Le vicaire
général du diocèse Pierre Stevart (1) François
Blavier, docteur en médecine, et Pierre Jacobi, chi-
rurgien, furent présents à cette visite, à la suite
de laquelle une partie de ces restes précieux furent
distribués à l'Infante Isabelle, gouvernante des
Pays-Bas, à la princesse de Barbanson, à la com-
tesse de la Fère, au père Roberti, de la compagnie
de Jésus, au père capucin Ambroise, de Tournay,
et à la recluse Constance de Mons.

Quelque temps après cette première distribution
une seconde eut lieu dans laquelle des parcelles de

---

(1) Ce Pierre Stevart, vicaire-général du diocèse de Liége
naquit en 1547 et mourut le 27 avril 1624 âgé de 77 ans. On
lui doit la fondation de l'église Ste-Walburge au faubourg de
ce nom, où il est enterré : sa pierre tumulaire d'une conservation parfaite existe encore aux parois de cette église qui
était autrefois paroisse et servait en même temps aux religieuses sépulchrines. Pierre Stevart a écrit plusieurs ouvrages
dont le 1er. vol. de la Biog. Liégeoise donne les titres.

ces restes précieux furent remis à l'empereur, à la reine de France, à l'abbé de St-Michel à Anvers, et à l'abbé d'Averbode.

En 1746, les restes de la bienheureuse Ève furent encore examinés (1) ; les chanoines de St-Martin ayant, à cette époque, fait faire des changements considérables dans l'ornementation de leur église trouvèrent, sous la colonne du maître autel, du côté de l'évangile, la châsse qui renfermait le corps (*Corpus*) de la bienheureuse Ève ; cette châsse était scellée du sceau de chapitre et reposait, dans cet endroit, avec d'autres reliques précieuses dont il fut dressé un inventaire fidèle que nous publions : on déposa les reliques de la bienheureuse Ève dans une riche châsse de bois doré et depuis cette époque on a conservé l'intéressante coutume de les exposer à la vénération publique pendant l'octave de la fête du St-Sacrement, dont elle fut l'une des plus ardentes promotrices.

La publication de la bulle apostolique d'Urbain IV, et son envoi à la récluse Ève redoublèrent le zéle des chanoines de St-Martin, pour la célébra-

---

(1) Voyez l'inventaire inédit des reliques conservées à la collégiale de St-Martin dans le siècle dernier, que nous publions à la fin du volume.

tion de la Fête-Dieu ; et, afin de laisser à la pos-
térité un monument irrécusable de leur prompte
obéissance, ils adoptèrent l'office que le souverain
pontife venait d'adresser à la sœur Ève, le chantè-
-rent intégralement dans leur chœur, en y ajoutant
toutefois les parties de l'office primitif auxquelles
St-Thomas n'avait point touché.

Le décret du Saint Père et l'office de St-Thomas,
répandus, promulgués et reçus avec enthousiasme
dans le diocèse de Liége, y furent immédiatement
mis à exécution et y furent observés religieusement ; cette fête qui, venait de recevoir l'approbation solennelle du chef de l'église semblait solidement établie quand encore une fois elle fut arrê-
tée dans son essor sacré ; la mort d'Urbain IV,
arrivée le 2 octobre 1264, et les troubles politiques
qui agitaient à cette époque la malheureuse Italie
y firent suspendre la solennisation de cette fête que
l'Allemagne, la France, et les autres églises de l'Europe venaient d'adopter, mais qu'elles ne célébrèrent cependant qu'imparfaitement et avec un zèle
tiède et refroidi. L'église de Liége seule se distingua par son amour et son attachement à la fête du
Saint-Sacrement de l'autel qu'elle ne cessa de célébrer chaque année au jour prescrit par le Saint
Père.

Les événements politiques qui bouleversaient
alors l'Europe avaient presque fait oublier la Fête-
Dieu, lorsque l'évêque de Bordeaux, parvint au
trône pontifical sous le nom de Clément V, trans-
féra en 1305 la résidence des papes à Avignon, et
convoqua en 1311 un concile œcuménique à Vienne,
en Dauphiné, pendant lequel il rappela au souvenir des Pères assemblés la bulle de son prédécesseur Urbain IV, publiée depuis 48 ans et qui jusqu'alors n'avait point reçu une exécution universelle.
Le concile après avoir revu la bulle d'institution,
pensant que la fête convenait à la fois et à la gloire
de l'église et au salut des peuples, décréta (1) unanimement qu'elle serait célébrée dans toute l'église.
Clément V publia alors le décret de confirmation
et de rénovation de la bulle d'Urbain, qui fut intégralement reproduite dans le nouvel acte d'institution.

Sept ans après cette reconnaissance solennelle,
le pape Jean XXII, approuva et *publia les décrets
de son prédécesseur* qui sont connus sous le nom de
Clémentines, ordonna que la fête du très Saint-
Sacrement serait célébrée désormais avec une octave

---

(1) Voyez les motifs de ce décret dans Bertholet et dans les
Concilia generalia du père Labbe.

et qu'on porterait processionnellement le corps pré
cieux du Sauveur dans les rues et les places publiques.

La plupart des auteurs contemporains et après
eux les écrivains subséquents exaltent et louent le
pape Jean XXII, pour avoir institué la procession
et l'exposition du très Saint-Sacrement ; ces asser-
tions sont vraies relativement au temps où vivait ce
pontife et par rapport au décret de confirmation et
de propagation de la Fête-Dieu, décret qui ordonnait également dans l'église universelle les processions et l'exposition du Saint-Sacrement, mais
nous ne les croyons pas aussi absolument vraies par
rapport à l'église de Liége, qui, selon nous, peut
aussi réclamer l'honneur de l'institution de la procession et de l'exposition du très Saint-Sacrement.

Beaucoup de pratiques religieuses, étendues plus
tard à l'église entière, ont été d'abord adoptées par
les églises particulières ; ainsi en avait-il été de la
Fête-Dieu, instituée par l'évêque Robert et célébrée à Liége longtemps avant que le chef de l'église
en ordonnât la célébration universelle ; la piété in-
dustrieuse des Liégeois qui avait doté l'église
catholique d'une fête sublime, y introduisit également la pratique religieuse de la procession de la
Fête-Dieu et celle de l'exposition, dans un osten-

soir, du Saint-Sacrement de l'Eucharistie, pratiques
adoptées plus tard par le Souverain-Pontife. Ce
qui prouve notre assertion, c'est que le Concile de
Paris tenu le 5 mai 1324 par l'archevêque de Sens,
Guillaume de Melun, par conséquent six ans après
la publication de la déclaration de Jean XXII, ne
parle nullement de la bulle de confirmation du
saint Père, mais dit que pour ce qui regarde
*la procession solennelle que fait le clergé et le peuple
le jeudi* (Fête-Dieu), *en portant le Saint-Sacrement,*
PUISQU'ELLE SEMBLE INTRODUITE EN QUELQUE MANIÈRE
PAR INSPIRATION DIVINE *nous n'ordonnons rien à son
égard, quant à présent, la laissant à la dévotion
du clergé et du peuple.* Ce qui prouve que depuis
longtemps cette coutume pieuse s'était introduite
dans les mœurs du peuple de France (1) qui,
comme on le sait, avait à cette époque des relations

(1) La Fête-Dieu est une des fêtes catholiques qui a poussé
les plus profondes racines dans le sol de la France. Aujour-
d'hui encore, les enfants du peuple la célèbrent en établis-
sant aux coins des rues et aux portes des maisons de petits
autels sur lesquels se trouve toujours un ostensoir. Nous
avons été témoin de la pratique de cette pieuse coutume au
centre de Paris même. La même coutume a lieu à Liége,
à l'Assomption, autre grande fête de l'année.

fréquentes avec le pays de Liége. Une seconde
preuve de la tradition et de l'influence à cet égard
de l'église de Liége, preuve qui vient encore appuyer
notre proposition, c'est que, *ainsi que l'avait*
établi à Liége Robert de Torote dans son mande-
ment de 1246, l'archevêque de Sens ordonna que
chaque évêque de son diocèse devait exhorter son
peuple à observer l'abstinence de viande et le jeûne
le mercredi après l'octave de la Pentecôte, veille
de la Fête-Dieu, et que tous ceux qui l'observe-
raient gagneraient quarante jours d'indulgence,
indulgence donnée également à Liége; en troisième lieu Zantfliet rapporte que le *pape Jean XXII*
résidant à Avignon institue et ordonne la célébration
de la Fête-Dieu pour tout l'univers, solennité qui
n'était célébrée que dans la seule église de Liége et
ordonne en outre qu'on ferait la procession solen-
nelle le même jour. Le cardinal Fleury (¹) enfin en
parlant des actes du Concile de Paris dit : *on voit*
ici l'origine de la procession solennelle du Très-
Saint-Sacrement dont il n'est pas dit un mot dans
la bulle d'institution de la fête : Elle s'est introduite

(¹) Hist. ecclésiastique, t. 19, p. 587. Edit de Paris de 1691.

par la dévotion des peuples et des églises particu-
lières d'où elle s'est étendue dans tous les autres.

En comparant les témoignages de Zantfliet et du
cardinal Fleury avec les actes et les ordonnances de
l'archevêque de Sens au Concile de Paris, il est
impossible croyons-nous, à tout homme de bonne
foi, de refuser à l'église de Liége l'honneur de
l'introduction de l'exposition et de la procession (¹)
solennelle du Très-Saint-Sacrement que nous con-
sidérons comme les conséquences de l'institution
de la Fête-Dieu.

Les confirmations solennelles d'Urbain IV, de
Clément V et de Jean XXII ne furent pas les seules
que le St.-Siège donna à cette Fête des Fêtes. Nous
voyons d'abord le pape Urbain VI permettre la
célébration de la Fête-Dieu pendant les interdits,
puis, en 1429, Martin V en ordonner la solennisation dans toute l'église au son des cloches, à portes
ouvertes et à haute voix, même dans les pays soumis à l'interdit ecclésiastique ; quelques années
après, en 1433, Eugène IV, confirme la bulle de

---

(1) On conservait avant 1794 dans les archives de la collégiale de St.-Martin les rites et les formes observées par le
clergé de Liége dans la marche de cette antique procession.

Martin V, y ajoute de nouvelles indulgences et ordonne aux patriarches, aux évêques et aux autres prélats de faire publier ses lettres dans toute l'étendue de leurs diocèses, de sorte que la Fête-Dieu décrétée par l'évêque de Liége, repoussée par les chanoines de St.-Lambert, étendue à toute l'église par les papes, puis abandonnée encore, regardée quelque fois même comme le résultat des visions fantastiques et du zèle indiscret d'une simple sœur Augustine fut la fête de l'église la plus solennellement autorisée et celle qui fut célébrée avec le plus de piété et d'éclat.

CHAPITRE XI.

Les Jubilés.

La ville de Liége qui fut le berceau de l'institution de l'auguste Fête-Dieu s'est distinguée à toutes les époques par son zèle et sa dévotion exemplaires envers le Saint Sacrement des autels; elle a conservé religieusement cet héritage précieux que lui avait légué la piété de ses pères et l'église de Liége a observé ce culte jusqu'à ce jour avec la plus édifiante fidélité. Aucune église particulière n'a combattu avec plus d'ardeur, plus de courage et plus de force les hérésies qui se sont élevées contre le sublime mystère de la présence réelle et jamais elle n'a souffert que les sectaires

aveuglés et les hérésiarques plantassent le drapeau
de la révolte sur le sol liégeois.

Les pratiques religieuses instituées à la même
époque que la Fête-Dieu furent également observées dans cette église, la fille chérie de l'église de
Rome comme on l'appelle encore, avec cette foi
vive et brûlante qui fut dans tous les temps l'apanage et l'ornement des chrétiens sincères et véritables. Ouvrons les annales de notre belle patrie,
chaque page nous offrira un témoignage de l'empressement ou de la vénération de nos pieux ancêtres envers le Très-Saint Sacrement des Autels,
et non contents de l'adorer dans les temples con-
sacrés à l'Éternel nous les verrons constamment
s'ingénier et s'exciter à rendre au Saint-Sacrement
les hommages publics les plus solennels et les plus
éclatants.

C'est en 1366 le prince-évêque Jean d'Arckel
qui vient à l'église S. Martin, célébrer le Fête-
Dieu; il est accompagné de son suffragant et de
son chapitre cathédral; les abbés de St.-Jacques et
de St.-Laurent officient avec lui; les abbés de
St.-Gilles et du Beaurepaire assistent à la procession en habits sacerdotaux; le clergé des paroisses
s'associant à son chef spirituel, concourt avec lui
à donner toute la splendeur possible à la célébra-

tion de la Fète-Dieu qui n'avait pas, jusqu'alors,
été solennisée avec autant d'éclat ; en 1378, le 17
juin, le même prince renouvelle cette solennité et
cette fois il ne veut confier qu'à lui-même l'honneur de porter, par les rues de la cité, le Saint-
Sacrement. Le clergé primaire et secondaire (1), les
religieux de tous les ordres assistent à cette procession qui amène à Liége toutes les populations
de la banlieue. Quelques jours après avoir rendu
ces honneurs solennels au Roi des Rois, l'évêque
tombe malade et meurt le 1er juillet suivant au milieu de son clergé en prières.

A cette époque la procession du St.-Sacrement
se faisait déjà avec une pompe solennelle ; quatre
troupes de bourgeois armés accompagnaient le cortége religieux parmi les rues de la cité ; la procession entrait à la cathédrale au bruit des tambours,
le Saint-Sacrement était alors déposé dans le tabernacle sacré ; puis, en présence du prince, du

---

(1) A Liége le clergé primaire était les membres du chapitre St.-Lambert, qui portaient aussi le nom de Tréfonciers. Le clergé secondaire se composait des chanoines des
églises collégiales et des prélats des abbayes de la ville et
des faubourgs, qui représentaient les moines soumis à leur
juridiction.

clergé, du grand mayeur, des bourgmestres et du peuple assemblés un des hommes d'armes s'avançait au pied de l'autel et prêtait au nom de tous le serment suivant : *Les armes que mes compagnons et moi portons aujourd'hui, nous ne cesserons de les garder pour la défense de la vraie et ancienne foi et de la religion catholique, du prince, des chanoines et de la cité.* Le peuple alors criait *vivat, vivat,* puis le cortège se remettait en marche et rentrait à St.-Martin au son des cloches de la ville entière [1].

Ce manifestations explicites du clergé envers la fête liégeoise par excellence se perpétuèrent chaque année ; la ville entière s'associait avec empressement à ces manifestations religieuses et concourait à l'éclat des cérémonies solennelles qui avaient lieu à cette époque [2]. Nous ne rapporterons qu'un seul fait qui, mieux qu'aucun autre, prouvera tout l'attachement des cœurs liégeois à la fête auguste du St.-Sacrement. Les troubles qui agitèrent si violemment la ville et le pays de Liége

---

[1] Fisen Hist. Leodiensis.

[2] Zantfliet rapporte qu'en l'année 1451 la Fête-Dieu étant tombée le jour de St.-Jean-Baptiste on remit au lendemain la fête du saint, afin de célébrer celle du Saint-Sacrement qui fut précédée du jeûne et de l'abstinence de la viande.

sous le règne désastreux de Louis de Bourbon avaient fait jeter l'interdit ecclésiastique sur la cité ; les églises étaient vides, les autels solitaires, le clergé, sous le poids de cette défense sévère, n'osait plus célébrer les mystères divins, tout enfin était dans le désordre et l'anarchie, quand le temps de la Fête-Dieu arriva. Le peuple va trouver les ecclésiastiques qui étaient restés dans la ville et leur demande de célébrer la Fête-Dieu ; le clergé, enchaîné par les défenses prescrites par l'interdit, fait connaître les motifs qui le mettent dans l'impossibilité de satisfaire à sa demande ; le peuple lui rappelle la bulle du pape Martin V, mais en vain, le clergé reste inflexible. Le peuple alors s'assemble, et arrête qu'il témoignera par une démarche solennelle et publique le regret que la ville entière éprouve de la privation de la solennité de cette grande Fête ; en effet, le jeudi de la Fête-Dieu arrivé, les métiers s'assemblent, déploient leurs bannières, allument des torches et suivis du peuple entier parcourent les rues et les places qu'avait coutume de suivre la procession ; puis le cortége terminé vont déposer leurs torches allumées aux portes de la cathédrale et de la collégiale de Saint-Martin où ils entonnent des hymnes sacrés.

Un autre monument, non moins digne d'être

rapporté, est celui du 10 juin 1637, non-seulement ce document prouve encore l'attachement
inviolable des Liégeois à la religion de leurs pères,
mais aussi celui qu'ils avaient pour leur pays et
leurs franchises qu'ils voulaient en quelque sorte
rendre sacrées en les associant aux actes du culte;
ce jour donc le magistrat de Liége et le chapitre de
la cathédrale St-Lambert arrêtent « qu'à la procession de la Fête-Dieu tous les *banneresses* des trente-
deux métiers, se trouveraient et marcheraient à la
tête de leurs métiers avec les deux gouverneurs et
les banderoles déployées et qu'à leur passage devant le reposoir placé au milieu de l'église cathédrale sur lequel serait exposé le Saint-Sacrement,
deux métiers s'avanceraient ensemble, fléchiraient
le genou en baissant leurs bannières qu'ils met-
traient en croix devant le vénérable, puis feraient
dans cette attitude l'acte de prestation de *foi
et du serment*; pendant qu'ils prononçaient le serment, les gens des métiers, en signe de consentement et comme pour ratifier les paroles qu'ils
entendaient, tenaient les mains levées au ciel. Le
serment prononcé, tous alors d'une voix unanime
poussaient une longue acclamation en criant: *oui,
nous le jurons vivat! vivat!*

Ce serment où nos pères associaient avec raison

la religion et la liberté, peint si fidèlement les
mœurs de cette époque que nous avons cru devoir
en donner les parties principales : .

« Nous promettons et jurons en présence de Dieu
« et du sacré Saint-Sacrement de l'autel tant pour
« nous en particulier que pour et au nom de la
« généralité de nos métiers et conséquemment de
« la cité de persévérer à toujours vivre et mourir
« en la foy et religion catholique, apostolique et
« romaine et de conserver, maintenir et observer
« inviolablement nos droits, priviléges, franchises
« et liberté et particulièrement notre neutralité
« au regard de tous états princes et potentats
« et demeurer bons, vrais et francs Liégeois, etc.

« Ainsi Dieu nous aide au Saint-Sacrement de
« l'autel, la sacrée Vierge-mère, et St-Lambert
« patron de cette cité et tous les Saints. » (1)

Ce premier hommage ne suffisait pas encore,
le magistrat porta le même jour une seconde ordonnance dans laquelle il pria les membres du
clergé secondaire d'assister à la procession de la
Fète-Dieu; les prélats des riches abbayes de Liége
et de ses faubourgs, les ordres religieux, les or-

---

(1) Récès du conseil de la cité du 10 juin 1637.

dres mendiants, les curés des trente-deux paroisses, le clergé du séminaire de la chaîsne, et jusqu'aux pères de la compagnie de Jésus, tous reçurent du magistrat l'invitation d'assister à la procession de la Fête-Dieu et de prêter avec le peuple le serment d efoi.

Au moment où le peuple, les métiers, les magistrats, le clergé des abbayes, des collégiales et du chapitre de St-Lambert assemblés, faisaient retentir les voûtes sonores de la vaste cathédrale du serment de foi, le canon de la citadelle grondait, les cloches si nombreuses de la ville sonnaient à toutes volées.

Ainsi cette fête instituée par la fervente piété de nos pères, consolidée de siècle en siècle, plus éclatante toujours par les témoignages incessants de vénération qui l'entourent, fut l'égide sous lequel ces Liégeois turbulents du XVII° siècle vinrent placer leurs franchises et leurs priviléges; c'est pendant sa célébration solennelle qu'ils veulent accomplir l'un des actes les plus importants de leur vie politique, le serment de foi, parce que sous la protection du Saint-Sacrement des Autels, leurs franchises et leurs priviléges sont à l'abri des atteintes d'un pouvoir méfiant et soupçonneux.

Telle fut la procession du St.-Sacrement à Liége

pendant ce XVIIe siècle ; comme on vient de le voir,
les préoccupations politiques qui, à cette époque,
agitaient avec tant de violence la cité de Liége, ne
l'avaient pas fait oublier des pieux Liégeois qui,
tout en combattant les tendances envahissantes de
leurs princes, voulaient par un acte solennel montrer sa dévotion profonde au Saint-Sacrement à qui
il confiait ce qu'il avait de plus cher, ses priviléges.
Cette procession était pour tous une fête à laquelle
chacun, dit un naïf chroniqueur, *s'esforçait de pa-
roistre en bon esquipaige pour suivre son capitaine
et n'espargnoit point pour lors la despence* (1).

Cette procession jointe aux cérémonies religieuses
que chaque année les pieux chanoines de St.-Mar-
tin ne cessèrent de célébrer à l'époque de la Fête-
Dieu, fut observée pendant longtemps et ne cessa
que lorsque le prince Maximilien-Henri vint changer les constitutions du peuple. La procession re-
devint alors purement religieuse, mais ne cessa
pas d'obtenir les hommages et d'exciter l'empressement et le concours des Liégeois fidèles.

C'était au dix-huitième siècle, époque où la
France était envahie par une philosophie railleuse
et athéiste que la cité de Liége devait célébrer la
Fête-Dieu avec le plus de solennité et de pompe et

---

(1) Chronique mss. des PP. Carmes.

protester ainsi de son attachement et de sa fidélité
à la foi catholique.

Cinq siècles entiers étaient révolus depuis l'institution de la fête auguste du St.-Sacrement des
Autels, par l'évêque Robert de Torote, lorsqu'en
1746, les chanoines de la collégiale de St.-Martin,
dont les pieux prédécesseurs avaient les premiers,
dans le monde chrétien, célébré cette Fête des Fêtes,
pénétrés de reconnaissance envers l'éternel pour un
bienfait aussi grand, répandu sur leur église, résolurent d'en solenniser la commémoration séculaire avec tout le respect et l'amour que mérite ce
Sacrement que les chrétiens ont appelé avec tant de
vérité le Pain des Anges, *Panis Angelorum*.

Longtemps avant cette année mémorable dans
les fastes de l'église de St.-Martin, les chanoines
se préparent à la célébration de ce jubilé, le premier dont les annales de l'église de Liége fassent mention, les peintres, les sculpteurs, les artistes liégeois s'animent à la voix de la religion et de la piété
qui les convient à prendre part à l'illustration de
cette fête; l'église se transforme (1), s'embellit et
revêt un air de fête qu'elle n'avait pas eu encore;

(1) Nous rapportons dans le chapitre consacré à l'église St.-
Martin, considérée sous le point de vue architectural, les
changements opérés à cette époque dans l'ornementation intérieure de ce beau temple catholique.

la ville entière, fidèle à la dévotion constante qu'elle
a eue dans tous les temps pour le Saint-Sacrement
des Autels, se joint au clergé et tous attendent avec
la plus vive impatience l'époque si longtemps et si
ardemment désirée du 9 juin 1746.

Le 13 mai, le prince évêque Jean-Théodore,
publie un mandement épiscopal dans lequel il pro-
mulgue les indulgences plénières que le pape Benoît
XIV avait accordé le 4 décembre 1745, à la sollicitation des chanoines de St.-Martin, pour ce jubilé
mémorable; le bref apostolique et le mandement (1)
sont reçus avec transports par les populations religieuses de la ville et du diocèse qui reconnaissent
dans les grâces et les pardons nombreux qui y sont
accordés, un nouveau bienfait de la providence
divine. Le neuf juin arrive enfin. Le canon de la
citadelle et des remparts, le bourdon de la cathédrale, les cloches nombreuses de toutes les églises
de la ville annoncent cette grande fête aux Liégeois,
pendant qu'une musique religieuse fait entendre
des chants sacrés sur la plate-forme de la tour de St.-
Martin, chants symboliques qui du haut des airs
annoncent à la vieille cité ce grand jour de grâces
et de salut.

(1) Nous donnons ces deux documents intéressants parmi
les pièces justificatives à la fin du volume.

Le 9 juin est arrivé; dès 4 heures du matin la foule religieuse et recueillie occupe la montagne sainte impatiente d'ouvrir le grand jubilé par des actions de grâces et d'amour au Sacrement des Autels ; les portes du temple s'ouvrent enfin, l'abbé . de St.-Laurent, revêtu de ses habits pontificaux, de sa crosse, de sa mitre, célèbre la première messe au milieu d'un concours immense de peuple qui joint ses prières ferventes aux siennes. Le banquet sacré s'ouvre alors et la Table sainte, sans cesse renouvelée, pleine toujours, reste ouverte jusqu'à midi pour la distribution du Pain de vie ; l'affluence des chrétiens est si grande, que la communion sainte a lieu en même temps dans quatre chapelles à la fois sans que l'empressement se refroidisse, sans qu'il diminue ; il augmente encore les jours suivants, et le dimanche, 12 juin, 5000 personnes communient dans la seule église des PP. Récollets. Le 4ᵉ jour du jubilé, le dimanche, eut lieu la grande procession de la Fête-Dieu, la plus brillante et la plus imposante qu'eût encore vue la ville de Liége si renommée cependant par l'éclat et l'onction de ses cérémonies religieuses.

A neuf heures du matin, le prince-évêque de Liége précédé de toute sa cour, s'achemine vers l'église de St.-Martin ; le chapitre entier, en habits

de chœur, ayant à sa tête son vénérable doyen,
M. Dossin, vient recevoir le prince, lui présente le
crucifix à baiser et l'eau bénite, puis le conduit
dans le sanctuaire où un trône splendide lui avait
été préparé. Le prince est suivi du clergé de la
ville. Immédiatement après son arrivée, l'abbé
du monastère de St.-Jacques commence l'office
divin au milieu d'un concours immense de peuple
accouru des différentes parties du diocèse et qui se
pressait en masse dans l'intérieur et aux abords
de l'église.

Après la célébration de la messe la procession se
met en marche, elle est ouverte par les nombreux
religieux des ordres mendiants, les Minimes, les
Carmes, les Augustins, les Mineurs, les Récollets,
ils sont suivis des membres de l'archiconfrérie du
Très-Saint-Sacrement portant chacun un cierge
allumé ; viennent ensuite les métiers, puis les vieux
et les nouveaux conseillers de la cité, le clergé des
trente-deux paroisses, le clergé des abbayes et des
collégiales et enfin les tréfonciers de St.-Lambert
précédant le dais de velours rouge brodé d'or et
de paillettes dans lequel se trouve le Saint-Sacrement porté par l'abbé de Saint-Jacques ; le dais,
porté par six prêtres en dalmatiques, est entouré
de dix thuriféraires et d'une musique nombreuse

qui fait entendre des hymnes sacrés : il est escorté
par les gardes du corps et les pages du prince.

Son altesse le prince-évêque de Liége , suit le
dais un cierge à la main, sa cour vient ensuite
ainsi que les Bourgmestres régents, les dignitaires
de l'état, les membres de différentes cours de jus-
tices, les échevins, le tribunal des 22, le corps
des commissaires ; la procession est fermée par les
gendarmes de la cité.

Au sortir de l'église elle est saluée par une triple
décharge du canon de la citadelle qui ne cesse de
se faire entendre par intervalles tout le temps
qu'elle parcourt les rues St.-Martin, St.-Hubert,
Ste.-Croix, rue Neuve, Derrière le Palais, des
Mineurs, du Marché, Sous la Tour, place Verte,
St.-Michel, Haute-Sauvenière et Mont-St.-Martin.
Les troupes de la principauté forment la haie sur
tout le passage de la procession et ont peine à con-
tenir la foule qui se presse dans les rues que parcourt le cortège sacré.

Monseigneur De Jacquet, évêque d'Hippone,
suffragant de Liége , termina ce grand jubilé par
un Te Deum chanté avec accompagnement des
cloches de la ville et du canon de la citadelle.

Les orateurs sacrés les plus en renom à cette
époque vinrent chaque jour annoncer la parole de

Dieu aux Liégeois, MM. Marnette, Thiry, les PP. Panaye, Stefné, De Guyes et De Marne ([1]) occupèrent tour à tour la chaire sacrée dans cette grande solennité pendant le cours de laquelle les reliques de Ste.-Julienne et de la bienheureuse Eve, promotrices de la Fête-Dieu, furent, à la demande du peuple, exposées à sa vénération ; chaque jour grands et petits, faibles et forts s'empressèrent de venir implorer leur intercession auprès de celui dont elles furent les servantes chéries.

Les chanoines de St.-Martin qui avaient, dans cette grande solennité, donné des preuves réitérées et sensibles du soin et de la vigilance qu'ils apportèrent constamment à la propagation et au progrès du culte dû à Jésus-Christ dans le Saint-Sacrement de l'Eucharistie, terminèrent le jubilé en érigeant dans leur église un monument commémoratif qui devait apprendre aux chrétiens à venir tout le respect de nos pères pour cet auguste mystère.

Ce monument, témoin constant et perpétuel de la piété des Liégeois a échappé au vandalisme révolutionnaire ; aujourd'hui encore au fond de l'église Saint-Martin nous pouvons y lire l'inscription suivante :

([1]) L'auteur de l'Histoire de Namur.

D. O. M.

ET

ÆTERNÆ MEMORIÆ

FESTIVITATIS

S. S. CORPORIS CHRISTI

QUAM PRIMI

ORBI EXEMPLUM

MARTINIANI CANONICI

PRÆDECESSORES CELEBRARUNT

MODERNI

QUINTUM SOLEMNE JUBILEUM

DEDICANT

ANNO

MDCCXLVI.

Seize ans après cette grande solennité, en 1762, les chanoines de Saint-Martin, célébrèrent un nouveau jubilé (1) pour rappeler que cette année était celle où le pape Urbain IV avait approuvé la célébration de la Fête du Saint-Sacrement dans le diocèse de Liége. On y renouvela les cérémonies qui avaient eu lieu en 1746, la même pompe religieuse, le même zèle de tous les ordres de citoyens se montrèrent de nouveau, car alors

(1) Voyez à la fin du volume les documens relatifs à cette nouvelle solennité.

comme toujours les Liégeois avides de grandes solennités religieuses s'empressèrent de concourir à
l'éclat de la fête nouvelle et d'y montrer cette piété
fervente et cet amour divin qui n'enflamment que
les cœurs véritablement religieux.

Comme au premier jubilé, le prince et sa cour
les dignitaires de l'État, les tribunaux, les magistrats de la cité, les métiers, les troupes du pays con-
coururent à la procession solennelle à laquelle assistèrent également les ordres mendians, les confréries de la ville, le clergé des collégiales, celui des
paroisses et des abbayes, les tréfonciers de la cathédrale ; le grand doyen de St.-Lambert portait
le Saint-Sacrement à cette grave et importante
cérémonie qui se termina, comme en 1746, au son
des cloches et au bruit du canon.

Jamais, rapporte un écrivain contemporain, la
piété et le zèle des Liégeois ne se manifestèrent
avec un empressement aussi spontané, jamais la
ferveur et la dévotion des habitans de la vieille
cité catholique ne se montrèrent sous un jour plus
favorable que pendant cette grande solennité envers le Saint-Sacrement des Autels dans laquelle se
développa le germe d'une institution (1) qui se

---

(1) L'adoration perpétuelle dont nous parlons dans le chapitre suivant.

réalisa deux ans plus tard et vint jeter un nouveau lustre et un nouvel éclat sur l'antique église de
Liége.

CHAPITRE XII.

La confrérie du Saint-Sacrement et l'Adoration perpétuelle.

La Fête-Dieu que l'église de Liége, avait introduite dans le monde chrétien fit naître des associations pieuses qui prirent le nom de *confréries du
très Saint-Sacrement*. Ce fut encore la cité de Liége,
qui eut l'honneur d'établir la première de ces congrégations dans l'église de St-Martin (1), dont les
chanoines avaient les premiers célébré la Fête-Dieu,
longtemps avant que le pape Paul III, approuvât
en 1539 l'association formée dans l'église Sainte-

---

(1) *Fisen origo festi corporis Christi.*

Marie sur la Minerve, à Rome. La bulle de ce souverain pontife accordait à cette confrérie de grandes
indulgences et des privilèges étendus que Grégoire
XIII, l'un des plus zélés propagateurs d'une dévotion si consolante et si sublime, confirma par son
bref du 6 août 1573, dans lequel il étendit considérablement encore les indulgences attachées à
cette association pieuse. Le pontife termine sa bulle
en disant : « qu'afin de rendre plus respectable la
« célébrité de ce Saint-Sacrement, il permet l'éta-
« blissement de semblables associations dans les
« différentes parties du monde, consentant que
« toutes ces indulgences, excepté celles qui se ga-
« gnent à Rome, à raison des stations, soient com-
« muniquées gratuitement aux autres confréries
« qui seront érigées dans le reste du monde chré-
« tien pourvu que la demande soit signée par un
« des confrères député et constitué dans l'ordre de
« prêtrise et les lettres que nous en ferons expé-
« dier dureront à perpétuité. »

A la publication de ces précieux privilèges, les
chanoines de St-Martin, qui les premiers avaient
érigé une congrégation du St-Sacrement des autels,
voulurent être aussi les premiers à s'aggréger à
l'illustre confrérie instituée dans l'église de Sainte-
Marie sur la Minerve, à Rome. Ils s'empressèrent

d'écrire aü souverain pontife pour obtenir l'autorisation d'associer la confrérie du St-Sacrement, établie dans leur église collégiale à celle des PP. Dominicains de Rome, et peu après, en 1575 (1), les
administrateurs de l'association de la Minerve leur
expédièrent l'acte en forme d'aggrégation, qui vint
consolider la confrérie du Saint-Sacrement qui
existe encore aujourd'hui et qui, sans contredit, est
l'association religieuse la plus remarquable de notre
antique cité.

Le 30 juin 1627 le Pape Urbain VIII, accorda
de nouvelles concessions apostoliques parmi lesquelles nous devons citer la permission d'établir un
autel privilégié spécialement dédié au Saint-Sacrement, auquel il attacha de grandes indulgences ;
ce fut l'origine de la chapelle actuelle dont nous
parlerons plus loin.

Des réglements furent successivement donnés à
la confrérie de St-Martin ; les premiers sont contenus dans la bulle du Pape Paul III, les seconds
sont des explications et des éclaircissements de

---

(1) Les documents conservés dans les archives du chapitre
de St-Martin, établissent d'une manière évidente que la confrérie du St-Sacrement de St-Martin, existait longtemps avant
1575.

ces premières constitutions, dont l'un porte la
date de 1627 et l'autre celle du 12 mai 1723. Celui
de 1627 contenait 13 articles principaux dont
le plus remarquable était le serment que chaque associé nouveau devait faire *de tenir et croire*
tout ce que la sainte église catholique et romaine tient
et croit du Saint-Sacrement de l'autel , il était terminé par l'indication des cérémonies qui devaient
être observées à la réception des confrères nouveaux et par des exhortations sur la manière dont
on devait adorer le St-Sacrement. Les prescriptions
de ces réglements qui avaient été approuvées par
les chanoines de St-Martin dans leur assemblée ca-
pitulaire du 9 septembre 1575, renouvellées en
1627, restèrent en vigueur et furent rigoureusement observées jusqu'à l'époque où le prince-
évêque Joseph-Clément de Bavière , archevêque
de Cologne , arrêta le réglement qui fut publié le
12 mai 1723, réglement que nous transcrirons en
entier.

« 1° Comme c'est une chose de notoriété pu-
« blique , qu'ensuite des révélations arrivées
« à Ste-Julienne et à la bienheureuse Eve , l'é-
« glise collégiale de Saint-Martin à Liége, a eu,
« avant toutes les autres , le bonheur de célébrer
« l'office du très-Saint-Sacrement et d'avoir été

« si point la cause, au moins l'occasion de la Fête-
« Dieu, si solennelle par toute l'église, elle s'est
« toujours cru et se croira toujours obligée de con-
« server et d'augmenter autant qu'elle pourra,
« la dévotion des fidèles à l'égard de cet auguste et
« adorable Sacrement.

 « 2° N'y ayant rien qui puisse plus contribuer
« à l'accroissement de cette dévotion, que le zèle
« et la ferveur de l'archiconfrérie, son A. SS.
« électorale veut bien, pour l'animer, la prendre
« sous sa protection et y être inscrite. Elle sera
« ensuite reconnue et honorée comme préfet, et
« l'on y priera particulièrement pour sa prospérité
« spirituelle et temporelle, ajoutant une collecte
« particulière à celle qu'on a coutume de chanter
« après la procession.

 « 3° Afin que l'adoration du très-Saint-Sacrement
« se fasse le troisième dimanche de chaque mois
« avec toutes les marques de piété et de religion,
« les associés sont priés d'assister autant qu'il sera
« possible les dits dimanches, aux messes solen-
« nelles et processions que l'on a coutume de
« faire (1).

---

(1) Ces processions du 3e dimanche se faisaient avec pompe;
les chanoines de St.-Martin et les associés à la confrérie y as-

9

» 4° Pour assurer et faciliter ces saintes prati-
» ques, les associés qui aimeront mieux trouver à
» l'église le flambeau blanc, que de l'apporter de
» chez eux, pourront à cette fin faire chaque an-
» née une offrande qui sera mise en mains du cais-
» sier choisi, comme aussi tout ce qu'il y aura soit
» de revenu fixe de la chapelle, soit des offrandes,
» pour faire servir le tout tant au besoin de la dite
» archi-confrérie qu'à l'entretien de la dite cha-
» pelle.

» 5° L'on choisira tous les ans le jeudi de l'oc-
» tave de la Pentecôte, deux nouveaux maîtres
» ecclésiastiques du chapitre de St.-Martin, et
» autant d'entre les séculiers qui, conjointement
» avec les prévot et doyen de cette collégiale et
» les bourgmestres en état, veilleront au bien de
» l'archi-confrérie.

sistaient régulièrement. En hiver ils parcouraient les cloîtres;
en été ils sortaient de l'église, descendaient le mont St.-Martin
jusqu'à l'obélisque-fontaine qui se trouve encore dans cette
rue, puis rentraient à l'église. Cette cérémonie pieuse supprimée à l'époque de l'invasion du pays par les républicains
français y était presque oubliée, lorsqu'elle fut rétablie le
1er janvier 1839, par les soins de M. Dewaide, curé-doyen de
St.-Martin et les administrateurs actuels de l'archi-confrérie du
Très-Saint-Sacrement.

» 6° Le caissier qui sera toujours choisi d'entre
» les séculiers, aura obligation de rendre annuel-
» lement ses comptes et ne pourra fournir à au-
» cune dépense extraordinaire sans la permission
» des maîtres.

» 7° Un des associés venant à mourir, la con-
» frérie aura soin de faire dire le premier jeudi
» qui suivra la connaissance de sa mort, immé-
» diatement après le sermon, qui a coutume d'at-
» tirer les dévots, quatre messes basses à différents
» autels, pendant lesquelles on exposera douze
» flambeaux blancs devant la chapelle du Très-
» Saint-Sacrement, et on fera chanter par un coral
» (*enfant de chœur*) le miserere. Les associés sont
» priés d'y assister.

» 8° Les maîtres se trouveront trois fois l'an à
» la maison décanale de St.-Martin; savoir : le
» premier dimanche des Avents après les vêpres,
» le premier de Carême et le jour de Pâques close
» (le dimanche de Quasimodo) pour conférer de
» ce qui peut contribuer au bien de l'association.
» Que s'il se présente quelque nécessité d'une as-
» semblée plus nombreuse, on la convoquera dans
» le chapitre.

» 9° On prie les confrères d'éviter toutes disputes
» sur le rang, si propre à établir le trouble, et si

» peu convenable à des adorateurs d'un Dieu caché
» et humilié; sauve la juste préséance des bourg-
» mestres et maitres régens de la confrérie. On prie
» les autres de marcher en procession selon que le
» hasard en aura disposé. »

Les prescriptions du réglement que nous venons de transcrire, furent, dans le siècle dernier, les bases constitutives de l'archi-confrérie et aujourd'hui encore elles sont restées en vigueur ; sauf quelques légères modifications de détails que les changements survenus depuis ont rendues nécessaires, de nos jours comme à cette époque elles sont religieusement observées.

L'archi-confrérie du St.-Sacrement établie à St.-Martin , n'est pas seulement remarquable par sa haute antiquité mais encore par les indulgences et les priviléges nombreux qui lui furent accordés par les Souverains Pontifes, ainsi que nous l'avons rapporté au commencement de ce chapitre. Les bulles des papes Paul III , Grégoire XIII , Urbain VIII , Clément VIII n'étaient , il est vrai , que des priviléges accordés pour un temps limité et par simple communication, mais le Saint Père Paul V donna directement à la confrérie en 1614, sur la demande d'Antoine , évêque de Vigile, nonce apostolique dans la Basse-Allemagne, non-seulement la confir-

mation des indulgences accordées par ses prédécesseurs sur le siége de St.-Pierre, mais des priviléges plus étendus qui furent concédés A PERPÉTUITÉ
aux personnes qui'se feraient inscrire au nombre
des membres de cette pieuse association. C'est donc
directement des chefs suprèmes de l'église catholique que l'archi-confrérie tient ses priviléges nombreux et ses indulgences étendues, avantages peu
communs que les âmes pieuses, à Liége surtout,
ne cessèrent jamais de reconnaitre en s'empressant
de faire partie d'une association qui a toujours
compté dans son sein les familles (1) les plus recommandables de la Cité, des personnages (2) illustres et mème jusqu'à des rois (3).

Cette association qui, comme la Fète-Dieu, avait
été instituée d'abord dans la cité de Liége, devait
y ètre complétée par une seconde institution re-

---

(1) Nous lisons les noms suivans dans de vieux registres de
la confrérie ; le comte de Méan, le comte d'Oultremont, le
baron de Cler, le baron de Ghysels, l'échevin de Louvrex.

(2) Les résidents de France, le cardinal Fleury, la princesse
de Barbanson, Henschenius, le P. Roberti.

(3) Par lettre du 7 septembre 1738, Louis XIV accepta le
titre de protecteur que lui offrait la confrérie, la reine de
France accepta le même honneur par sa lettre du 17 du
même mois.

ligieuse dont un chanoine de St.-Martin, cette fois encore, fut le fondateur; cette seconde association, c'est l'Adoration perpétuelle que l'église de Liége doit surtout au zèle éclairé de M. le baron de Hubens, chanoine de St.-Martin.

M. de Hubens qui pendant toute sa vie travailla ardemment à la propagation du culte de la sainte Eucharistie, conçut la première pensée de l'association nouvelle pendant la célébration du cinquième jubilé séculaire de l'institution de la Fête-Dieu, en 1746. Ce pieux ecclésiastique posa comme bâses de la société nouvelle que tous les membres qui en feraient partie s'engageraient à consacrer tous les ans une heure à l'adoration du Très-Saint-Sacrement, lui assureraient de cette manière des adorateurs et des hommages perpétuels, et il fixa dans l'église de St.-Martin le siége central de l'association nouvelle.

Ce projet abandonné par suite d'incidens assez graves qui en empêchèrent l'exécution immédiate, fut repris avec ardeur en 1761, époque où se préparait le 5e jubilé séculaire de la publication de la bulle d'Urbain IV, qui prescrivait l'observance et la célébration de la Fête-Dieu à toutes les églises du diocèse de Liége (1); l'évêque de Liége appré-

_____
(1) Avant d'étendre en 1264 l'observance de la Fête-Dieu

ciant le but pieux d'une semblable institution, joignit ses efforts à ceux du chanoine de Hubens pour réaliser pour la fête de 1762 l'établissement de la confrérie de l'adoration perpétuelle, mais des obstacles imprévus la firent ajourner encore, et ce ne fut que le 13 juillet 1764, qu'elle fut définitivement établie par approbation épiscopale du prince Charles Nicolas Alexandre d'Oultremont.

Cette confrérie nouvelle dans laquelle se firent inscrire la plupart des membres des chapitres des collégiales de Liége s'étendit bientôt aux églises paroissiales de la ville qui toutes établirent de semblables associations, dont le but était d'offrir de nouvelles actions de grâces et de nouvelles adorations au Saint-Sacrement de l'Autel.

Les diocèses des provinces du Rhin répondirent les premiers à la piété du chanoine de Hubens, aux soins du chapitre et au zèle apostolique de l'évêque Charles, et bientôt après la France, les Pays-Bas, l'Italie, les peuples catholiques de la Hollande et

---

à l'église universelle, le pape Urbain IV avait en 1262 approuvé la fête du St.-Sacrement comme fête particulière du diocèse de Liége; Fisen, *Hist. Leod.* pars II, lib. I, p. 14. C'est l'anniversaire de cette première approbation que les chanoines de St.-Martin célébrèrent en 1762 par un jubilé solennel.

jusqu'aux deux Amériques, adoptèrent cette pratique pieuse qui aujourd'hui encore y fait chaque
jour des progrès nouveaux.

Cette association autorisée par l'évêque en 1764,
fut confirmée solennellement le 4 août 1765 par
mandement épiscopal adressé au chapitre de St.-
Martin. Ce mandement dans lequel le prélat ex-
hortait les diocésains à s'enrôler dans l'œuvre nouvelle, faisait voir en même temps son excellence,
la nécessité d'invoquer les secours du ciel et celle
de rendre au Saint-Sacrement les honneurs qui
lui sont dûs. Cette lettre pastorale électrisa pour
ainsi dire le clergé du diocèse qui s'empressa d'é-
tendre et de propager la confrérie nouvelle qui en
peu de temps fit des progrès si rapides que le
prince crut devoir en demander la confirmation
in formâ au souverain Pontife, qui déjà était informé de la création nouvelle.

Le prince dans la lettre qu'il écrivit à ce sujet au
Saint Père, y suppliait Sa Sainteté d'unir l'association naissante mais nombreuse déjà, à l'archi-
confrérie du St.-Sacrement établie à St.-Martin,
aggrégée à l'archi-confraternité du même nom érigée
dans la ville sainte, et d'accorder aux associés nouveaux les mêmes priviléges dont jouissaient ces
deux illustres congrégations.

Le pape Clément XIII, dont la sagesse et la
vertu ont édifié le monde chrétien, heureux du
zèle que montrait le peuple liégeois pour l'accroissement du culte du Saint-Sacrement, s'empressa
d'accorder la confirmation qu'on lui demandait. Ce
document, dans lequel le souverain Pontife expose
avec tant de lucidité le but, fait connaître avec tant
de clarté l'organisation de la confrérie de l'adoration perpétuelle doit en être considérée comme la
base fondamentale ; nous reproduirons donc en
entier ce bref précieux dont Bertholet, qui le premier a esquissé l'historique de cette association, n'a
donné qu'une sèche analyse :

BREF APOSTOLIQUE A L'ÉVÊQUE ET PRINCE DE LIÉGE.

*CLÉMENT Pape XIII , vénérable frère, salut et bénédiction
apostolique.*

« Votre piété exemplaire, votre zèle pour le
« salut des âmes se manifestent en toute occasion
« et tous les jours de plus en plus , et vous ne
« nous avez pas sitôt donné des preuves de votre
« zèle, que vous nous donnez de nouveaux témoi-
« gnages de votre amour envers Dieu et de votre
« charité envers le cher troupeau qui vous est con-
« fié : c'est pourquoi édifiés que nous sommes des

« continuelles attentions que vous avez à remplir
« exactement les devoirs de l'Épiscopat, nous vous
« aimons tendrement et pour vous faire sentir com-
« bien nous sommes inclinés à donner à votre trou-
« peau tous les avantages que vous vous efforcerez
« de lui procurer, soyez persuadé que nous ne né-
« gligerons rien pour vous seconder de tous les
« secours dont est capable notre Autorité Aposto-
« lique. Ayant reçu vos lettres par lesquelles vous
« demandez que nous confirmions la nouvelle con-
« frérie que vous venez d'ériger sous le titre de
« *Prière et d'Adoration perpétuelle du Saint Sacre-*
« *ment,* et que nous vous rendions participant de
« tous les Priviléges et Indulgences que les Sou-
« verains Pontifes Nos prédécesseurs ont accordés
« aux autres Confréries , érigées sous le même ti-
« tre , nous avons d'abord ordonné que Nos Let-
« tres dont voici la teneur vous fussent expédiées.

CLEMENT PAPE XIII.

POUR ÉTERNELLE MÉMOIRE.

« Notre Vénérable Frère CHARLES , Évèque
« de Liége , Nous ayant fait connaitre que , pour
« satisfaire aux sentimens de piété dont il est pé-
« nétré , et pour seconder le zèle et la dévotion de

« son Clergé et de son Peuple envers l'Auguste
« Sacrement de nos Autels , il a érigé sous le titre
« de *Prière et d'Adoration perpétuelle* , une nou-
« velle confrérie du Saint-Sacrement, Nous a hum-
« blement supplié que nous daignassions, pour
« l'accroissement d'une si belle dévotion et pour
« l'avancement du salut des Ames , confirmer de
« Notre Autorité et approuver la dite confrérie en
« faveur de la Cité , Pays et Diocèse de Liége , et
« généralement en faveur de tous les fidèles chré-
« tiens qui voudront s'y faire inscrire.

« Il nous a en même temps supplié d'unir cette
« nouvelle et auguste Association à celle qui est
« érigée à Liége dans l'insigne Église collégiale de
« Saint-Martin, et aggrégée à l'archiconfrérie éta-
« blie à Rome sous le même titre , et de lui pro-
« curer les mêmes grâces, les mêmes priviléges et
« avantages dont jouissent généralement toutes les
« autres Confréries, érigées à la gloire du très-
« Saint Sacrement.

« Nous donc, ensuite du pouvoir dont le Tout-
« Puissant nous a revêtu , nous confiant dans ses
« infinies miséricordes, et fondés sur l'autorité des
« bienheureux apôtres Saint Pierre et Saint Paul ,
« nous confirmons et nous approuvons l'auguste
« Confraternité de *l'Adoration perpétuelle du Saint*

« Sacrement, et de la Prière assidue que notre Vé :
« nérable Frère CHARLES, Évèque, vient d'é-
« riger en faveur de sa Cité, Pays et Diocèse de
« Liége, et généralement en faveur de tous les fidè-
« les chrétiens de l'un et de l'autre sexe qui vou-
« dront s'y faire inscrire.

    « Outre la Confirmation et l'Approbation que
« nous donnons à cette pieuse Institution, nous
« l'unissons de tout notre cœur à la Confrérie du
« Saint Sacrement, érigée depuis l'an MDLXXV dans
« l'insigne Eglise collégiale de Saint Martin à
« Liége, aggrégée à l'Archiconfrérie du Saint Sa-
« crement, érigée à Rome : et outre que nous lui
« accordons tous les avantages attachés à ladite
« Archiconfrérie, nous voulons qu'elle jouisse de
« toutes les Indulgences accordées à toutes les au-
« tres Confréries, érigées sous le titre de l'Adora-
« tion perpétuelle du Saint Sacrement, et accor-
« dons à tous les confrères et consœurs, qui,
« prosternés aux pieds de JÉSUS-CHRIST dans l'Eu-
« charistie, l'adoreront et prieront dévotement
« pendant une heure, une Indulgence Plénière,
« qu'ils pourront gagner une fois par mois.

    « De plus, et par une grâce spéciale, nous ac-
« cordons aux mêmes Confrères et consœurs, qui
« vraiment contrits, confessés et communiés, prie-

« ront dévotement pendant quelque temps, et con-
« formément à notre Intention, une Indulgence
« Plénière à gagner, le Dimanche pendant l'Oc-
« tave du Saint Sacrement, le Dimanche pendant
« l'Octave de tous les Saints, le jour de l'Épipha-
« nie, le premier Dimanche du Carême, le pre-
« mier Dimanche de mai, et quatre autres fêtes
« pendant l'année, lesquelles seront spécialement
« désignées par notre vénérable (1) frère l'Évêque
« de Liége.

« Nous voulons aussi que toutes les indulgen-
« ces, ci-dessus accordées, vaillent à perpétuité, et
« qu'elles puissent être appliquées pour le soula-
« gement des âmes des fidèles trépassés, nonob-
« stant la règle de notre chancellerie et toute autre
« constitution apostolique : nous voulons enfin que
« les exemplaires et copies de nos présentes lettres,
« dès qu'elles seront signées d'un notaire public,
« et munies du scel d'une personne en dignité,
« elles aient la même authenticité, et qu'on leur
« ajoute la même foi que si elles étaient exhibées
« en original.

---

(1) Les jours désignés par l'Évêque sont ceux-ci : le premier Dimanche de l'Avent, le jeudi-Saint, la fête de l'Ascension de notre Seigneur, et la fête de Saint-Lambert.

« Donné à Rome à Sainte-Marie majeure, sous
« l'anneau du pêcheur, ce ɪᴠ décembre ᴍᴅᴄᴄʟxᴠ.

Signé, Mɪᴄʜᴇʟ-Aɴɢᴇ Gɪᴀᴄᴏᴍᴇʟʟᴜs.

« Continuez donc, vénérable frère, à marcher
« avec zèle et avec force dans le chemin que vous
« vous êtes si glorieusement frayé, tenez avec cou-
« rage la route que vous avez prise, dès le mo-
« ment que vous êtes entré dans l'Episcopat ; et
« tandis que du haut de la chaire apostolique où
« nous sommes élevés, nous vous suivons pas à pas
« dans l'exercice de vos devoirs, nous ressentons
« en Jᴇsᴜs-Cʜʀɪsᴛ une joie d'autant plus solide,
« que nous avons la consolation de voir l'église de
« Liége, que nous aimons paternellement, gouver-
« née par un évêque ferme, zélé, vigilant, et par
« un bon pasteur, tel que vous mon très-cher frère.
« Nous vous donnons de tout notre cœur notre
« bénédiction apostolique.

« Donné à Rome, sous l'anneau du pêcheur,
« le 4 décembre ᴍᴅᴄᴄʟxᴠ, de notre Pontificat la
« huitième.

Signé, Mɪᴄʜᴇʟ-Aɴɢᴇ Gɪᴀᴄᴏᴍᴇʟʟᴜs.

ɪɴsᴄʀɪᴘᴛɪᴏɴ.

Au vénérable frère CHARLES.
Évêque de Liége.

Le premier juin 1766, jour de la Fête-Dieu, la confrérie de l'adoration perpétuelle fut solennellement instituée (1) par le prince-évêque Charles d'Oultremont qui accompagné de sa cour, vint célébrer pontificalement la messe à l'église de St.-Martin assisté des archidiacres de Blisia et de Trappé. Tout le clergé de Liége, celui de la cathédrale de St-.Lambert, celui des collégiales, des abbayes, des couvents, assistèrent à cette cérémonie qui se termina par une procession édifiante, semblable à celle de la translation dans laquelle S. A. porta elle-même le Saint Sacrement.

Cette procession à laquelle furent présents tous les corps constitués de l'État tels que le magistrat, les tribunaux, les vingt-deux, parcourut le même itinéraire que nous avons rapporté plus haut, et elle eut cela de remarquable qu'étant arrivée sur la place du Marché, elle y trouva un riche reposoir que les bourgmestres avaient fait élever sur le palier principal du grand perron de l'hôtel de ville,

---

(1) On publia à cette occasion un livre de prières assez volumineux, intitulé : *Office de l'Adoration perpétuelle de Jésus-Christ au Très-Saint Sacrement de l'autel avec les réglements de la confrairie, diverses prières et les indulgences.* Liége, 1766, in-12. Il est assez difficile de rencontrer aujourd'hui ce volume curieux.

ce reposoir dit l'auteur qui rapporte ce fait , *était chargé d'une ample et superbe argenterie et surmonté d'un dais rouge avec fond blanc d'hermine , orné d'emblèmes et de devises relatives à l'adoration perpétuelle.* Le prince étant monté au reposoir y donna la bénédiction pendant que cinquante thuriféraires , tous en dalmatiques rouges, rangés au pied du perron, offraient l'encens sacré et qu'un peuple immense à genoux et prosterné présentait ses adorations au Saint Sacrement de l'autel.

Pendant cette procession qui , comme toujours avait amené à Liége les populations nombreuses de la banlieue et des villes du pays, les cloches de la ville sonnaient, le canon tirait et le son des trompettes et des timballes de la cité annonçaient l'arrivée du cortége sacré qui ne rentra à St-Martin que fort tard. Cette solennité, ajoute l'auteur deja cité, fut l'une des plus édifiantes qui ayent eu lieu à Liége , au point qu'on eut cru , dit-il, être au jour heureux de l'institution de la Fête-Dieu , tant tous les ordres de citoyens y prêtèrent un concours actif et empressé.

Quinze ans après la publication de ce bref apostolique qui vint consolider l'œuvre nouvelle, M. le baron de Hubens mourut (1) laissant au chapitre

(1) Le 25 mai 1780 , jour du Saint Sacrement.

de St.-Martin et aux membres de l'archi-confrérie
du Saint Sacrement le soin de veiller au maintien
de l'œuvre et à celui de sa propagation pour laquelle l'évêque-prince François Charles de Vel-
bruck avait publié un mandement réglementaire
le 23 décembre 1774 (1).

L'association si catholique de l'adoration perpétuelle qui avait fait dès sa naissance des progrès
rapides dans les pays méridionaux de l'Europe prit
bientôt une autre direction et fit des prosélytes
nombreux dans l'Allemagne, la Bohême, la Pologne, la Hongrie et l'Empire où l'illustre Marie-
Thérèse, cette grande reine du siècle dernier,
s'empressa de l'établir et de s'en faire la zélée pro-
pagatrice, reconnaissant avec raison que répandre
une dévotion semblable était, non-seulement,
préserver les peuples soumis à sa domination des
mauvaises doctrines qui tendaient à envahir ses
vastes états, mais encore contribuer à son bonheur
matériel et moral.

Les deux associations, unies désormais par des
liens indissolubles prospérèrent au-delà des désirs

---

(1) Bertholet a publié ce mandement à la page 199 de la
seconde édition de l'Hist de la Fête-Dieu.

des pieux chanoines qui avaient vu naître dans
leur église, toutes les institutions dont le but est
de rendre des hommages continuels au St.-Sacre-
ment de l'Eucharistie. L'état des deux confréries
était arrivé à un haut degré de prospérité lorsque
les deux invasions successives des républicains français dans le pays de Liége vinrent y mettre tout en
question ; bientôt après les nombreux couvents,
les riches et antiques abbayes, les chapîtres des
collégiales et jusqu'aux chanoines de St.-Lambert
même sont supprimés par décret de la République,
les membres paisibles de ces institutions religieuses
chassés de leurs foyers domestiques sont forcés
d'aller demander à la terre étrangère la paix qu'ils
ne peuvent plus trouver au sein de leur patrie.

La suppression du chapitre de Saint-Martin eut
lieu, comme celle des autres, en 1796 et l'église
fermée à la piété des fidèles faisait craindre avec
raison que les deux confréries dont le siége central
était établi dans cette belle basilique suivraient le
sort commun et recevraient des atteintes mortelles
de la présence des démagogues étrangers au milieu
de nos populations ; mais quelques chanoines (1)

----

(1) Nous devons citer parmi ces pieux chanoines les
MM. Ransonnet.

veillaient au culte du St.-Sacrement ; bravant les dangers personnels qu'ils pouvaient courir au milieu d'une ville qui semblait avoir oublié les traditions religieuses de ses ancêtres, ils célébrèrent la Fête-Dieu à l'église paroissiale de St.-Remacle en Mont (1) et y transportèrent le siège des deux confréries, qui, de cette manière, n'eurent à souffrir que de faibles atteintes des perturbations politiques qui troublaient alors le pays de Liége.

A la réorganisation du diocèse de Liége, décrétée en 1803 par Monseigneur l'évêque Zaepfell, les chanoines qui n'avaient cessé chaque année de solenniser la Fête-Dieu, réintégrèrent les deux associations dans leur siége primitif, l'église de St.-Martin, devenue cure primaire. Depuis cette époque, ces associations pieuses n'ont cessé de prospérer et de grandir ; chaque année elles reçoivent dans leur sein de nouveaux adeptes qui s'empressent de s'enroler dans ces milices catholiques qui sont arrivées, sous la protection de Monseigneur Van Bommel

___

(1) Cette petite église a été démolie au commencement de ce siècle ; le terrain sur lequel elle était bâtie est occupé aujourd'hui par une école des frères de la doctrine chrétienne et par une maison particulière.

notre évêque actuel, au plus haut degré de prospérité qu'elles aient jamais atteint.

Ce sont ces deux associations qui comptent dans
notre ville seule plus de 1500 membres qui
célèbrent cette année le sixième anniversaire de
l'institution de la Fête-Dieu qui, depuis sa première célébration en 1247, n'a jamais, d'année en
année, même au milieu des plus grands orages politiques, cessé d'être solennisée par le peuple de la
cité de Liége, qui se glorifie avec raison d'avoir
vu naitre dans ses murs les deux fêtes qui rappellent aux chrétiens les deux plus augustes mystères
de la foi :

LA FÊTE DE LA SAINTE-TRINITÉ

ET CELLE DE LA FÊTE-DIEU.

CHAPITRE XIII.

L'église St-Martin. — Sa fondation.

A la mort de Balderic I, Eracle (1) vint occuper le siége épiscopal de Liége. Originaire de la Saxe (2), issu d'une famille noble, Éracle fit ses premières études dans les écoles de Cologne sous les yeux du

---

(1) Nos chroniqueurs et nos historiens varient beaucoup sur la manière d'orthographier le nom de cet évêque, les uns disent *Heraclius, Everaclus*, les autres *Evracus, Everardus*, nous avons adopté celle consacrée par l'usage, qui d'ailleurs se rapproche le plus de celles que l'on trouve dans les diplômes.

(2) Quelques historiens ont fait Éracle fils d'un duc de Polo-

célèbre Rathier, dans le temps que ce savant habitait cette ville , et sortit de cette école renommée
animé du dessein louable de propager autant qu'il
le pourrait les connaissances qu'il y avait acquises ,
projet qu'il entreprit de réaliser dès qu'il occupa
le siége de Liége, et qui contribua puissamment à
étendre encore la réputation des écoles liégeoises
qui comptaient parmi les meilleurs de cette époque (1).

Successivement prévot de l'église de Bonn,
dans l'archevêché de Cologne , puis de la cathédrale St-Lambert à Liége , Éracle parvint au siége

---

gne, cette assertion absurde se réfute par elle-même, puisque
la Pologne ne se convertit à la foi catholique que quelques
années après qu'il fut parvenu au siége de Liége, et elle ne
fut érigée en duché que longtemps après cette époque.

(1) Les écoles de Liége , sous Éracle et ses successeurs,
étaient les plus renommées de la Basse-Allemagne , l'enseignement de toutes les sciences de cette époque y était complet ; on venait y étudier de toutes les parties de l'Allemagne ,
de la Lorraine et des pays voisins. Les bornes restreintes de
cet opuscule nous forcent à renvoyer le lecteur au *Recueil des
historiens de France* de dom Bouquet, et à l'*Hist. littéraire de
la France* des Bénédictins , qui donnent des détails circons-
tanciés sur nos écoles qu'ils appellent *université* , et qui
sont l'un des épisodes les plus intéressants de nos annales au
dixième siècle.

épiscopal de cette ville vers la fin de l'année 959 ;
quoiqu'il dut à son mérite particulier les suffrages
qui l'appelèrent à cette haute dignité , on ne peut
douter cependant qu'Otton , roi d'Italie et de Germanie , à la cour duquel il avait vécu et dont il
avait su obtenir l'estime particulière , ne contribuât
puissamment à son élection ainsi que Brunon , archevêque de Cologne , frère de ce prince. Con-
seiller du roi Otton , comme l'appellent nos vieilles
chroniques , ce prince et son frère l'archevêque
n'entreprenaient rien d'important sans avoir
consulté l'évêque de Liége ; c'est ce qui le conduisit successivement en France , avec Brunon ,
au secours du roi Lothaire , contre le duc de Bourgogne , puis en Italie , à la suite d'Otton , qui allait
apaiser les troubles qui agitaient alors ce pays , où
Éracle , qui par ses connaissances scientifiques
était au-dessus des idées de son temps , expliqua à
l'armée épouvantée de l'empereur un éclipse de
soleil , que les soldats qui fuyaient regardaient
comme un signe précurseur de la vengeance divine.

Atteint d'une maladie terrible , d'un ulcère can-
céreux qui résistait à tous les remèdes de la médecine, Eracle qui voyait chaque jour sa vie menacée,
fit vœu d'aller au tombeau de St-Martin à Tours ,

où s'opéraient sans cesse des guérisons miraculeuses;
voici comment Éracle , rapporte lui-même ce miracle dans le récit de la fondation de St-Martin (1).
« Deux ans après que le corps de St-Martin , eut
« été rapporté d'Auxerre, où il avait été réfugié
« pendant les courses des Normands, moi Éracle ,
« évêque de Liége , j'appris avec joie les miracles
« qui s'opéraient à son tombeau. Étant attaqué
« d'un chancre (*Lupus*) qui me rongeait le corps
« et ayant consulté tous les médecins sans en être
« guéri ; après avoir réclamé les secours du mé-
» decin céleste et plein de confiance je fis vœu
« d'aller en pélerinage à Tours. Y étant arrivé ,
« j'employai les larmes , les gémissements , les
« veilles, les jeunes et les prières nuit et jour con-
« jurant le Seigneur de m'exaucer par l'entremise
« de son saint bienheureux. »
    « Le septième jour, continue-t-il , j'eus un léger
« sommeil et alors St-Martin et St-Brice , tous
« deux revêtus de leurs habits pontificaux, m'ap-

---

(1) Faite par Éracle le 12 mai 962 , approuvée par l'empereur, en juin 965 comme on le verra plus loin. Le diplôme
publié par Bertholet , contient quelques inexactitudes qui
nous ont été signalées par la copie contenue dans la *Collectio
variorum diplomatum ecclesiæ Leodiensis* de Langius.

« parurent. St-Martin dit alors : *Frère Brice, que*
« *vous semble de notre frère l'évêque de Liége, qui*
« *est venu de si loin et qui demande le secours de*
« *Dieu, et le notre avec tant de ferveur ?* Saint
« Brice répondit : *s'il plait à Dieu et à votre bonté,*
« *il convient de le guérir puisque c'est un saint évé-*
« *que et que sa vie n'a jamais déshonoré le carac-*
« *tère épiscopal.* Alors St-Martin s'approcha de
« plus près, me toucha du bout de son bàton et
« dit : *mon frère Éracle Jésus-Christ vous guérit,*
« *et vous rend la santé par un effet de sa miséricorde*
« *infinie. Levez-vous donc et manifestez à nos frères*
« *les chanoines la toute-puissance divine ; ordonnez*
« *leur d'en remercier le très-haut, de chanter ses*
« *louanges avec le peuple dévot et de vous recevoir à*
« *perpétuité au nombre de leurs confrères* (1). *Pour*
« *vous, vous chanterez demain la grand'messe afin*
« *que ceux qui vous avaient vu prêt à succomber*
« *sous le poids de votre maladie, raniment leur con-*
« *fiance dans le secours de leur patron.*

---

(1) Moréri rapporte dans son *Dictionnaire historique* à l'art.
Tours, que les évêques de Liége successeurs d'Éracle, étaient
chanoines nés du chapitre de St-Martin de Tours, engagement,
dit-il, qu'une longue suite de siècles n'a point encore inter-
rompue.

» La vision disparut, continue Eracle, je m'é-
» veillai plein de santé et tout à fait guéri. Aus-
» sitôt mes clercs et les gens de ma suite, puis les
» chanoines de l'église de Tours accoururent, vi-
» sitèrent ma plaie, et n'y trouvèrent qu'une ligne
» rouge pour indice de ma maladie et de ma gué-
» rison. Au bruit de ce miracle, il s'éleva de toutes
» parts d'unamines acclamations, on m'en félicita
» et on en remercia Dieu. Le lendemain les cha-
» noines s'assemblèrent en chapitre, m'y donnè-
» rent place et me déclarèrent de leur congrégation ;
» je chantai la messe dans l'église, j'y fis mon of-
» frande et je repris, plein de santé, la route de
» Liége.

» Quelque temps après, n'oubliant pas le bien-
» fait signalé que j'avais reçu de Dieu par l'inter-
» cession de St.-Martin, je fondai à sa gloire dans
» la ville de Liége une église que je fis bâtir dans
» la partie de la cité appelé le Mont public (*mons*
» *publicus*). Non content de ce témoignage de re-
» connaissance, j'en fis la dédicace, je la dotai
» très-richement de mes propres biens, et j'y éta-
» blis trente chanoines avec des chapelains, afin
» que suivant le rite et l'usage de l'église (1), ils y

_____

(1) On doit entendre ici le rite et les usages de l'église de

» chantassent et célébrassent l'office divin. Comme
» j'avais coutume d'aller tous les ans à Tours y
» remercier mon bienfaiteur, un dimanche que
» j'y séjournais et que j'y prîais, St.-Martin, ac-
» compagné de St.-Brice et de St.-Eustache, m'ap-
» parut de nouveau et me dit : *avertissez les cha-*
» *noines vos frères de s'unir de cœur et d'esprit et*
» *de s'aimer mutuellement par le secours de leurs*
» *prières.* »

Cette seconde vision fut l'origine de la confraternité (1) entre les chanoines de St.-Martin de
Tours et ceux de St.-Martin de Liége, confraternité qui fut solennellement reconnue dix ans plus
tard et qui subsista jusqu'à la suppression du chapitre en 1796.

Tours. Cette prescription d'Eracle est un nouveau témoignage
de sa reconnaissance envers cette église dans laquelle il avait
obtenu sa guérison complète.

(1) Cette confraternité consistait en une union de prières et de
suffrages pour les membres défunts des deux églises. Par cette
union formellement renouvelée en 1200, 1317 et 1316, un chanoine de St.-Martin de Tours avait droit de résidence à Liége et
réciproquement un chanoine de Liége à Tours ; l'un et l'autre
occupaient la première place au chœur où ils avaient également
droit de présence. En 1738 M. Le Rond, chanoine de Liége en
résidence à Tours, obtint un fragment considérable du crâne
de St.-Martin qui fut rapporté à la collégiale de Liége avec
toutes les cérémonies en usage dans ces translations pieuses.

Le chapitre de la cathédrale de St.-Lambert prit
part le 20 avril 963, à la fondation pieuse de son
évêque; cet acte, que le père Bertholet a mal à
propos intitulé fondation de l'église collégiale de St.-
Martin, car il n'est en réalité qu'un accroissement
de la fondation primitive, porte, « que les frères
» de Liége animés du désir d'étendre autant que
» possible les effets d'une sage charité, ayant ap-
» pris qu'Eracle, évêque de la sainte église de
» Liége, avait fait construire un monastère (*monas-*
» *terium*) hors de l'enceinte de la cité à l'honneur
» de St.-Martin, pour être desservi par des cha-
» noines vivant en règle (1) (*sub regula constitutis*),
» nous avons voulu contribuer à une si bonne
» œuvre et donner quelques biens de notre com-
» munauté à la fondation nouvelle; c'est pourquoi
» nous cédons unanimement au dit évêque en fa-
» veur de la fondation de St.-Martin les propriétés
» que nous avons à Brust (2), Souma et Malde-

---

(1) C'est-à-dire en commun d'après les statuts de la règle
d'Aix-la-Chapelle qui était la règle commune dans ces contrées.

(2) L'église actuelle de St.-Martin possède encore quelques
biens dans la commune de Bruest qui, certainement, sont des
restes de la fondation primitive. Avant 1794, l'église de Bruest
était à la collation du chapitre St.-Martin.

» greies avec toutes leurs dépendances et attenances.
» Cet acte terminé par la tradition subséquente de
» ces biens que l'évêque fait au chapitre de St.-
» Martin et à ses féaux, est signé de Jean, prévot
» de St.-Lambert (1). »

Deux ans après, l'empereur Otton, son fils, le
roi de Germanie, les archevêques de Trèves et de
Rheims, Lothaire, roi des Francs, Gerberge, la
reine-mère, la plupart des seigneurs de la Lorraine et les évêques de la Basse-Allemagne étant
assemblés à Cologne pour y terminer la division
de la Lorraine en deux provinces; Eracle occupé
sans cesse à rechercher tous les moyens propres à
consolider sa fondation pieuse, profita du séjour
de l'empereur dans cette ville pour obtenir de ce
prince la confirmation solennelle de l'établissement de St.-Martin et en fit dresser l'acte diplo-
matique suivant, dont nous donnerons un rapide
aperçu.

« Au nom du Seigneur Jésus-Christ notre Sauveur et de la Sainte-Trinité, Everacle, serviteur

(1) Bertholet donne le 12 mai pour date de ce diplôme, mais
la copie donnée par Miraeus, tom. III, p. 295, porte *XII ca-
lendarum maii*, c'est-à-dire le 20 avril. L'indiction et les dates
du règne sont exactes.

des serviteurs du Christ à tous les enfants de l'église catholique et apostolique. » Après ce début l'évêque expose les motifs de sa fondation pieuse, l'objet qu'il s'est proposé et que lui avait inspiré l'archevêque Brunon, c'est-à-dire le dessein de former une société sur le modèle de la discipline apostolique où la multitude des fidèles ne formait qu'un cœur et qu'une âme, « *résultat si je ne me trompe* continue Eracle, *de ce que dit le psalmiste qu'il est doux et avantageux que les frères vivent ensemble dans une parfaite union, état certainement propre à tout moine mais non pas exclusivement à toute autre personne.* »

« C'est pourquoi, ajoute Eracle, j'ai choisi une situation agréable sur la crête d'une montagne nommée le Mont public (1), où, sous l'autorité de Brunon, archevêque de Cologne, à qui je dois tout, par les ordres de l'empereur Otton, du consentement de notre clergé et des personnes qui pensent le mieux parmi le peuple qui nous est confié, je

---

(1) Selon Jean D'Outremeuse, le *Mont public*, aujourd'hui le Mont-St.-Martin, était couvert au temps d'Eracle de bois épais qui commençaient au pied de la Sauvenière actuelle et se prolongeaient vers le faubourg St.-Laurent. Eracle les fit couper, pour y bâtir l'église St-Martin.

transferrerai ma demeure et celle que l'on appellera la maison de l'Evêque.

Un peu plus bas Eracle ajoute que les membres du chapitre mangeront ensemble, coucheront dans le même dortoir, obéiront à leurs supérieurs (*prælatis*) n'enfreindront jamais les lois qui leur seront prescrites, s'étudieront enfin à plier leur volonté sous le joug de l'obéissance afin d'obtenir sur la terre la paix, prix réservé aux hommes de bonne volonté.

Ce diplôme terminé par l'énumération des biens donnés à l'église de Saint-Martin que notre cadre trop étroit ne nous permet pas de rapporter, porte les signatures d'Otton empereur, celle de son fils le roi de Germanie, de Lothaire, roi des Francs, des archevêques de Cologne, de Trèves et de Rheims, des ducs, des comtes, des évêques présents aux conférences de Cologne et enfin celle d'Eracle, *Everaclus Leodiensis scilicet episcopus*. »

Quelque temps après l'évêque Eracle, ainsi qu'il en avait manifesté l'intention dans le diplôme que nous venons de rapporter, y fit bâtir sa résidence qui fut pillée par Henri de Marlagne et sa bande. Eracle souffrit ces déprédations avec une patience angélique et ne leur opposa que des représentations aussi sévères que bonnes; après avoir fondé suc-

cessivement les églises de la Madeleine (¹), de
St.-Séverin (²) et de St.-Paul (³), Eracle mourut
le 27 octobre 971, après avoir occupé pendant
douze ans le siége épiscopal de Liége. Son corps
fut déposé au milieu du chœur de Saint-Martin où
les chanoines de ce chapitre lui firent ériger un
monument funéraire. Après l'incendie de l'église
les restes d'Eracle furent transportés près du maître
autel où, en 1724, on voyait encore des fragments
du monument primitif qui fut remplacé en 1746.
par le monument actuel (⁴).

---

(1) Aujourd'hui une école des frères de la Doctrine chrétienne.

(2) Démolie au commencement de ce siècle, on a bâti sur
l'emplacement de cette église une halle aux viandes.

(3) La cathédrale actuelle.

(4) Le 13 mars 1845 le tombeau actuel d'Eracle ainsi que les
caveaux de l'église ont été visités par M. le curé doyen, les
membres du conseil de fabrique et quelques autres personnes.
Nous publions parmi les pièces justificatives le procès-verbal
de cette intéressante exploration.

CHAPITRE XIV.

L'Eglise St-Martin. — Son histoire.

Notger qui succéda à Eracle fit entourer en 973,
selon Langius, l'église de St-Martin d'une forte
enceinte, augmenta le nombre des membres du
chapitre et fit bâtir des maisons canoniales ; peu
après, cette fondation pieuse échappa, grâce aux
soins incessants et à la sollicitude éclairée de Notger, aux atteintes que voulait lui porter le successeur d'Otton en prétendant que les donations faites
à Eracle n'avaient été que des dons viagers et non
des dons perpétuels. Depuis cette époque les chanoines de St-Martin, qui sous l'épiscopat d'Albé-
ron II avaient reçu de nouvelles et importantes

donations, accomplissant la mission pacifique **qui**
leur avaient été imposée disparaissent pour ainsi
dire de l'histoire, et ce n'est qu'en 1200 que **nos**
annales font de nouveau mention de ce chapitre ;
elles consignent, sous cette année, le voyage **que**
le doyen Eward et le chantre Henri firent à **Tours**
pour y renouveler l'alliance établie entre les deux
chapitres par l'évêque Eracle ; ces deux députés **y**
convinrent que chaque année au jour de la fête de
Ste-Barbe les deux corporations feraient une commémoration générale des chanoines morts dans les
deux églises alliées et en rapportèrent un doigt de
St-Brice, les membres du chapitre de Tours
n'ayant pu consentir à accorder à leurs frères de
Liége quelques parties du corps de St-Martin qui
était resté intact jusqu'alors :

En 1222 le chapitre de St-Martin, malgré les
riches donations qu'il avait reçues d'Eracle et d'Al-
béron, était tombé dans un grand état de délabre-
ment, d'indigence même, par suite des dilapidations
et des vexations journalières qu'il avait essuyées ; à
peine dit le père Bouille (1), si les revenus pouvaient suffir aux besoins de la vie matérielle des
chanoines. L'archevêque de Cologne et l'évêque de

_____

(1) **Hist. de Liége**, tom. 1, p 239.

Liége, Hugues de Pierre-Pont, touchés de cette triste situation, peinés aussi de voir cette église déjà ancienne prête à succomber sous le poids des malheurs qui l'accablaient, unirent à l'église de St-Martin celle de Milehem avec ses annexes, celles de Fumal, d'Ouffet et de Marche qui toutes consentirent à cette union qui fut confirmée par le pape Honorius III.

Les chanoines du chapitre de Tours qui en 1200 avaient renouvellé l'union faite avec celui de St-Martin à Liége écrivirent en 1251 à ces mêmes *vénérables discrets et très-chers frères et amis* pour leur faire part de la joie qu'ils ressentaient de voir leur confraternité si rigoureusement observée ; cette lettre que le savant Martène a publiée dans son *Amplissima Collectio* (1) est pleine des plus vifs sentiments d'affection et se termine par la recommandation formelle que tous les sept ans les chanoines devaient alternativement se visiter.

Telles sont les faibles traces qu'offrent nos annales sur un monument religieux qui devait plus tard remplir le monde chrétien du bruit de la piété et de la ferveur de son clergé (2), lorsqu'en 1312

---

(1) Tom I, p. 1312.
(2) En retraçant l'historique de l'Institution de la Fête-Dieu

une catastrophe terrible ruina presqu'entièrement
ce monument de la reconnaissance d'Eracle ; mais
l'œil de Dieu veillait sur St-Martin et l'Eglise qui la
première entre toutes avait célébré la Fête-Dieu
ne devait pas périr ; plus tard encore nous la verrons échapper à des orages non moins désastreux
que celui de 1312, dont nous donnons ici le récit
d'après la plupart de nos historiens.

La nouvelle de la mort de l'évêque Thibaut de
Bar qui succomba en 1312, près de Sienne, en
Italie, vint renouveler à Liége les troubles qui
semblaient apaisés et porter les deux partis aux
derniers excès.

Le chapitre de Saint-Lambert à la réception de
cette lugubre nouvelle pense à donner un Mambour (1) à la principauté et fixe à quelques jours
de là l'élection qui devait avoir lieu. Les nobles de
la cité qui voyaient avec envie le degré de puissance
auquel s'était élevé le peuple, puissance qu'ils

---

nous avons, croyons-nous, établi suffisamment ce titre de
l'église de St-Martin à une gloire durable pour qu'il soit inutile
de revenir ici sur ce sujet.

(1) On appelle encore Mambour dans le patois de Liége un
tuteur. Ici donc le nom de Mambour est caractéristique puisque c'est celui qui administre les affaires du pays pendant
l'interrègne.

regardaient comme l'ouvrage du clergé , résolurent de s'opposer à l'élection du Mambour que voulait faire le chapitre et prétendirent y prendre part disant : que puisque leurs épées seules défendaient le pays ils devaient au moins donner leur avis dans le choix d'un Mambour. Le chapitre passa outre à cette opposition et au jour fixé pour l'élection nomma Arnold de Blanckenheim , prévôt du chapitre , Mambourg de la principauté.

Les nobles à la nouvelle de cette nomination résolurent de tout tenter pour ressaisir une puissance qui leur échappait de jour en jour et qui sous l'administration du vertueux Arnold, l'idole du peuple, leur serait infailliblement ravie ([1]). Ils tachent donc d'enrôler dans leur parti le comte de Looz, qu'ils engagent à reproduire ses prétentions à la régence du pays et bientôt forment une ligue avec lui, les autres nobles du pays et la noblesse municipale de Huy. Excités par le traître Jean Dupont qui flattait les deux partis , ils s'assemblent et arrêtent de dé-

---

([1]) Il n'entre pas dans notre sujet de retracer les motifs véritables de cet épisode désastreux de nos annales , nous n'avons reproduit que ceux rapportés par la plupart de nos historiens et qui ne sont , selon nous , que les motifs avoués de ce grand drame populaire.

11

truire en une nuit la plus grande partie du *commun*
de la cité de Liége ; leur odieux complot est découvert par le prévôt, Arnold de Blanckenheim,
qui de son côté assemble le chapitre et les bourgmestres ; renouvelle l'alliance du peuple et du clergé
et convient qu'au premier coup d'alarme de la
cloche de la Halle des Drapiers, le peuple se réu-
nirait en armes.

Le quatre août 1312, les nobles au nombre de
plus de cinq cents se réunissent en silence et vont
mettre le feu aux loges de la Halle aux Viandes qui
occupaient alors les abords de l'église de la Madeleine : à la première lueur de l'incendie les bou-
chers accourent pour l'éteindre, mais les nobles
qui ont résolu la ruine des gens du commun les
maltraitent et engagent avec eux un combat san-
glant. Le tocsin des Drapiers sonne alors, Arnold
de Blanckenheim, le Mambour du pays, son frère,
l'abbé de Pruim, Walthère de Brushorne et d'autres
chanoines s'assemblent dans la cathédrale avec
leurs amis et députent Walthère de Brushorne,
négociateur habile, pour essayer d'apaiser la sédi-
tion. Walthère, sorti sans armes, loin de réussir
dans son entreprise pacifique, est massacré par les
nobles ; les drapiers, les tanneurs, les vignerons
accourus au cri d'alarme fondent sur les nobles et

alors s'engage une mêlée affreuse dont on ne peut prévoir la fin.

Déjà le peuple a refoulé ses adversaires acharnés sur la grande place du Marché, quand les portes de la cathédrale s'ouvrent et donnent passage au Mambour et à ses amis qui viennent attaquer les nobles de ce côté; pressés bientôt par les autres gens de 'métiers et les faubouriens qui étaient arrivés au signal convenu, les nobles se trouvent attaqués à la fois par la rue Neuvice, par celles du Pont, de Féronstrée, des Mineurs; toutes les issues leur sont fermées; déjà ils plient de toutes parts, lorsque Jean de Surlet conseille de gagner le Mont-Saint-Martin par la rue des Degrés de St.-Pierre, seul passage resté libre, et d'y attendre le secours du comte de Looz.

Le Mambour poursuit les nobles avec la plus grande valeur; déjà il les a refoulés jusqu'au pied du Publémont lorsqu'il tombe percé de coups. La mort du père du peuple, d'Arnold de Blanckenheim, fait pousser un cri terrible à la multitude qui n'écoute plus alors que sa fureur et sa haine ; cette nouvelle désastreuse se répand avec la rapidité de l'éclair et les gens restés sur le Marché, renversant les retranchements que les nobles avaient faits à la hâte près de Ste.-Croix et à la

Sauvenière atteignent bientôt le champ où com-
battaient leurs frères. Les nobles animés par la
mort du valeureux prévot avaient repris courage et
aidés de deux cents nobles de la Hesbaye , arrivés
à leur secours, repoussent le peuple jusqu'à la Place-
aux-Chevaux , et Jean Dupont , croyant alors la victoire infaillible, vient combattre sous leurs drapeaux.
Cette désertion causa un grand découragement
dans l'armée plébéienne , mais le bourgmestre Bou-
chard-le-Foulon veille sur le peuple , rallie les bourgeois près du Pont-d'Isle , et cherche à rétablir le
combat , lorsque tout-à-coup un long cri s'élève et
annonce l'arrivée des populations de la banlieue ,
que le magistrat avait fait prévenir. Ce secours
inespéré ranime le courage du peuple qui refoule
de nouveau les nobles sur la montagne ; ceux-ci
fatigués d'une lutte si longue , succombant sous le
poids de leurs lourdes armures, ne peuvent résister
à ces nouveaux combattants , oublient la position
avantageuse dont ils peuvent tirer parti ; chacun
ne songe plus qu'à mettre sa vie en sûreté en es-
sayant de pénétrer dans les maisons particulières ;
cependant les plus courageux continuent à faire face
au peuple et à se retirer vers l'église de St-Martin ;
ils y arrivent enfin , mais là encore ils trouvent
de nouveaux ennemis , les houilleurs arrivant en

masse par les portes de St-Laurent et de Ste-Mar-
guerite, aidés des habitants de Vottem, se préparent aussi à combattre les nobles qui attendent vainement l'arrivée du comte de Looz. Attaqués de
toutes parts les nobles après avoir inutilement tenté
de sortir de la cité s'enferment alors dans l'église de
St-Martin, qu'ils regardent comme un asile sacré
qui sera respecté par le parti victorieux. Ils se trom-
paient hélas, le peuple va faire servir le temple de
Dieu à sa vengeance implacable.

Cependant les nobles retranchés dans l'église
combattent encore et quelquefois repoussent avec
succès les gens du commun qui approchent du temple; poussé enfin au paroxisme de la rage par cette
longue résistance, le peuple veut porter un coup
décisif; aussitôt il rassemble un amas immense de
bois, de paille, de matières combustibles qu'il dispose contre les parois de la tour et de l'église, y
met le feu et comme les anciens Romains se range
autour de ce bucher expiatoire. La flamme a bientôt gagné le faite de l'édifice; elle se propage avec
une vitesse incroyable; les murs se fendent, la
toiture entière est embrâsée et s'écroule bientôt
avec fracas ensevelissant sous ses ruines fumantes
plus de deux cents nobles qui étaient venus chercher asile dans le temple qui le premier avait cé-

lébré la Fête-Dieu, et qui brulait (1) précisément
au moment où le concile œcuménique de Vienne,
venait d'étendre à l'église universelle la fête célébrée
pour la première fois en 1247 par les chanoines de
St-Martin.

Le bucher de St-Martin, ne suffit pas à la vengeance du peuple ; il fouille les maisons particulières où beaucoup de nobles s'étaient réfugiés d'a-
bord, massacre impitoyablement tous ceux qu'il
parvient à découvrir, puis va fouiller leurs habita-
tions se livrant partout aux plus coupables excès.
Ainsi se termina ce grand drame populaire l'un des
plus terribles dont fassent mention nos annales.

Les flammes qui avaient consumé l'église de St.-
Martin, dévorèrent avec elle les reliques précieuses
et les ornements sacrés que renfermait le trésor de
cette collégiale qui ne se releva de ses ruines qu'en

---

(1) Langius nous a conservé sur ce grand désastre les vers
suivants :

> Mane datur diei vigili festi dominici,
> Legia turbatur, quod tunc a plebe crematur
> Templum Martini sic.., in eo domini.
> Heu fuit hunc functa patriæ sapientia cuncta.

Une partie de ces vers a été publiée par Loyens mais avec
des lacunes.

1342. Cependant les chanoines profondément affligés des pertes nombreuses causées par l'incendie, écrivirent en 1317 à leurs confrères de Tours la catastrophe dont ils avaient été les victimes, et députèrent près de ce chapitre Herman de Cologne pour réclamer de nouveau quelques fragments du corps de leur glorieux patron, pensant qu'une semblable relique pourrait les consoler des désastres qu'ils venaient d'essuyer ; leur demande fut repoussée encore, le chapitre fit valoir les mêmes raisons que nous avons rapportées déjà et ne consentit qu'à donner quelques parcelles de l'étoffe qui enveloppait cette dépouille sacrée, parcelles qu'ils firent placer dans une boite d'ivoire artistement sculptée et qu'ils accompagnèrent d'une lettre dans laquelle ils renouvellèrent leur union ; l'année suivante, en 1318, les chanoines de St.-Martin reçurent la nouvelle de l'approbation des Clémentines par le pape Jean XXII, qui assurait définitivement la célébration de la Fête-Dieu, et 16 ans après, en 1334, ils obtinrent enfin une parcelle du corps de St.-Martin qu'ils désiraient depuis si longtemps et que tant de fois déjà ils avaient sollicitée vainement. Ils furent redevables de cette relique aux bons soins de Guillaume d'Auxone, docteur en droit, chanoine de Paris, de Cambray, de Condé,

chancelier du comte de Flandre qui obtint de son
maitre le comte Louis de Male une parcelle du chef
de St.-Martin et un fragment de l'étole de ce saint
confesseur, que le prince voulut bien permettre de
détacher de son reliquaire particulier et dont la
translation eut lieu à St.-Martin avec une pompe
solennelle (1).

Réparée sous l'épiscopat d'Engelbert de la Marck,
qui avait imposé à cet effet des charges publiques,
l'église de St.-Martin eut beaucoup encore à souffrir un siècle plus tard de la rapacité des soldats
de l'armée du duc de Bourgogne et ce n'est qu'avec
peine que les chanoines purent obtenir en 1470 du
sire d'Imbercourt, de conserver leurs cloitres et
leurs maisons dont le terrible duc avait ordonné la
démolition. Enfin l'église ruinée successivement
par les désastres de 1312 et de 1468, restaurée
après chacune de ces deux violentes secousses,
menaçant ruine dans la plupart de ses parties, força
les chanoines au commencement du XVI° siècle,

---

(1) Ces reliques précieuses étaient conservées encore à la
fin du siècle dernier dans le trésor de St.-Martin, elles en
ont disparu pendant la grande tempête politique de 1789, et
jusqu'à ce jour les recherches actives des membres de l'administration de St.-Martin n'ont pu parvenir à les découvrir.

en 1505 (1), après un nouvel incendie, celui
des écuries et d'autres parties attenant à l'église, à
penser à sa reconstruction qui fut confiée au talent
de l'architecte Paul de Ryckel(2) qui avait construit
le temple jusqu'aux fenêtres (3), lorsqu'en 1542, ce
grand artiste de l'ancienne cité de Liége, périt as-
sassiné victime de la jalousie de ses confrères.

Ce crime odieux arrêta momentanément les travaux de construction de la belle basilique de St.-
Martin, qui ne fut achevée que quelques années plus
tard(4), sous la direction d'un autre architecte habile,

(1) Chronique de Jean de Los, publiée par M. de Ram.

(2) Il parait que l'église de St.-Paul fut également construite
par cet artiste.

(3) Perducta ante Martinianæ ædis structura ad fenestras
usque. Foullon. *Hist. Leod.*, lib. VII, cap. VII.

(4) Langius dans son *Recueil des Épitaphes du pays de Liége*,
dit que l'église de St.-Martin fut achevée de son temps, et que
le chanoine de Vinsbrock (Wisbrock) protonotaire apostolique,
contribua puissamment à son achèvement, *lequel*, dit-il, *ne
quitta d'avoir bástis plusieurs chapelles si n'i a-t-il pour to laissé
lieu en l'englise sans marquer sa pieuse et liberale devotion*,
or, comme Langius ne fut chanoine de St.-Lambert qu'en
1555, il est clair que ce n'est qu'après cette année que ce beau
temple fut achevé et non en 1542, comme l'ont prétendu à tort
presque tous nos écrivains modernes. Langius ajoute que de
son temps les collines de St.-Martin étaient des vignobles *qui
rapportent* dit-il *quantité de vins merveilleusement bons;* d'an-

dont l'histoire ne nous a pas conservé le nom, mais
qui eut le bon esprit de suivre religieusement le plan
de l'infortuné de Ryckel, pensée heureuse qui
donna à l'église de St.-Martin cette harmonie et cette
unité que nous admirons encore aujourd'hui et qui
prouvent mieux que tous les raisonnements que ce
temple est dû au génie d'un seul artiste.

La consécration de l'église eut lieu par l'évêque
suffragant de Liége ; depuis cette époque nous ne
la trouvons plus mentionnée dans l'histoire que pour
la splendeur et la magnificence de ses fêtes religieuses, dont nous avons essayé de donner une
idée, et qui furent à toutes les époques un des at-
tributs du chapitre de St.-Martin. Il a compté dans
son sein des hommes du plus grand mérite parmi
lesquels nous citerons : Jean de Lausanne, l'ami de
Julienne et d'Ève, Pierre de Viane, fils du comte
de Viane, le comte de Gaveren, le comte de Lie-
dekerke, le sire de Croenendael, Jean d'Attenhove,
de Gillis, suffragant de Liége, Arnold de Wach-
tendonck, notre savant diplomatiste, Jacques Urso,

---

ciens plans et de vieilles vues de Liége, viennent confirmer
cette assertion de Langius dont il reste des traces près de
la houillère de la Belle-Vue à St.-Laurent, où l'on cultive
encore aujourd'hui des vignobles.

historien renommé et protonotaire apostolique, et
enfin les frères de Hubens (1), fondateurs de la
confrérie de l'Adoration perpétuelle du St.-Sacre-
ment de l'Autel.

Le chapitre canonial de l'Eglise de St-Martin qui,
comme nous l'avons souvent répété, avait célébré
le premier dans le monde catholique et n'avait
cessé pendant cinq siècles et demi de rendre des
hommages solennels au Saint-Sacrement de l'Eucharistie fut supprimé en 1796 par les décrets de
la république française. L'Eglise catholique devint
un temple républicain, le temple de la JEUNESSE
où des adeptes égarés de ces temps de perturbation
firent entendre souvent une parole profane et sacrilège. C'est ainsi que fut sauvée du vandalisme
et de la hache révolutionnaire cette belle basilique
de St-Martin rendue au culte par monseigneur l'é-
vèque Zaepfell qui vint occuper le siége de Liége
après le concordat de 1801.

Depuis cette époque ce beau temple a vu chaque
jour des Liégeois fidèles à l'antique religion de

_____

(1) Les bornes restreintes de ce petit volume ne nous permettent pas de publier sur les hommes illustres du chapître
de St.-Martin, tous les détails que nous sommes parvenus à
recueillir.

leurs ancètres, prosternés aux pieds des tabernacles sacrés offrir au Saint-Sacrement des autels les hommages de l'adoration la plus fervente, d'une foi vive et brùlante. Cette année même, ces Liégeois fidèles vont y célébrer le sixième jubilé séculaire de l'institution de la Fète-Dieu, la grande fète par excellence de la vieille Cité de Liége.

CHAPITRE XV.

St.-Martin sous le point de vue architectural.

—

SES ANTIQUITÉS.

—

L'église St-Martin dont nous venons de rapporter la fondation et d'essayer d'esquisser l'histoire dans les chapitres précédents , est l'un des plus beaux et certainement le plus pur des monuments religieux de la cité de Liége , qui cependant possède plusieurs églises dignes de fixer l'attention des archéologues et des architectes.

L'illustre maréchal de Vauban qui , en fait d'architecture est une des autorités les plus respectables

que l'on puisse citer, a fait de l'église de St-Martin
l'éloge le plus complet et le plus mérité, et cette
appréciation, comme le dit Saumery (1), doit servir de règle aux curieux. Un témoignage plus moderne, mais tout aussi concluant pour nous est celui du savant M. Schayes qui dans son *Mémoire
sur l'architecture ogivale en Belgique*, considère
St-Martin comme l'une des plus belles églises de
Liége et en donne la description suivante :

« Cette vaste et magnifique basilique, la plus
belle église de Liége après celles de St-Paul et de
St-Jacques, a 250 pieds de longueur sur 70 de
largeur. Ses trois nefs sont soutenues par des colonnes octogonales, flanquées aux angles de demi-
colonnes cylindriques. Le triforium se compose
de deux rangs superposés de trèfles à lobes ar-
rondis. Les transepts, dont les extrémités sont per-
cées chacune d'une magnifique fenêtre de style
flamboyant, et les chapelles qui bordent les col-
latéraux de la nef sont ornés de panneaux trilobés
et cintrés. Les nefs ont des voûtes en tiers point ;
celles du chœur se ramifient en compartiments pris-
matiques. Ce dernier est privé de bas côtés, mais

(1) *Délices du pays de Liége*, tom. I, p. 122.

son étendue, son élévation et ses belles et longues
fenêtres lancéolées, ornées de vitraux peints , pro-
duisent un effet ravissant. L'extérieur de l'église
offre aussi un très-bel aspect par la régularité et la
noble simplicité de son architecture. Le chœur est
surtout remarquable par sa forme svelte et élancée
et par l'élégance et la justesse de ses proportions.
Il est couronné d'une balustrade ornée de quatre-
feuilles encadrées, et renforcé par des contreforts.
L'église St-Martin n'a qu'une entrée latérale ; à
la place où devait se trouver le grand portail s'é-
lève une tour carrée couverte d'un toit pyramidal
et surbaissé , bordé de balustrades. »

Cette description que nous avons textuellement
rapportée parce qu'elle indique parfaitement à
quelle époque de l'architecture ogivale appartient l'é-
glise de St-Martin, l'époque du style tertiaire, laisse
cependant pour nous, qui nous occupons spécialement de ce bel édifice, quelque chose à désirer
en ce qu'elle n'établit que les généralités architec-
turales du monument et néglige complètement les
détails de l'intérieur (1) qui , nous devons en faire

---

(1) Ces ornements datent de l'époque de Louis XV et font
disparate complète avec le style de l'église ; ils devront néces-

la remarque, ne s'harmonisent nullement avec le style ogival de l'église.

L'église de St-Martin qui selon les preuves que nous avons rapportées dans le chapitre précédent ne fut terminée que dans la seconde moitié du XVIᵉ siècle, était loin de présenter à cette époque l'aspect qu'elle a aujourd'hui, sa décoration intérieure laissait sous tous les rapports beaucoup à désirer et ce ne fut qu'à l'époque du Jubilé de 1746 que les chanoines plus riches et aidés de dons particuliers (1) se décidèrent enfin à orner leur église d'une manière plus digne et plus convenable à la fois, le Jubilé de 1746 fut donc pour l'église de St-Martin une époque de transformation complète.

Parmi les plus importants changements qui se firent alors nous devons citer l'ornementation du chœur ; le maître-autel, qui comme la plupart des autels de Liége était à grandes colonnes supportant un frontispice surmonté d'un crucifix et dont le milieu était occupé par un tableau qui s'est perdu

sairement disparaître lorsqu'on s'occupera de la restauration intérieure de l'édifice.

(1) On conserve dans les archives de la confrérie la liste des donateurs qui contribuèrent à la décoration de l'église par des dons particuliers.

depuis, fut remplacé par le bel autel romain que
nous voyons aujourd'hui ; cet autel dù au ciseau
d'un habile sculpteur liégeois Radino (1), est sans
contredit, l'un des plus remarquables de la cité de
Liége par ses belles proportions et sa noble élégance (2), ses quatre adorateurs prosternés au
pied du Saint-Sacrement qui se trouve dans un
trône immense terminé par un pelican, sont sup-
portés par un vaste soubassement, qui sert en
même temps de table d'autel, en marbre blanc,
terminé aux angles par d'immenses volutes sculp-
tées ; cet autel, auquel on parvient par trois mar-
ches de marbre noir, est d'une élévation de près de
10 mètres à partir de sa bâse et laisse apercevoir
dans toute leur intégrité, malgré cette grande hauteur, les belles fenêtres de l'abside qui sont ornées
de vitraux peints retraçant divers épisodes de la
vie de St-Martin, patron de l'église.

Le sanctuaire et les côtés de l'autel sont ornés

---

(1) Il existe encore à Liége des artistes de ce nom, sculpteurs habiles qui ont religieusement conservé dans leur famille l'héritage de talent que leur avait légué leur ancêtre.

(2) Le conseil de fabrique de l'église de St-Martin doit à la
munificence de monseigneur l'Evêque d'avoir pu faire redo-
rer ce bel autel pour le Jubilé de 1846.

de bas-reliefs représentant des sujets de l'ancienne loi.

Au côté de l'évangile de l'ancien autel se trouvait le tombeau d'Eracle, le fondateur de l'église, monument d'assez mauvais goût qui avait été construit des débris de celui qu'avait fait élever dans le XI° siècle, le doyen Robert, débris échappés au désastre de 1312, rassemblés dans les premières restaurations, puis enfin réédifiés en 1542; ce mausolée dont le centre était occupé par une statue couchée que l'on conserve encore, fut remplacé par celui qui existe aujourd'hui (1) sur lequel on lit l'inscription suivante :

D. O. S.

ERACLIO DUCIS POLENSIS FILIO (2)

E SAXONIÆ DUCIS FILIA

PATRIÆ HUJUS EPISCOPO HUJUSQUE ECCLESIÆ.

FUNDATORI NOBILISSIMO

IBIDEM SEPULTO

PONTIFICEM EGIT ANNO 960

OBIIT ADMINISTRATIONIS XII 6 KAL. 9bris.

Ce tombeau qui forme crédence est surmonté

---

(1) Ce tombeau érigé en 1746, a été visité le 13 mars 1845. Voyez le procès-verbal de cette visite à la fin du volume.

(2) Nous avons montré la fausseté de cette assertion à la page 165.

du portrait du prélat sculpté dans un médaillon
entouré de draperies. La crédence du côté de l'é-
pître absolument semblable pour la forme et les
proportions au mausolée d'Eracle porte une inscription destinée à rappeler la fête du Saint-Sacrement :

PANIS QUEM EGO DABO

CARO MEA EST

PRO MUNDI VITA.

Au dessus des stalles du chœur qui datent
également de l'époque de 1746 sont quatre
grands bas reliefs en stuc représentant différents
épisodes de la vie de St.-Martin et la vision d'E-
racle que nous avons rapportée plus haut ; ces
bas-reliefs, qui sont du sculpteur Franck (1),
sont surmontés d'immenses paysages (2), dans les-

---

(1) Et non par Delcour comme l'avance l'auteur du Guide
du Voyageur à Liége. Ces bas-reliefs remplacent une tapisserie en cuir bouilli qui formait autrefois la tenture du
chœur. Cette tapisserie couvre aujourd'hui les parois de la
salle du conseil de fabrique.

(2) Ces toiles, qui comptent parmi les plus grandes que la
ville de Liége possède, sont loin d'être sans mérite ; les sites
des paysages en sont très-heureusement choisis, les figures
qu'on y trouve sont du peintre Plumier, autre artiste Liégeois

quels l'auteur, le peintre Juppin , a su placer avec .
beaucoup de bonheur six des principaux faits de .
la vie de N. S. Jésus-Christ.

Le chœur , auquel on parvient par sept mar-
ches , est fermé par deux groupes représentant les
quatre docteurs de l'église , entourés de leurs attri-
buts portés par des génies. Ces figures de grandeur naturelle reposent sur deux piédestaux en
marbre en forme de stylobate contre lesquels viennent s'adosser les stalles. Le chœur était fermé autrefois par une espèce de jubé , en marbre , coupé
au milieu par une grille en bronze doré à double
battant , dans lequel deux niches ornées d'architecture d'ordre ionique, qui en rompaient la mono-
tonie , renfermaient les statues de la Ste.-Vierge et
de St.-Martin (1). Les parties principales de cette

qui s'était associé à Juppin. Celui-ci naquit à Namur en 1678
et mourut à Liége en 1729.

(1) V. les *Délices du pays de Liége* , Tom. I , p. 123. La statue de St.-Martin se trouve aujourd'hui dans l'un des deux
autels du transcept, d'architecture grecque, que l'administration a eu la malheureuse idée de faire construire il y a quelques années. Nous espérons , avec tous les gens de goût , que
cette administration qui répare aujourd'hui avec tant de soin
et une si rigoureuse vérité historique cette belle église de
St.-Martin fera disparaître bientôt une déplorable construction qui trouble l'harmonie de cette belle basilique.   .

\

clôture, qui fut remplacée par celle que nous
venons de décrire, ont servi à la construction de
l'élégant jubé actuel et du monument du Jubilé de
1746, orné de colonnes et de sculptures, du même
style, dont nous avons rapporté l'inscription plus
haut (1).

Aux deux nefs latérales sont adossées huit chapelles, quatre de chaque côté, dont une surtout est
remarquable par sa richesse et sa magnificence, la
chapelle du St.-Sacrement, qui fut restaurée
encore pour la solennisation du grand Jubilé de
1746, époque qui fut bien, comme nous l'avons
dit, celle de la transformation intérieure de l'église
de St.-Martin.

Cette chapelle, qui est située dans le fond de l'é-
glise, a été décrite avec beaucoup de détails par le
père Bertholet; voici à peu près comment cet auteur s'exprime (2) : La chapelle où se pratiquent les
principales cérémonies et l'adoration du St-Sacrement est carrée et percée d'un grand vitrail à l'occident. Son autel est de marbre blanc et le tableau

(1) Voyez p. 138.
(2) *Histoire de l'institution de la Fête-Dieu*, p. 136 et suiv.
de l'édit. de 1781.

principal représente la Sainte Eucharistie entourée
d'esprits bienheureux qui l'adorent (1). La Sainte-
Vierge la montre aux trois promotrices de la Fête-
Dieu, Julienne, Ève et Isabelle , qui font leurs
actes d'adoration ; les deux premières sont habil-
lées de noir, avec le voile des religieuses , Eve,
porte un habit gris , qui, sans doute, était celui
des récluses. Le fond du tableau représente le
chœur, des parties du transcept et des colonnes de
l'église St-Martin , l'autel enfin est surmonté et
terminé par le St-Esprit , sous la forme d'une
gloire, entouré de génies sacrés et d'adorateurs. A
la naissance de la voûte un médaillon orné de
sculptures dans le style Louis XV, qui est celui
de la chapelle entière , porte l'inscription suivante :

A° MDCCXLVI. Institutio

FESTI

SS. CORPORIS CHRISTI

CCCCC

EXORNABAT.

PROTO

SODALITAS.

---

(1) Ce tableau ainsi que les autres qui ornent la même chapelle sont du peintre Fisen.

Des bas-reliefs de marbre de Gènes, dus au ciseau de notre habile sculpteur Delcour, recouvrent
les côtés inférieurs de la chapelle depuis l'autel
jusqu'à la balustrade qui est également en marbre
blanc. Le premier de ces bas-reliefs du côté de l'é-
vangile représente les bienheureuses Julienne, Isabelle et Ève, adorant la Sainte Eucharistie ; le second une multitude d'anges qui chantent la gloire
et les louanges de l'agneau immolé ; le troisième
contient la manne qui tomba dans le désert, le
sacrifice de l'agneau pascal et les pains de proposition ; le quatrième les Israëlites rapportant de la
terre promise les grappes de raisin qui en prou-
vaient la fertilité ; le cinquième représente l'incarnation du verbe figurée par un enfant qui dort sur
une croix et sur le globe du monde, le sixième
enfin nous offre la cène ou l'institution de l'adorable Sacrement de l'Eucharistie.

Les bas reliefs du côté de l'épître représentent
1° Jésus-Christ mourant sur la croix pour le salut
des hommes. 2° Jésus-Christ triomphant des hérétiques qui ont combattu la présence réelle et qui
sont terrassés aux pieds de la Sainte Eucharistie.
3° Le sacrifice des autels. 4° Jésus-Christ adoré
dans le Sacrement de l'Eucharistie par les papes,
les empereurs et les rois qui déposent à ses pieds

leurs sceptres et leurs couronnes. 5° Le viatique porté aux malades, enfin la Sainte-Trinité, adorée de toutes les puissances de la terre (1).

Au bas de ces médaillons sont gravés sur des cartouches de marbre blanc des passages des litanies du St-Sacrement qui servent d'explication aux sujets sculptés ; enfin aux deux côtes mêmes de l'autel sont deux médaillons, de même grandeur que ceux que nous venons de décrire, renfermant des armoiries, celles du principal donateur de la chapelle, en dessous desquelles on lit l'inscription suivante.

Reverendus admodum, per illustris ac generosus
D. Constantinus Warnerus Baro de Gymnich,
insignis hujus ecclesiæ prepositus, cathedralium
Leodiensis et Hildesiencis canonicus, singulari
erga sanctissimum sacramentum accensus zelo,
omnes de tempore suo præposituræ proventus in
hujus sancti sacelli decorationem consecravit.

Cette chapelle déjà si riche est ornée encore de

---

(1) Au bas de ce dernier-bas relief on lit : JOES DELCOUR SCULPEBAT. Jean Delcour, le meilleur et le plus célèbre des sculpteurs Liégeois, naquit à Hamoir, vers le milieu du XVII° siècle et mourut à Liége, le 4 avril 1707. ».

huit tableaux d'assez grande dimension représentant différents sujets de l'ancien Testament tel que le prophète Élie , le pain cuit sous la cendre , le grand prêtre Aaron , Achimelech qui donne les pains de proposition à David , le sacrifice d'Isaac , la manducation de l'agneau pascal , la manne que Dieu , à la prière de Moïse, avait fait tomber dans le désert pour la nourriture des Israélites ; ces tableaux (1) qui sont dus à la munificence de la famille de Méan , sont placés immédiatement au-dessus du vaste lambris de marbre dans lequel sont enchassés les bas-reliefs dont nous venons de parler ; ils reposent sur une espèce de socle de marbre blanc sur lequel on lit.

SACRAMENTUM. angrma. MARE SANCTUM.

O sacramentum mare sanctum mergar in illo. Ah sancto hoc peream totus amore mari. Illotus nemo nisi perire velit accedere audeat ad esum agni. Ecce agnus Dei ecce qui tollit peccata mundi.

Parmi les autres donateurs qui contribuèrent

---

(1) Ces tableaux sont du peintre liégeois Fisen , auquel on doit plusieurs bons ouvrages.

encore à l'embellissement de la chapelle du St-Sacrement nous ne pouvons passer sous silence Geor-
ges Berwots de Hougarde et surtout Jean Wisbroch qui employa une grande partie de son riche
patrimoine à la construction de l'église actuelle de
St.-Martin. Ce chanoine qui doit être regardé
comme le fondateur de ce beau monument a été
enterré dans l'église même, à la construction de
laquelle il avait si puissamment contribué, et son
épitaphe se lit encore sur le premier pilier à
gauche (1) :

D. ET M. JOANNES VISBROCUS RUSLETANUS,
HUIUS ECCLESIÆ CANONICUS VIVENS SIBI POSUIT ANNO
1576 AET. VERO 63 OBIIT 17 APRILIS 1590.

(1) Cette épitaphe vient encore à l'appui de l'assertion que
nous avons avancée plus haut que l'église de St.-Martin n'a
été achevée que dans la seconde moitié du XVIe siècle, car il
est très-vraisemblable que le chanoine Jean Wisbroch aura
fait placer ce mausolée anticipé immédiatement après l'achèvement de l'édifice. Il existe à St.-Martin un autre monument de la libéralité du chanoine de Wisbroch, c'est un autel
en pierre blanche sculptée, démoli aujourd'hui, représentant
une Assomption et deux épisodes de la vie de St-Martin, qui
revèlent le faire d'un grand artiste; au bas des parties de cet
autel, qui nous semble appartenir aux premières années de
la renaissance, nous sommes parvenus à lire l'inscription suivante :

En face de la chapelle du Saint-Sacrement est
celle des fonds baptismaux, construite dans le
même plan que celle-ci ; cette chapelle est ornée
également d'un bel autel en marbre blanc dans lequel se trouve un bon tableau du peintre Latour (1)
représentant St-Jean Nepomucène, chanoine de
Prague, martyr du secret de la confession ; ainsi
par un ingénieux rapprochement les deux Sacre-
ments de l'église qui sont le plus intimement liés

Assumptioni virginis matris.
Jos. Visbrocus hujus ecclesiæ canonicus posuit
anno Christi 1578 ætatis suæ 67.
Dona aris Visbroce locas tua congerit alter
Oblivionis nec probis heredibus.

Les débris de cet autel sont conservés dans la cripte dont
nous parlerons tantôt.

(1) Le tableau de Latour représente St.-Jean Nepomucène
au moment où l'empereur Wenceslas, qui avait conçu d'injustes soupçons sur la conduite de sa femme, veut forcer le saint
confesseur à lui révéler la confession de l'impératrice Jeanne
qu'il vient d'entendre au tribunal de la pénitence. Ce tableau
de mérite, dans le fond duquel le peintre a eu l'heureuse idée
de placer l'impératrice agenouillée à la Table Sainte, est le
meilleur que possède l'église de St.-Martin. Cette chapelle
renferme un autre tableau, malheureusement assez mauvais,
représentant la vision d'Isabelle de Huy, qui, comme nous
l'avons dit, eut lieu dans l'église même de St.-Martin.

celui qui nous remet les péchés après le baptême
et celui qui nous donne la grâce sont parallèlement
placés, dans le but, on n'en peut douter, de rappeler aux chrétiens, dit le Père Bertholet, que
c'est à eux qu'ils doivent recourir dans leurs néces-
sités comme à deux sources infaillibles de bénédictions célestes.

Les autres chapelles de l'église n'ont rien de remarquable, si ce n'est celle où l'on admire une
ascension sculptée par le peintre Latour et celle qui
est en face où se trouve le Christ en croix, et qui
était autrefois l'entrée (1) principale de l'église,
ainsi que l'indiquent deux contreforts dans le style
de la renaissance qui existent encore à l'extérieur
du temple.

L'église de St-Martin a conservé une cripte assez
curieuse dont le style est moins ancien que celui de
l'église, cette chapelle souterraine assez vaste, renferme un monument funéraire en marbre qui,
quoique dépouillé de ses ornemens de bronze est
cependant fort remarquable encore ; c'est une espèce
de sarcophage sur lequel se trouve une statue cou-

---

(1) En 1746, les chanoines ont transféré l'entrée où elle se
trouve actuellement afin de dégager les abords de l'autel du
St.-Sacrement.

chée de grandeur naturelle, représentant le seigneur
de Gavre dont la dépouille mortelle est contenue
dans le tombeau ; autour du sarcophage on lit :

DNS CONRARDUS A GAVRE D. TEMPORALIS DE HEET-
TELT , ELSLOE , DIEPENBEECK , TERRAE DE ROEDE , S.
AGATHAE , HAMAL , PEER , ETC.

Sur le pilier, au pied du tombeau , se trouve un
très beau bas-relief encadré , représentant le Christ
en croix , au bas duquel on lit :

D. O. M.

Rᵈᵘˢ. NOBILIS GENEROSUS DNS. D.
CONRARDUS A GAVRE, STORUM LAMBERTI
ET MARTINI LEODIENSIS PREPOSITUS
HOC MONUMENTUM VIVENS SIBI
EXTRUXIT OBYT ANNO DNI 1602.
DIE DECEMBRIS VIGESIMA NONA.

En dessous de cette épitaphe sont les armoiries
de la famille de Gavre. Le pourtour du tombeau
contient également les armoiries des localités dont
le prévot de Gavre était Seigneur.

Telle est aujourd'hui encore cette sévère et magnifique église de St. Martin que l'on s'occupe enfin de restaurer (1) et de sauver des ravages du

(1) Depuis quelques années déjà on s'occupe de la restauration de l'église de St-Martin. Ces travaux, dont la direction est

temps qui depuis un demi siècle y a porté les plus
graves atteintes, mais de son trésor autrefois si
riche et si somptueux il ne reste plus rien ; les
reliquaires d'or et d'argent qui contenaient les parties du chef et de l'étole de St-Martin, celui d'i-
voire sculpté qui renfermait un fragment de son
suaire, le beau dyptique romain dont parle Langius
et qui existait encore à la fin de 1780 sont dispa-
rus, enlevés par la rapacité des révolutionnaires et
par l'avidité des armées françaises ; de toutes ces

confiée à M. Charles Delsaux, architecte de la province, au
talent duquel nous nous plaisons ici à rendre hommage, sont
déjà assez avancés; la partie nord-ouest du transcept est re-
construite à neuf, ainsi que celle du grand vaisseau de l'é-
glise donnant du même côté; des contreforts partant du sol
et s'élevant jusqu'au faîte de l'église ont été complètement
refaits et couronnés d'élégants pinacles de 5., m. 40 c. d'é-
lévation à partir de la naissance du toit; le chœur où l'on a commencé également les restaurations a un de ses contreforts complètement reconstruit, surmonté aussi de son pinacle; enfin le
soubassement du pourtour de l'abside est restauré ainsi que le
reste de l'église en bonnes pierres granitiques des bords de
l'Ourthe. Tous ces travaux dans lesquels on a rigoureusement
observé le style de l'époque à laquelle le monument appartient s'harmonisent parfaitement avec l'édifice et font bien
augurer de la restauration de St-Martin qui jusqu'à présent a été
conduite par M. Delsaux et les membres du conseil de fabrique
avec autant d'intelligence que de goût.

richesses artistiques il n'existe plus à St-Martin
qu'un seul monument digne d'attirer l'attention
des archéologues et des antiquaires , mais qui ne
pouvait exciter la sordide avarice des libérateurs
de 1789. Ce monument est un devant d'autel de
96 centimètres de hauteur sur 3 mètres 47 centimètres de longueur. La partie supérieure de ce devant d'autel est une guimpe de 17 $^1/_2$ centimètres
de hauteur, dont nous donnons le dessin réduit à
un peu plus du cinquième de sa grandeur, elle est
supportée par des personnages superposés , placés
dans des espèces de trônes, dont le costume appartient à l'époque du duc de Bourgogne , Philippe-le-
Bon ; dans le fond de ce devant d'autel , qui est
de velours rouge à dessins d'une grande pureté ,
se trouvent deux médaillons tissés d'or et de soie,
représentant une Ascension et une Assomption, qui
nous paraissent avoir été cousus sur le velours
dans le siècle dernier. La guimpe , dont nous venons de parler, est, pensons-nous, le seul monument de ce genre que possède la Belgique, au
moins n'en connaissons nous aucun autre semblable ; elle représente la vie de St-Martin , patron de
l'église , et la vision d'Éracle (1). Ce monument

(1) Voyez le chapitre XIII , p. 169. Le sculpteur Franck s'est

précieux de l'art au moyen âge nous paraît appartenir à la seconde moitié du XIII° ou au commencement du XIV° siècle ; en effet, les costumes des chevaliers, les habits sacerdotaux, l'auréole du saint, la pose des personnages, les arcades tribolées, la naïveté enfin et le style du dessin tout concourt à nous faire assigner pour date à cette curieuse tapisserie, l'époque de 1250 à 1330.

Aux côtés de cette précieuse relique artistique, on lit sur deux cartouches modernes : Ex dono Eraclii Leodiensis episcopi ; cette inscription ne peut certes pas être prise comme la date de la tapisserie, mais nous pensons qu'on doit la considérer comme un témoignage de sa haute antiquité; car, selon nous, elle y a été placée par les chanoines de St-Martin, qui ne sachant à quelle époque rapporter ce monument, mais certains cependant qu'il appartenait à des temps très-anciens, l'auront attribué à la générosité de leur fondateur Éracle, dont il retrace la vision ; mais cette date est impossible, car, ainsi que nous venons de le dire, tous les caractères de ce curieux tissu se rapportent aux premières années du XIV° siècle.

---

servi de cette légende naïve comme idée première pour la composition des grands bas-reliefs du chœur.

Cette tapisserie, dans laquelle la représentation de chaque légende est séparée par des arbres ou des constructions de style byzantin de transition, commence par un ange servant d'ornement ; cet ange , d'un dessin fort bien senti, joue du violon, et semble exprimer par là toute la joie qu'il éprouve de raconter la légende du grand évêque de Tours. Le premier épisode ([1]) que nous rencontrons est le trait de charité chrétienne qui se passa à la porte de la ville d'Amiens [1] où St-Martin, arrivant par un temps rude et froid, partagea son manteau avec un pauvre nu et tremblant ; St-Martin , servait à cette époque dans la cavalerie de l'empereur Constance et n'était encore que catéchumène , le seigneur qui le regarde dans un coin lui apparut en

_____

. ([1]) St.-Martin naquit en Pannonie (Hongrie) vers l'an 316 , il fut élevé à Pavie ; quoique sa famille suivit les erreurs du paganisme il embrassa de bonne heure la foi chrétienne , et se fit inscrire, à l'âge de 10 ans, au nombre de catéchumènes. A quinze ans il entra au service militaire qu'il quitta à 38 pour se consacrer à Dieu. Voyez pour tous les détails de la biographie de St.-Martin , l'*Année chrétienne* du père Croiset, Toulouse, 1812, vol. XI p. 215 et suiv. qui nous a servi pour l'explication de la curieuse tapisserie dont nous offrons la gravure. Les chiffres placés dans le texte indiquent les chiffres correspondants placés dans la gravure.

songe la nuit suivante en disant aux anges qui l'environnaient. « Martin qui n'est encore que catéchumène m'a revêtu de cet habit. » Cette vision redoubla son zèle , et bientôt après il quitta le service de l'empereur, pour se consacrer entièrement à celui de Dieu. Plus loin il reçoit le baptême 2 et va trouver St-Hilaire , évêque de Poitiers , dont il avait entendu parler pour apprendre d'un si grand maître les maximes de la vie intérieure et en recevoir plus tard le manipule..

Nous le voyons ensuite ressusciter un catéchumène mort sans avoir reçu le baptême ; puis, tiré de son monastère 5 sous le prétexte de la visite d'un malade, les députés de Tours l'enlèvent sans écouter ses remontrances et le font Evêque de cette ville ; il dit la messe 6 et à l'élévation de l'hostie sainte un ange la prend des mains de St.-Martin ; retourné dans sa patrie, il y convertit sa mère 7 à la foi chrétienne, tandis que son père reste livré aux erreurs du paganisme. Les deux épisodes suivants représentent le miracle de l'arbre 8 et celui de la résurrection du fils unique 9 d'une pauvre femme des environs de Chartres. Il visite l'empereur Valentinien 10 (1).

_____

(1) Cette partie de la tapisserie a beaucoup souffert, nous n'avons pu qu'en indiquer quelques formes vagues. Cette

Puis l'empereur Maxime à Trèves [11] ou l'impératrice ne veut confier qu'à elle-même l'honneur
de le servir [12] et meurt enfin au milieu de ses
disciples qui, entourent son lit mortuaire [13] en
versant des larmes; dans le ciel on voit d'un côté
son âme qui entre dans les régions bienheureuses et
de l'autre le diable qui s'enfuit; à sa mort il apparut à St.-Ambroise à Milan [14] et à St.-Séverin
à Cologne. On lui fit de magnifiques funérailles;
mais à l'arrivée des Normands on transporta son
corps précieux à Auxerre [15] qui ne fut rapporté
à Tours que 21 ans après [16]. Il apparait avec
St.-Brice à Éracle, évêque de Liége qui était allé
implorer son secours [17] et enfin ce dernier fait
bâtir une église [18] en son honneur, l'église de
St.-Martin de Liége. Un second ange termine le
tapisserie, il tient un encensoir à la main en signe
d'actions de grâces; cet ange comme le premier
est fait dans un sentiment exquis (1) ainsi que toute
la légende que nous venons de rapporter et qui

---

partie est la place qu'occupe le prêtre pendant la célébration du sacrifice divin et a dû nécessairement souffrir du frot-
tement continuel auquel elle était exposée.

(1) L'auteur de ce petit volume se propose de publier bientôt un travail complet sur cette précieuse tapisserie.

comme nous l'avons dit est le monument le plus
curieux de ce genre que possède la Belgique.

La confrérie du St.-Sacrement possède encore
dans ses archives des exemplaires des mereaux
qu'elle distribuait autrefois aux pauvres à chaque
solennité ; ces mereaux représentaient la valeur
d'un pain (1) ; elle possède également le sceau (2)

---

(1) Voici d'après l'ouvrage de M. de Renesse, *Histoire nu-
mismatique de l'évéché de Liége*, la description de ces mereaux que nous représentons en grandeur naturelle :

1. A. *Laudatur sanctissimum Sacramentum.* Le Saint-Sacrement dans une remontrance couronnée. R. *Ecce Agnus Dei.*
L'agneau debout tenant la bannière avec la croix. Exergue
1714.

2. A. *Laudetur SS. Sacramentum.* Le St.-Sacrement dans
une remontrance. R. *Memoriale divinis amoris.* Un pelican
avec ses petits dans son nid.

3. A. Le même que le précédent. R Dans le champ *Beati qui
audiunt Verbum Dei.*

4. A. *Hostia sancta.* Un grand calice au haut duquel la sainte
hostie entourée de rayons. R. Dans le champ en quatre lignes.
Juge sacrificium S. M. En haut une rosette. (V. la planche
placée à la p. 140).

—

(2) Ce sceau en bronze, gravé en creux à 5 cm de diamètre
et 15 c. de circonférence, il représente un ostensoir avec
l'hostie SAINTE dont le pied est entouré d'anges et de nuages
au-dessus se trouve la legende : ADOR. PERP. SIGIL. *(adorationis
perpetuæ sigillum).* V. la planche placée à la p. 140.

en bronze de l'association de l'Adoration perpétuelle que M. Capitaine, amateur distingué et collecteur intrépide d'antiquités liégeoises, vient généreusement de lui restituer.

Telles sont les antiquités que possède encore le trésor appauvri de l'église de St.-Martin ; mais ce qu'on n'a pu lui enlever, ce sont ses souvenirs historiques et religieux qui, certainement, sont sa plus grande richesse, c'est la gloire d'avoir la première solemnisé la fête auguste du Très-St-Sacrement des autels dont elle va célébrer le sixième jubilé séculaire avec une pompe et magnificence dignes de la foi antique des Liégeois à laquelle les populations modernes veulent inviolablement rester fidèles.

—◆◆◆◆—

APPENDICE

Exposition de l'ancienne liturgie de la Fête-Dieu et particulièrement de celle qu'on observait autrefois dans la collégiale de St.-Martin.

L'office du Saint-Sacrement composé, disent les Bollandistes, non sans une espèce de prodige par un jeune et simple clerc, jugé par les personnes les plus instruites et les théologiens les plus érudits comme étant plutôt le résultat de l'inspiration de l'Esprit-Saint que l'œuvre de Jean de Cornillon, mérite sous tous les rapports de fixer et d'attirer l'attention des écrivains liégeois qui, depuis quelque temps, recherchent avec tant d'activité et de persévérance nos anciens monuments historiques. Guidés par cette pensée, nous avons dirigé nos investigations de ce côté et nous avons été assez heureux pour retrouver quelques fragments de cette vieille liturgie liégeoise. Le sujet nous a paru si in-

téressant en lui-même et se lie d'ailleurs si intimement aux faits que nous avons essayé de retracer
dans cet opuscule qu'on voudra bien nous pardonner
d'entrer à cet égard dans quelques détails.

Le père Jacob Tyrille, recteur de l'ancien collége
des Jésuites anglais, théologien célèbre, recherchant avec empressement tout ce qui se rapportait à
l'ancienne liturgie liégeoise, fouilla vainement dans
le XVII⁰ siècle, les archives du chapitre de St.-Mar-
tin où l'on prétendait que non-seulement on conservait cet office mais aussi qu'on l'y célébrait ; les
anciens livres de la collégiale avaient été dis-
persés ou perdus (1) et personne ne se souvenait
que les chanoines de St.-Martin eussent chanté un
autre office que celui du bréviaire romain sur lequel
celui de Liége fut reformé d'abord en 1509, puis une
seconde fois encore un siècle plus tard. Cependant
le précieux office n'était pas perdu entièrement ; un
ami éclairé des antiquités liégeoises conservait
un *ancien antiphonaire* de St.-Martin qui contenait
les hymnes propres du *Vénérable* (Venerabilis) à
complies, à prime et aux autres petites heures ; il
contenait également les antiennes du *Magnificat*
et du *Benedictus* pour la férie VI, le samedi , le dimanche, les féries II, III, IV de l'octave. Cet an-

---

(1) Chapeauville qui écrivait en 1613, dit qu'on conservait
l'office du Saint-Sacrement composé par le clerc Jean dans
plusieurs églises , entr'autres à St.-Martin et à St.-Jean-Bap-
tiste; il existait donc encore à cette époque.

tiphonaire, disent les Bollandistes (1) qui nous
fournissent ces précieux renseignements, était précisément celui que le savant Chapeauville indique
comme ayant été corrigé par Sainte-Julienne elle-
même.

D'autres recherches ont fait découvrir un très-
ancien directoire pour toutes les fêtes de l'année
que l'on célébrait dans l'ancienne collégiale de
St.-Martin, dans lequel on lit en latin ces mots que
nous traduisons : *Tout l'office de la nouvelle solennité de la Sacrée Eucharistie, double aux premières
vêpres, l'antienne Sacerdos, puis le psaume Dixit
Dominus, avec alleluia.* Les autres antiennes sont
semblables à celles du bréviaire romain ; on ajoute
seulement à chacune l'*Alleluia.* L'hymne *Pange lingua*, le capitule *Dominus Jesus in quâ nocte trade-
batur*, jusqu'au mot *tradetur*, le répons *Homo quidam*, le verset *Venite* et ainsi les mêmes capitule,
verset et répons se trouvent non-seulement dans
les bréviaires à l'usage de Liége, où ces trois
choses se récitaient après les hymnes, mais encore
à l'usage des PP. Dominicains où elles précèdent
l'hymne. Les anciens bréviaires romains ont aussi
le même capitule, mais sans repons, ceux-ci étant
contre l'usage introduit depuis dans l'office romain.
Le même directoire donne ensuite le verset *Panem
de cœlo*, l'antienne à Magnificat *O quam suavis*, la
collecte *Da nobis quæsumus*, autre que celle qui se

_____

(1) V. Acta Sanctorum.

trouve à Laudes et cela d'après l'ancien usage de Liége où presque toujours on avait coutume dans les principales fêtes de l'année et dans certains offices, d'avoir aux premières et aux secondes vêpres des collectes différentes de celles de laudes et des petites heures. Le directoire parle ensuite de quelques suffrages.

A Complies l'hymne *Christus vere noster cibus*, comme on le chantait à l'office liégeois *Christus noster vere cibus*. Le capitule *Per homines*, le verset *Posuit dominus fines tuos*, l'antienne *Reple domine*, la collecte *Visita quæsumus domine* se récitaient tous les jours de l'octave.

A matines l'invitatoire *Christum regem* n'est pas suivi d'une hymne, parce qu'il n'était pas d'usage dans le diocèse d'en réciter. Au premier nocture, *Fructum salutiferum*, le psaume *Beatus vir* avec *alleluia*, le premier verset *Panem cœli*, le second *Cibavit nos* de plus qu'à l'office romain. Viennent ensuite les six leçons de la légende du St.-Sacrement qui se trouvent dans un ancien volume de St.-Martin (1), elles commençaient au fol. 266 par les mots *Immensa divinæ largitatis beneficia* et finissaient à la page suivante par ceux de *Immolabit cum alleluia; Caro mea vere est cibus*. Nous remarquerons ici que des premiers mots de la première antienne, des psaumes et des leçons donnés on

---

(1) Ce volume n'existe plus dans les archives de St.-Martin. Mais nous reviendrons plus bas sur cette légende.

peut conjecturer que les autres antiennes , psaumes et répons des matines ont été les mêmes dans l'origine que ceux qui se lisent dans le bréviaire liégeois ; il en est de même à laudes quant aux psaumes et aux antiennes jusqu'à l'hymne , comme le dit cet ancien directoire , *In laudibus antiphona sapientia cum alleluia* ensuite les vêpres comme à l'usage romain , l'hymne *Verbum supernum*, le capitule *Habemus altare,* l'ancien bréviaire romain ayant le même capitule que celui des vêpres *Fratres , ego enim accipi.* Ce début a constamment été celui de l'usage de Liége qui aux premières vêpres, à laudes, à tierce , aux secondes vêpres , a varié les capitules contrairement à l'usage romain.

Le verset *Posuit dominus fines nos pacem* l'antienne *ego sum panis vivus ,* la collecte *Deus qui nobis* sont encore semblables à l'usage romain , mais à prime , il existe des différences que nous rapporterons plus bas.

Les Bollandistes qui nous ont fourni la plupart de ces détails, remarquent qu'à St.-Martin , à la différence des autres églises, on chantait des hymnes particulières aux petites heures, qu'il en était de même des antiennes dont le vieux directoire dont nous nous occupons ne donne que les intonations. Quant aux hymnes particulières des petites heures, nous croyons qu'elles étaient un des caractères distinctifs de l'ancien usage de Liége et nous voyons, en effet, qu'à l'office de Noël, de l'Epiphanie et de la Purification , le bréviaire liégeois , avait conservé des hymnes particulières qui se récitaient pendant l'octave entière de ces fêtes.

Mais revenons à l'office du Saint-Sacrement dont ces réflexions nous ont quelque peu éloigné. A prime, l'antienne *Cœlestis artifex*, à tierce l'hymne *Sacro tecta*, l'antienne *Christus enim;* établissent des différences entre le rite romain et celui de Liége ainsi qu'au capitule *Calix benedictionis* au répons *panem cœli*, au verset *Cibavit*, à la collecte *Deus qui ecclesiæ*, et ceci n'est pas extraordinaire car non-seulement l'ancien Bréviaire de Liége mais encore le nouveau, qui ne fut pas abrégé comme le bréviaire romain, avait conservé l'usage de varier les capitules et les collectes à toutes les heures, non-seulement à toutes les grandes fêtes de l'année mais aussi les dimanches de l'année et même à quelques fêtes de Saints.

A la messe, l'introït *Cibavit nos* y est indiqué et le reste est dans les mêmes formes que dans le Missel romain, mais avec cette différence que dans le *Missale Leodiense*, imprimé en 1552, il se rencontre pour la Septuagésime et le Carême un autre introït, savoir : *Ego sum panis vivus,* le verset *Panis enim vere est qui de cœlo descendit et da vitam mundo* enfin le trait : *Laudate dominum omnes gentes.* On récitait à eette messe la prose suivante (1) qui se répétait tous les jours de l'octave :

Laureata plebs fidelis Sacramento Christi carnis lauda Deum
glorie ;

---

(1) Nous avons découvert cette prose, inconnue aux Bollandistes et à Langius qui nous ont spécialement servi pour la rédaction de cet appendice, dans un ancien manuscrit ayant appartenu à la maison de Cornillon, conservé aujourd'hui aux archives des Hospices civils de Liége.

Nam cum regnans sit in celis cum effectu sue mortis se pre-
bet quotidie,
Ut precium pro peccatis fiat virtus passionis et augmentum
gratie.
Missa confert ista, nobis, ergo digne sit solemnis misse cul-
tus hodie.
Hoc signavit vite lignum Melchisedech panem vihum; ut pla-
caret trinum unum offerens altissimo.
Hic quoque pinguis cibus delicias dans regibus, nam regalis
est hic cibus pane sacratissimo.
Ut hoc quidem designavit agnus sine macula quem edendum
immolavit quondam lex mosaïca.
Agnus legis jam cessavit, supervenit gratia Christi Sanguis
dum manavit mundi tollens crimina.
Caro cujus tam serena nobis esca sit et amena fidei misterio
Quam proinde manna Celi figuravit Israeli nobili presagio.
Esca fuit temporalis in deserto datum manna, Christus panis
est perennis dans eterna gaudia.
Hic est panis salutaris per quem datur nobis vita, hic est Calix
specialis cujus potus gratia.
Hic est esus pauperum nullum querens precium, mentibus
fidelium pacis prebens copiam.
O Dulce Convivium supernorum civium in terris viaticum
nos ducens ad patriam.
Vite via lux perennis satians refectio, Christe confer vitam
nobis hoc sacro convivio ;
Ut eterno cum supernis perfruamur gaudio, quod ostendet
Deitatis manifesta visio.
Vive panis, vivax unda, vera vitis et fecunda vite da salubria,
Sic nos pasce, sic nos munda, ut a morte nos secunda tua
salvet gratia ;
Nam effectus tue mortis nos emundat a peccatis per misse
misteria.
Summe templum Trinitatis, sempiternam confer nobis gloriam
in patria.
Jesus decus angelorum, spoliator infernorum, humili victoria
Honor celi, lux sanctorum, salus mundi, fons bonorum,
tibi laus et gloria Amen.

A sexte cet antiphonaire indique l'hymne *Splendor*, l'antienne *Illa nobis*, le capitule *Habemus*, le répons *Cibavit*, le verset *Educas*, la collecte *Cœlesti luce*. Après sexte, tous les ministres de l'autel demeuraient habillés comme à la messe, les chanoines et les chapelains, revêtus de chapes, le chantre entonnait alors le répons *Homo quidam* avec l'*alleluia* et la procession se mettait en marche. La croix de St.-Martin ouvrait la marche, elle était suivie de celle de Saint-Remacle en Mont, puis venaient les écoliers de la collégiale, les chapelains, les chanoines ensuite huit chapelains portant des reliques devant lesquelles étaient huit torches allumées, le doyen portant le Saint-Sacrement suivait, il avait à ses côtés le diacre et le sous-diacre, il marchait sous un dais ou un baldaquin devant lequel se trouvaient deux thuriféraires ; cette procession ainsi rangée sortait par la grande porte de l'église, allait jusqu'à celle de St.-Remacle et à l'endroit appelé la petite épine *sub spineto* elle descendait par la ruelle (1) à St.-Severin, atteignait la rue St.-Hubert puis remontait la rue Saint-Martin. On chantait le répons que nous venons de rapporter ainsi que l'hymne jusqu'aux mots *Verbum caro panem verum* que l'on commençait à la rentrée dans l'église ; la procession entière étant rentrée, le chantre commençait l'antienne *O sacrum Convivium*, puis le répons *Misit me vivens pater, et ego vivo propter patrem. At qui manducat me vivet propter me* ; le verset *Cibavit*

---

(1) On doit entendre ici par la ruelle les degrés des Tisserands.

tum dominus pane vitæ et intellectus était chanté par les chanoines, et l'on finissait la cérémonie par le chant des antiennes et des collectes de Ste.-Marie et de St.-Martin. Après diner il y avait sermon.

A nones l'hymne *Æterna cœli*, le capitule *Quotiescumque*, le répons *Educas panem*, le verset *Posuit Dominus*, la collecte *Deus qui fidelium;* aux vêpres l'antienne *Sacramentum* avec les psaumes comme aux premières vêpres, ce qui prouve qu'il y avait pour les secondes vêpres des antiennes différentes de celles que l'on chantait à laudes, antiennes dont on doit vivement regretter la perte, l'hymne *Pange lingua*, le capitule *Quoties*, le répons *Misit me*, le verset *Panem de cœlo*, l'antienne *O Sacrum convivium*, la collecte *Qui Deus gloriosum* et enfin les complies comme nous les avons déjà indiquées.

Le lendemain de la fête du St -Sacrement et pendant toute l'octave l'office se faisait comme le jour même : trois leçons de la légende et trois répons, aux laudes et au *benedictus* on chantait *Animarum cibus*, ce qui a fait croire à Chapeauville que c'était à ces mots que l'office commençait.

Le *directorium* dont nous nous occupons n'ajoute rien de plus ; ce que l'on trouve ensuite se rapporte à l'ordre à observer pour la célébration de l'office du dimanche de l'octave, on y prescrit six leçons du Saint-Sacrement, dont trois sur l'évangile du dimanche.

Le vieil antiphonaire dont nous avons parlé au commencement de cet note, complète le *Directorium* dont nous avons essayé de donner la description. Voici d'abord les Antiennes des *Benedictus* et des *Magnificat* qui en sont extraites textuellement.

« VI feria ad BEN : Animarum cibus Dei sapientia, nobis
» carnem assumptam proposuit in edulium ; ut per cibum
» hujus pietatis invitaret ad gustum divinitatis. Ad. MAGN. Dis-
» cipulis competentem conscribens hereditatem, sui memo-
» riam commendavit inquiens : hoc facite in mei commemo-
» rationem.

« Sabbato ad BEN : Totum Christus se nobis exhibet in ci-
» bum, ut sicut divinitùs nos reficit, quem corde gustamus;
» ita nos humanitùs reficiat, quem ore manducamus. Ad
» MAGN. Et sic de visibilibus ad invisibilia, de temporalibus
» ad æterna, de terrenis ad cœlestia, de humanis ad divina
» nos transferat.

« Dominica ad BEN. Panem angelorum manducavit homo ;
» ut qui secundum animum cibum divinitatis accipimus, se-
» cundum carnem cibum humanitatis sumamus : quia sicut
» anima rationalis et caro unus est homo, ita Deus et homo
» unus est Christus. Ad MAGN. Panis vitæ, panis angelorum,
» Jesu Christe vera mundi vita : qui semper nos reficis, in te
» numquam deficis, nos ab omni sana languore, ut te nostro
» viatico in terra recreati, te ore plenissimo manducemus in
» æternum.

« II feria. ad BEN : Suo Christus sanguine nos lavat quotidie,
» cum ejus beatæ passionis quotidiè memoria renovatur. Ad
» MAGN. Sanguis ejus non infidelium manibus ad ipsorum per-
» niciem funditur; sed quotidie fidelium suavi ore sumitur ad
» salutem.

« III feria ad BEN. Verus Deus, verus homo semel in cruce
» pependit, se patri redemptionis hostiam efficacem offerens :
» semper tamen invisibiliter est in mysterio, non passus sed
» quasi pati repræsentatus. Ad MAGN. Dominus Jesus Christus
» sine vulnere quotidie sacrificatus mortalibus, in terra præs-
» titit cælesti fungi ministerio.

« IV feria ad BEN. Hæc igitur singularis victima Christi
» mortis est recordatio, scelerum nostrorum expurgatio, cunc-
» torum fidelium devotio, et æternæ vitæ adeptio.

Cet antiphonaire ne dit rien des vêpres, parce que
selon le rite des octaves, cet office et celui du lendemain sont les mêmes que les premières vêpres
et que l'office de la fête. On trouve ensuite les
hymnes qui pendant fort longtemps ont été propres
à l'église collégiale de St-Martin, et quelqu'aient
été les recherches des savants qui nous servent de
guide dans la rédaction de cette note, on n'a pas
pu découvrir l'époque à laquelle les chanoines ont
abandonné le rite ancien dont ils se servaient
pour la célébration de l'office de la Fête-Dieu.

HYMNE DES COMPLIES.

Christus vere noster cibus, Christus vere noster potus :
Caro Dei vere cibus, sanguis Dei vere potus.
 Vera caro quam sumimus, quam assumpsit ex virgine :
 Vere sanguis quem bibimus, quem effudit pro homine.
Vere tali convivio verbum caro comeditur :
Per quod viget religio, per quod cœlum ingreditur.
 Panis iste dulcedinis totus plenus est gratiæ,
 Alvo gestatus virginis rex est æternæ gloriæ.
Hujus panis angelici saginemur pinguedine,
Ut tam pii viatici delectemur dulcedine.
 O cœleste convivium ! o redemptorum gloria !
 O requies humilium ! æterna confer gaudia.
Præsta pater per filium, præsta per almum spiritum ;
Quibus hoc das edulium, prosperum serves exitum. Amen (1).

  ℣. Educas panem de terra, alleluia
  ℟. Et Vinum letificat cor hominis, alleluia :
   Ad Nunc dimittis, ANT.
 Reple domine gloria tua populum tuum teque regem in
decore tuo videant oculi nostri, alleluia.

(1) Cette dernière strophe est répétée à la fin de toutes les hymnes des petites heures.

Capit : Lex homines constituit Sacerdotes infirmitatem habentes: sermo autem jurisjurandi, qui post legem est, filium in eternum perfectum. Deo gratias.

Oratio. Visita quesumus , domine, domum istam et omnes insidias inimici ab ea longe repelle et angeli tui Sancti habitent in ea, qui nos in pace custodiant et benedictio tua sit super nos semper : celestis quoque mysterii virtute et potentia muniamur : cujus ope, quesumus, ad beate perennitatis gloriam perducamur. Per Dominum nostrum, etc.

A Prime.

Summe Deus clementiæ, qui ob salutem mentium
Cælestis alimoniæ nobis præstas remedium ;
Mores , vitam, et opera rege momentis omnibus ,
Et beatis accelera vitam dare cum civibus.
Præsta pater etc.

A Tierce.

Sacro tecta velamine pietatis mysteria
Mentes pascunt dulcedine , qua satiant cælestia.
Sit ergo cùm cælestibus nobis commune gaudium ;
Illis quod sese præstitit, nobis quod se non abstulit.
Præsta pater , etc.

Capit. Calix benedictionis cui benedicimus, nonne Communicatio Sanguinis Christi est et panis quem frangimus, nonne participatio Corporis Domini est ? qui unus panis et unum corpus multi sumus , omnes qui de uno pane et de uno calice participamus. Deo gratias.

Oratio. Deus qui ecclesiam tuam preciosi corporis et sanguinis Domini nostri Jesu Christi misterio munis et protegis, presta quesumus, ut cujus venerationis insignia colimus, inter ipsius membra numerari mereamur. Per Dominum nostrum, etc.

A Sexte.

Splendor superni luminis, laudisque sacrificium ,
Cœnam tui da numinis , tuæ carnis post prandium.

Saturatus opprobriis ad hoc cruci configeris,
Et irrisus ludibriis crudeli morte plecteris.
   Præsta, pater etc,

CAPIT. Talem habemus pontificem qui consedit in dextera
sedis magnitudinis in cœlis sanctorum minister et tabernaculi
veri quod fixit Deus et non homo. Deo gratias.

Oratio. Celesti lumine quesumus Domine semper et ubique
nos preveni ut dilectissimi filii tui corporis et sanguinis
misterium, cujus nos participes esse fecisti, puro cernamus
intuitu et digno participemus effectu. Per Dominum nostrum, etc.

A None.

Æterna cœli gloria, lux beata credentium,
Redemptionis hostia, tuarum pastus ovium ;
   Hujus cultu memoriæ diræ mortis supplicio
   Nos de lacu miseriæ educ, qui clamas, sitio.
   Præsta pater, etc.

CAPIT. Quicumque manducaverit panem hunc et biberit
calicem domini indigne reus erit corporis et sanguinis Domini.
Deo gratias.

Oratio. Deus qui fidelium mentes per unigeniti tui corporis
et sanguinis veneranda commercia unius summeque divinitatis participes efficis, ad ejus nos quesumus tribue consortium
pervenire, ut ipsius deductum seculi hujus desertum tran-
seuntes, in celo per eum subvehi valeamus. Qui tecum vivit
et regnat.

Alia oratio. Deus qui gloriosum corporis et sanguinis domini nostri Jesu Christi misterium nobiscum manere voluisti,
da nobis quesumus ejus presentiam corporalem ita venerari
in terris, ut de ejus visione gaudere mereamur in cœlis. Per
eumdem dominum, etc.

Alia oratio. Da nobis omnipotens Deus corporis et sanguinis
Domini nostri Jesu Christi Sacramentum incessabili devotione
venerari, ut quod digne celebrare non valemus, saltem devotis

mentibus et obsequiis frequentemus. Per eundum Dominum nostrum etc (1).

Le manuscrit se termine ici, mais cependant avec l'indication qu'à la page 266 commençait la légende du St-Sacrement, *Legenda sacramenti*, c'est-à-dire l'Histoire de l'institution de la Fête-Dieu. Les Bollandistes recherchant ensuite quel [peut être l'auteur de cet office, n'hésitent pas, après avoir discuté les objections que l'on pourrait faire, à regarder l'office dont nous venons de rapporter des parties, comme sorti en entier (*totum*) de la plume du clerc Jean, choisi, comme on le sait, par Ste-Julienne pour le composer. En effet quelles raisons pourrait-on donner pour l'attribuer plutôt à St-Thomas qu'au clerc Jean; car certainement comme l'on accorde au pape Urbain IV, l'honneur d'avoir institué la Fête-Dieu, c'est-à-dire d'avoir ordonné l'an 1264, de célébrer dans l'église universelle ce que Robert, évêque de Liége, avait ordonné dans son diocèse l'an 1246, de même St-Thomas, disent ces savants auteurs, aurait disposé selon le rite romain, l'office que le clerc Jean, avait écrit pour l'usage de Liége, *secundum morem romanæ curiæ* dit l'auteur du supplément des chroniques de St-Thomas. Ce saint docteur en changeant ce qu'il trouvait à modifier fit des ajoutes importantes parmi lesquelles se trouve le bel hymne *Sacris solemniis juncta sint*

---

(1) Les Capitules et les oraisons placés à la suite des hymnes des Complies de Tierce, de Sexte et de None, inconnues aussi aux savants auteurs des Acta Sanctorum et à Langius, ont été copiées également du manuscrit de Cornilon cité à la page 225, dans lequel tous les æ sont décrits par un e simple ce qui vient apporter encore une preuve nouvelle en faveur de l'authenticité de cet office.

gaudia; si maintenant vous comparez le style de cet hymne avec ceux qui étaient à l'usage de Liége, vous y trouverez la même énergie jointe à un véritable sentiment de piété; mais si vous y cherchez la force poétique, la majesté de la versification vous la trouverez d'autant plus supérieure dans l'hymne de St-Thomas, et dans son *Pange lingua* qu'il avait l'esprit plus cultivé et plus orné que le pauvre frère hospitalier de Cornillon. Il y a plus, l'office composé à Liége, demandait, à cause des règles de son usage, une homélie sur l'évangile le jour seulement de la fête, homélie qui fut prise du XXVI° traité de St-Augustin sur les évangiles de St-Jean, et elle se retrouve en effet dans les anciens et les nouveaux bréviaires à l'usage de Rome et de Liége. Mais l'usage de Rome, prescrivant l'office avec neuf leçons durant tous les jours de l'octave et ayant même autrefois pour le dimanche de l'octave deux évangiles à matines, celui de la fête et celui du dimanche, il fallut nécessairement pour ces parties ajoutées, insérer des homélies ou leçons sur l'évangile qui furent prises pour les derniers jours des œuvres de St-Hilaire et de St-Cyrille d'Alexandrie, mais qui, dans le vieil usage romain, étaient tirées de St-Augustin seul, et non seulement de son 26° traité, mais encore de son 27° ainsi que l'avait indiqué St-Thomas.

Une dernière preuve enfin, c'est que St-Thomas, a ajouté à la légende composée par le clerc Jean, le passage dans lequel il expose ce que le pape Urbain, a fait pour la propagation de la fête. Ce pas-

— 253 —

sage mutilé dans le bréviaire actuel, où il est prescrit que les trois premières leçons seront toujours
prises dans l'écriture sainte tandis qu'autrefois ces
leçons étaient tirées de la légende de la fête qu'on
célébrait, comme les Dominicains le pratiquent
encore, et comme c'était l'usage dans l'ancien rite
liégeois, sera lu croyons-nous, avec intérêt, car ce
passage et le reste de la légende n'ont point été
imprimé par les éditeurs des œuvres de St-Thomas.
Ce passage intéressant que rapportent les Bollandistes est extrait d'un ancien bréviaire romain imprimé à Venise, en 1522 et d'un bréviaire manuscrit de la cathédrale de St-Lambert de Liége, de
née 1520.

Après les derniers mots de la leçon VI de la VIᵉ
ferie dans l'octave, à réciter d'après le bréviaire
moderne, on trouvait ce qui suit :

« Omnibus igitur vere pœnitentibus et confessis, qui matu-
« tinali officio hujus festi præsentialiter in ecclesia ubi cele-
« braretur adessent, centum dies indulgentiarum ; qui vero
« missæ, totidem ; illis autem qui interessent primis vesperis,
« ipsius festi, similiter centum ; qui vero in secundis vesperis,
« totidem ; eis quoque qui primæ, tertiæ, sextæ, nonæ ac
« completorii adessent officiis, proqualibet horarum ipsarum
« quadraginta ; illis autem qui per ipsius festi octavas in ma-
« tutinalibus, vespertinis, missæ ac prædictarum horarum
« officiis præsentes existerent, singulis diebus octavarum
« ipsarum, centum dierum indulgentiam misericorditer tri-
« buit, perpetuis temporibus duraturam. »

Tel est le passage de l'institution de la fête ajouté
par St-Thomas, à la leçon précédente ; à la quatrième leçon de la même férie se trouvaient également les mots suivants :

« Convenit itaque devotioni fidelium, solenniter recolere
« institutionem tam salutiferi tamque mirabilis sacramenti ;
« ut ineffabilem modum divinæ præsentiæ in sacramento
« visibili veneremur; et laudetur Dei potentia, quæ in Sacra-
« mento eodem tot mirabilia operatur ; nec non et de tam
« salubri tamque suavi beneficio exolvantur Deo gratiarum
« debitæ actiones. »

Après ces mots , l'ancien bréviaire romain, dont
nous les avons extraits , contient les autres leçons ,
pour la VI⁰ férie, qui ont été également supprimées ;
quoique ces leçons soient assez longues , nous les
rapporterons cependant en entier :

I. « Hujus sacramenti figura præcessit , quando mannæ
« pluit Deus patribus in deserto, qui quotidiano cœli pasce-
« bantur alimento ; unde dictum est panem angelorum man-
« ducavit homo. Sed tamen illum panem qui manducaverunt,
« omnes in deserto mortui sunt : ista autem esca quam ac-
« cipitis, iste panis vivus qui de cœlo descendit, vitæ æternæ
« substantiam subministrat ; et quicumque hunc panem man-
« ducaverit, non morietur in æternum quia corpus Christi·
« est. Considera nunc utrum panis angelorum præstantior
« sit , an caro Christi ; quæ utique est corpus Christi. Manna
« illud de cœlo, hoc super cœlum: illud corruptioni obnoxium,
« si in diem alterum servaretur; hoc alienum ab omni cor-
« ruptione ; quod quicumque religiose gustaverit corruptio-
« nem sentire non poterit. Illis aqua de petra fluxit , tibi
« sanguis è Christo : illos ad horam satiavit aqua , te sanguis
« Christi diluit in æternum. Judæus bibit et sitit : tu vero
« cum bibis sitire non poteris. Et illud in umbra, hoc in
« veritate. Si illud quod miraris umbra est, quantum est illud
« cujus umbram miraris? Audi quia umbra est, quæ apud pa-
« tres facta est : bibebant inquit, de spiritali, consequente
« eos petra, petra autem erat Christus : sed non in pluribus
« eorum complacitum est Deo: nam prostrati sunt in deserto :
« hæc autem facta sunt in figura nostri. Cognovisti potiora :

« potior est enim lux quam umbra, veritas quam figura, cor-
« pus auctoris quam manna de cœlo.

II. « Forte dicis, aliud vero in præjacenti Sacramento :
« quomodo tu mihi asseris, quod corpus Christi accipiam ?
« Et hoc nobis superest ut probemus. Quantis igitur utimur
« exemplis, ut probemus hoc non esse, quod natura forma-
« vit, sed quod benedictio consecravit ; majoremque vim esse
« benedictionis quam naturæ quia benedictione etiam ipsa
« natura mutatur. Unde virgam tenebat Moyses ; projecit eam
« et facta est serpens : rursus apprehendit caudam serpentis,
« et in virgæ naturam revertitur. Vides igitur prophetica gra-
« tia bis mutatam esse naturam serpentis et virgæ. Currebant
« Ægypti flumina puro meatu aquarum ; subito de fontium
« venis sanguis cœpit erumpere, nec erat potus in fluviis :
« rursus ad prophetæ preces cruor fluminum cessavit et aqua-
« rum natura remeavit. Interclusus undique erat populus
» Hæbreorum, hinc Ægyptiis vallatus, inde mari conclusus :
« virgam levavit Moyses, separavit se aqua, et in muri spe-
« ciem se congelavit, atque inter undas via pedestris appa-
« ruit : Jordanis conversus retrorsum contra naturam, in sui
« fontis revertitur exordium : nonne claret naturam vel ma-
« ritimorum fluctuum, vel cursus fluvialis aquæ esse muta-
« tam ? Sitiebat populus patrum : tetigit Moyses petram et
« aqua de petra fluxit ; numquid non præter naturam operata
« est gratia, tu aquam emoveret petra, quam non habebat
« natura ? Marath fluvius amarrissimus erat, ut sitiens populus
« bibere non posset ; Moyses misit lignum in aquam, et ama-
« ritudinem suam aquarum natura deposuit, quam infusa
« subito gratia temperavit. Sub Elisæo propheta uni ex filiis
« prophetarum excussum est ferrum de securi, et statim im-
« mersum est in aquam : rogavit Elisæum qui amiserat fer-
« rum, misit Elisæus lignum in aquam et natavit ferrum :
« Unde etiam hoc præter naturam factum cognovimus ; gra-
« vior enim est ferri species quam aquarum liquor. Adverta-
« mus igitur majorem esse gratiam quam naturam.

III. « Et adhuc tantum propheticæ benedictionis miramur

« gratiam. Quod si tantum valuit humana benedictio ut na-
« turam converteret, quid dicimus de ipsa consecratione di-
« vina , ubi ipsa verba domini salvatoris operantur? nam
« Sacramentum istud quod accipit, Christi sermone conficitur.
« Quod si tantum valuit sermo Eliæ ut ignem de cælo depo-
« neret, non valebit sermo Christi ut speciem mutet elemen-
« torum ? De totius mundi operibus legisti, ipse dixit et facta
« sunt, ipse mandavit et creata sunt. Sermo igitur qui potuit
« ex nihilo facere quod non erat , nonne potuit ea quæ sunt
« in illa mutare que non erant? non enim est minus dare,
« quam mutare novas naturas rebus. Sed cujus argumentis
« utimur, suis utamur exemplis, incarnationisque; exemplo
« adstruamus mysterii veritatem. Numquid naturæ usus per-
« sensit, cum dominus Jesus ex Maria nasceretur? si ordinem
« quæris , vir mixta femina generare consuevit : liquet ergo
« quod præter naturæ ordinem virgo generavit. Et hoc quod
« conficimus corpus, ex virgine est : quid hic quæris naturæ
« ordinem in Christi corpore, cum præter naturam sit ipse
« partus ex virgine? vera enim caro Christi est, quæ cruci-
« fixa est, quæ sepulta est : vere ergo illis carnis sacramen-
« tum. »

Telles étaient les leçons prescrites pour la férie
VI et pour le samedi ; six autres leçons écrites dans
le même style se récitaient le dimanche. L'ancien
bréviaire dont nous nous occupons donnait ensuite
pour les féries suivantes la bulle du pape Clément
IV , qui confirmait textuellement celle d'Urbain ;
cette bulle de Clément datée de Rome, *anno Domini*
MCCLXXIII *decimo kalendas decembris , pontificatus
anno* XI, n'a pu par conséquent faire partie de l'office composé par St-Thomas , mais aura été subs-
tituée postérieurement aux leçons qui continuaient
la légende dont nous avons donné le commencement
et dont nous regrettons de ne pouvoir transcrire la

suite que l'on retrouvait peut-être dans d'anciens antiphonaires.

La partie que nous avons donnée suffit du reste si l'on veut faire attention au style et le comparer avec l'opuscule 58 du St-Docteur, intitulé : *De venerabili sacramento altaris*, pour établir entre les deux ouvrages une différence notable et faire reconnaître que l'auteur de la légende est tout à fait autre que St-Thomas. Quel peut être cet auteur, si ce n'est le clerc Jean, qui, ainsi que le prouvent les monuments les plus respectables, a composé l'*office*, *les hymnes*, *les antiennes*, *les répons*, *les leçons*, *les capitules*, *les collectes*, etc., (1) Et d'ailleurs, quelles raisons auraient pu exciter le pape Urbain, à charger St-Thomas de composer en entier un nouvel office, alors qu'il suffisait de compléter et d'adapter à l'usage romain celui qui existait déjà.

Urbain, comme nous l'avons vu, envoya à la bienheureuse Éve, l'office retouché par St-Thomas, mais le clergé de l'église de St-Martin, n'en adopta que des parties et continua à faire usage de celui qu'il avait reçu de Ste-Julienne, jusqu'à l'époque où des changements et des modifications furent introduits dans le bréviaire de Liége.

---

(1) Nous remarquerons que l'auteur de la légende a pris le canevas de son ouvrage et très souvent même ses expressions dans le 4e livre de St-Ambroise, à cette différence près cependant que la phrase semble couler avec plus d'harmonie et avec plus de richesse que dans l'œuvre de St-Ambroise.

Nous venons d'indiquer la réforme du bréviaire liégeois qui eut lieu en 1509, et qui apporta des modifications à l'office composé par le clerc Jean ; le lecteur, croyons nous, quoique cette note soit bien longue déjà, ne lira pas sans intérêt quelle fut alors la liturgie de la Fête-Dieu, laquelle fut encore changée plus tard (1).

D'après cette 1re réforme l'office de la Fête-Dieu aux premières vêpres est semblable à celui contenu dans le bréviaire imprimé sous Jean Théodore en 1746, avec cette différence cependant que les complies sont du commun. Les matines sont également semblables à l'exception des premières leçons qui commencent par la légende *Immensa divinæ largitatis beneficia*. Ce texte donné comme de St-Thomas, est partagé entre les six leçons du premier et du second nocturne si ce n'est que la sixième leçon ne vient que jusqu'aux mots : *Pro salute omnium institutum.*

L'évangile et l'homélie sont encore semblables à l'exception que l'homélie ne s'étend que jusqu'aux mots : *Et illum manentem in se habere.* Enfin les laudes, les petites heures, les secondes vêpres sont entièrement semblables à celles du bréviaire de 1746.

---

(1) Nous suivons pour l'indication de cette partie de notre vieille liturgie le bréviaire que l'évêque Erard de la Marck fit imprimer à Paris en 1509 et l'*Ordinarium insignis ecclesiæ Leodiensis* imprimé à Anvers en 1521, que nous avons comparé avec le Missel imprimé à Anvers en 1552, et avec celui imprimé à Spire en 1502, que l'on regarde comme le premier Missel imprimé à l'usage du diocèse de Liége.

Le vendredi , les leçons sont prises à l'endroit où l'on avait coupé celles du jour de la fête , c'est-à-dire à la 3ᵉ leçon du second nocturne commençant ainsi : *Suavitatem denique hujus sacramenti ;* le reste est identique avec l'usage suivi en 1746 , sinon qu'on fesait mémoire de la Ste-Trinité , et qu'à la messe il y avait un évangile propre selon St-Luc : *Accesserunt ad Jesum quidam.*

Les trois leçons du samedi sont encore une suite des précédentes ; mais comme à cette époque les leçons étaient fort courtes , celles du vendredi finissaient par la première période de la 3ᵉ leçon de l'office du bréviaire de 1746 : *Convenit itaque devotioni fidelium* jusqu'aux mots *Debitæ gratiarum actiones ;* mais au lieu de reprendre à la première leçon du samedi , les mots qui suivent *Ut autem integro celebritatis officio* , on trouve une petite leçon. en entier qui ne se trouve pas dans le bréviaire de 1746 , dont la 3ᵉ leçon du vendredi *Convenit itaque* a remplacé cette leçon qui était ainsi conçue : *verum et si in die cœnæ quando Sacramentum prædictum institutum inter missarum solemnia de institutione ipsius specialis mentio habeatur, totum tamen residuum ejusdem diei ad Christi passionem pertinet , circa cujus venerationem ecclesiæ illo tempore occupatur.* Expressions qui nous rappellent l'un des plus puissants motifs que fit valoir Ste-Julienne , pour l'institution de la fête , motifs que le clerc Jean aura introduits dans son office.

Le samedi on faisait encore mémoire de la Sainte-Trinité , mais comme on en célébrait le dimanche suivant la fête et l'office on disait le samedi les premières vêpres telles qu'on les lit au bréviaire de 1746 , sinon que la collecte est celle des laudes.

Pour la commémoraison du dimanche *Loquere domino*, la collecte *Deus in te sperantium* , comme au premier dimanche après la Pentecôte. Les leçons du premier et du second nocturne à matines sont extraites d'Albinus commençant par ces mots : *Teneamus firmissime ;* les leçons du premier nocturne étaient tirées de l'écriture sainte ; au 5e nocturne un seul évangile *Homo quidam erat dives*, et l'évangile était celui du dimanche.

Enfin les leçons des lundi , mardi et mercredi étaient prises de St-Augustin , comme dans le bréviaire de 1746 , si ce n'est cependant que la dernière leçon du mercredi, plus étendue que celle qui a été conservée, contenait des passages de St-Augustin , qui n'ont pas été reproduits.

Tel fut à peu de choses près la liturgie de l'office de la Fête-Dieu , après la réforme du bréviaire de 1509, réformation qui, comme nous l'avons dit, reçut plus tard de nouvelles et importantes additions , abandonnées à leur tour après l'adoption du rite Romain dans toute diocèse (1).

---

(1) On trouvera l'office actuel du St-Sacrement dans un excellent livre de prières que la confrérie du St-Sacrement fait publier à l'occasion du jubilé de 1846.

LEGENDE, EN VERS, DE Sᵗᵉ JULIENNE.

.

———

Extrait des vers escrits soub diverses peintures tirées hors de
très anciennes extantes allentour de la nave de l'église de
Cornillon lez Liége, fait par moi Notaire soubsigné, à la
requeste du Sʳ-Jean de Rieux, prieur dudit Cornillon, ce 15ᵉ
de Juin 1692, en présence de Revd. Sʳ Jean-Martin de
Fleutin, chanoisne de Hoxhem et du Sʳ Jean Edmond de
Longdoz, bénéficier dudit Hoxhem, comme tesmoins.

———

Soub la première peinture sont les vers suivants.

Au bon pays Liégeois, village de Rettine
Banlieu de la cité, vit Henry et Fraisine
Ensemble mariez, désirent longuement
Des Enffans pour servir à Dieu dévotement.
Par jeusne, oraisons, par ausmone chrestiène
Naquirent aux parents Agnès et Juliène,
Les Vierges, iceux morts, fameux et opulens,
Viennent à Cornillon et y laissèrent leur biens.

14

Soub la 2me.

De ces jeunettes sœurs, Agnès vit comme Agnelle,
Julienne puisnée au corps et l'âme belle,
Docile, craignant Dieu, sobre et chaste obeist
A Sapience qui la nourit et l'instruist.
La Sainte humilité fut la vertu première
Dont heureuse elle obtint la divine lumière ; .
Elle prie, elle jeusne et confesse souvent,
Et soigneuse conduist les bestailles du couvent.

Soub la 3me.

De Marie et de Marthe elle faict l'exercice ;
Puis de Marie seule elle exerce l'office.
Sapience admirant telle perfection
La déclare à plussieurs par grande affection ;
Elle honore surtout l'admirable mystère
Du très haut Sacrement, dont ardente en prières.
Une lune elle voit de notable splendeur,
Mais quelque ouverture qui gaste sa rondeur.

Soub la 4me.

La Ste-Vision tousiours se continue,
Dont ayant du Seigneur la volonté connue
Ne se fie de soy, la raconte au scavant
Sire Jean de Lausan qui la vat publiant.
Jacque de Troye à Liège, archidiacre sage,
Depuis dit Pape Urbain et qui Saint personage
Evesque de Cambray, Hugues provincial
De l'ordre des Prescheurs, par après Cardinal ;
Y joint le chancelier de Paris studieuse,
Gilles, Jean et Gerard de doctrine fameuse ;
Bref maints autres scavants jugent sans variés
Qu'il faut du Sacrement la feste instituer.

Désireuse en cecy de fidelle assistance
Prie Isabeau de Huy qui lui fait résistance :
Disant qu'au peuple esleu telle institution
Bien peu profiterait à la dévotion.
Mais à ceste Isabeau abismée en prière
A Saint Martin du Mont parait une lumière
Où la Vierge, les saints, la céleste cité
Prient Dieu d'avancer ceste sollemnité.

O Vierge de haut prix qui t'aprist la science
De si bien t'éloigner d'humaine sapience ?
Tu n'estait que jeunette alors que tu compris
Tout genre de françois et de latin éscris;
Du grand St-Augustin te plaisoit la lecture
Et donnait St-Bernard à ton âme pature,
Dont denote par cœur tu donnois maint sermon
Qu'il fist·sur les canticques du sage Salomon.

Cherchant homme duisant à composer l'office
De ce grand Sacrement, en treuve un sans malice,
Jeune, humble de savoir, frère de la maison,
Dont tandis qu'il escrit elle est en oraison;
Elle a l'oreille au labeur, le dispose, le dresse
Le prise quelquefois, le corige et redresse
Les plus sages disoient (voyant si saint escris),
Ce n'est luy qui la fait; mais c'est le St-Esprit.

Avec les consœurs vers Cologne chemine,
Puis vers Mastricht et Tongres, où la faveur divine

Sans cesse elle requiert; satan horriblement
Apparait sur le char qui d'un esbranlement
(Sans mal touttefois) renverse en pleine voye.
A Cologne en priant est rasvie de joie,
Et puis dit à ses sœurs d'un zel outre donné
Pourquoy m'emporte vous ? le bled n'est moissonné.

Soub la 9me.

La Vierge à Dieu priant obtient si grande grâce,
Que plusieurs bons prelats, de science efficace,
Leur évêque Robert réduisent saintement
D'exalter ce grand jour, duquel soigneusement
A ses premiers pasteurs il départe l'office
Puis ordonne le temps du sollemnel service,
Ce qu'en pleine synode il voulut confirmer
Mais la mort le prévient, donc ce fut chose amère.

Soud la 10me.

Frère Hugues, cardinal, légat en Germanie,
L'office composé hautement magnifie ;
L'institue priant au temple Saint Martin
Où il prechet faisant le service divin,
Et d'une docte épitre à la terre allemande
De chomer à tousiours ceste feste commande ;
Ce que puis Capace, cardinal et légat,
A Liége confirmant escrit à tout prélat.

Soub la 11me.

Qui pourat résister à la juste puissance
Du Seigneur qui d'un poid toutte chose balance.
Quelques grands prélats qui devaient avancer
Ceste solemnité tachèrent à l'esfacer;
Parquoy Dieu contre eux grievement s'irrite
Dont en furent plusieurs ravis de morte subite,
L'un au temple divin, l'autre dans sa maison,
L'un jetté d'un cheval, l'autre d'une autre raison.

Soub la 12ᵐᵉ.

Robert, le bon Evêque, ardentement désire
D'exalter le haut jour, mais la mort l'en retire;
Dont par zèle pieux, son trespas approchant,
Fait célebrer l'office en mélodieux chant
Ou que jointes les mains élève dans sa couche
Prie le Tout Puissant et de cœur et de bouche ;
Puis il meurt, et la vierge esprise en oraisons
Du temps de ce décès a révelation.

Soub la 13ᵐᵉ.

La Vierge prévenant le désordre et le vice
Contrainte est de fuir d'un prieur la malice ;
De son pays sortie endure mil maux,
Outrages, pauvreté, calomnie et travaux;
Nonobstant patiente elle jeusne et elle prie.
Ayant prévu sa mort présente l'Eucharistie
Dans l'octave de Pasque, au jour de vendredis
Saint, a Dieu rend l'esprit neuf heures avant midy.

Soub la 14ᵐᵉ.

Pape Urbain le quattrième, excité par miracle,
Commande expressement que partout sans obstable
L'on célèbre la feste ; à St-Thomas d'Aquin
L'office en fait dresser, qui d'un pinceau divin
Le rend du tout parfait, le pape à son ancelle (1).
Eve, à Liège récluse, en départ la nouvelle.
Le bon Dieu approuvant l'œuvre du grand esprit
Thomas tu as de moy, ce dit-il, bien escrit.

(1) Servante

LEGENDE LATINE DE S⁺.-JULIENNE.

Anno Christi millesimo centesimo nonagesimo tertio, nata est beata Juliana, in Retinne, pago Leodiensi, parentibus religione conspicuis; quibus orbata quinquennis, sub disciplina religiosa in Cornelii Montis monasterio, propè Leodium, adolevit, in quo, dirigente Spiritu sancto potius quam docente priorissa, ita profecit per continuos in Deum mentis affectus, ut virtutum omnium culmen attigerit. Sancti Augustini regulam, quæ in eodem monasterio vigebat, professa, tum sororum suarum, tum externorum, in se oculos, ex austera sua sanctaque vivendi ratione convertit. Mira sunt quæ produntur, cum de ipsius in Deum et proximum amore, humilitate, obedientia, pietate, abstinentia, jejuniis, contemplationibus; tum de crebris extasibus, de orationis studio, de imperio in dæmones, de zelo salutis animarum, et de spiritu ejus prophetico.

Dum beata Juliana ad sacram Synaxim accedebat, tanto tamque abundanti rore gratiæ et pietatis sensu infundebatur, ut ad instar ceræ igni appensæ, anima ipsius liquesceret, et intra semetipsam deficeret. Sponsum suum cœlestem, sub speciebus eucharisticis latentem, frequenter invisebat, prona adorabat, et omnibus adorandum prædicabat : unde factum est, ut Altissimus, qui infirma mundi eligit, humilem virginem, ad promovendum speciale Corporis sui Festum mirabiliter præeligere dignatus sit. Etenim coram augustissimo Eucharistiæ sacramento quotidiè prostrata, divinis quodammodo revelationibus didicit, instituendam esse in Ecclesia singularem Corporis Christi solemnitatem : quas dum declarat viris piis ac doctis, hac rematurius examinata, talem solemnitatem ad Dei gloriam amplificandam, et Christi fidelium pietatem erga sanctissimum Eucharistiæ sacramentum augendam, utilem fore judicantes, Episcopum ad Festi institutionem, ipsa

etiam sollicitante, induxerunt. Quod Festum Robertus Leodiensium Episcopus, primus instituit anno millesimo ducentesimo quadragesimo sexto, et per diœcesim suam celebrandum mandavit. Illud Festum Urbanus Quartus, quod, cum
esset Archidiaconus Ecclesiæ Leodiensis, nomine Jacobus
Pantaleon, solemni jam ritu celebrarat, constitutione apostolica probat, et ad universalem Ecclesiam extendit ; quod et
alii Pontifices similiter fecerunt summo cum animarum fructu.

Mortuo antistite Roberto, in multas et graves tribulationes
devenit Juliana. Domo pulsa ex factionibus prioris simoniaci,
et dignitatem priorissæ ad quam assumpta fuerat, deponere
coacta, finibus patriæ cessit, seque recepit Namurcum, ubi
in extrema egestate aliquandiu vixit, panem ostiatim mendi-
cans. Tandem in Salsiniensi monasterio ab abbatissa Hymana,
præclara et forti virgine, alitur humanissime. Sed turbata
ibidem pace ex ingruentibus bellis, in oppidum Fossas, inter
Sabim et Mosam deducta, post aliquod tempus lethali morbo
illic corripitur ; quo in dies ingravescente, sacrosanctum
Christi Domini Corpus, in Ecclesia collegiata, ipso Paschalis
die, de manu canonici cantoris hospitis sui, sumpsit in viaticum summa cum reverentia et maximo mentis ardore. Tum in
cellulam redux, extremo morientium oleo inungitur. Feria
sexta sequenti, prænuntiato mortis suæ die, coram abbatissa
Salsiniensi et aliquot aliis oculis in sanctissimum Eucharistiæ
sacramentum defixis, pie obdormivit in Domino anno millesimo ducentesimo quinquagesimo octavo, ætatis sexagesimo
sexto, die quinta aprilis. Ipsius corpus in cœnobium Villa-
riense, uti expetierat, fuit translatum, ubi miraculis claruit.
Cultum sanctæ Virginis confirmavit Benedictus Papa Decimus
Tertius, cum per Bullam solemnem, idibus junii anno millesimo septingentesimo vigesimo quinto datam, approbavit so-
dalitium in ecclesia Montis Cornelii sub invocatione sanctæ
Julianæ erectum variisque ditavit indulgentiis. Innocentius
Papa Duodecimus, insuper indulgentias in eadem ecclesia
die Virgini Julianæ sacra lucrandas concessit.

ORATIO. — Deus humilium celcitudo, qui beatam Julianam
virginem tuam solemnitatis Corporis Unigeniti Filii tui Domini

nostri Jesu Christi promotricem mirabiliter præelegisti ; tribue,. quæsumus, ita nos humilitatis ejus vestigia sectari in terris , ut cum ea sublimari mereamur in cœlis. Per eundem Dominum, etc.

ORATIO. — Deus qui ad Sacrum redemptionis nostræ pignus recolendum nova per beatam Julianam festivitate militantem ecclesiam decorasti : Concede propitius , ut ejus meritis et precibus, quem velatum colimus in terris , ipsum revelata facie cum illa videre mereamur in cœlis. Amen.

BULLE D'INSTITUTION DE LA FÊTE-DIEU

PAR LE PAPE URBAIN IV.

Urbanus papa quartus, servus servorum Dei , venerabilibus fratibus, patriarchis, archi-episcopis, episcopis , et aliis ecclesiarum prælatis , ect. , etc.

ENARRATIO MULTORUM BENEFICIORUM RECEPTORUM A DEO IN HOC SACRAMENTO PRO NOBIS INSTITUTO. Transiturus de hoc mundo ad patrem salvator noster D. Jesus-Christus , cum tempus suæ passionis instaret sumpta Cœna in memoriam mortis suæ. instituit summum et magnificum sui corporis et sanguinis Sacramentum , corpus in cibum, et sanguinem in poculum tribuendo. Nam quoties hunc panem manducamus et calicem bibimus , mortem domini annunciamus. In institutione quidem hujus Sacramenti dixit ipse apostolis : *Hoc facite in meam commemorationem ;* ut præcipuum et insigne memoriale sui amoris eximii , quo nos dilexit , esset nobis hoc præcelsum et venerabile Sacramentum , memoriale inquam mirabile ac stupendum, delectabile, suave, tutissimum, ac super omnia preciosum , in quo innovata sunt signa et mirabilia immutata, in quo habetur omne delectamentum, et omnis saporis suavitas, ipsaque dulcedo domini degustatur ; in quo utique vitæ suffragium consequimur. Hoc est memoriale dulcissimum, memoriale salvificum, in quo gratam redemptionis nostræ re-

censemus memoriam, in quo a malo retrahimur, et in bono confortamur, et ad virtutum et gratiarum proficimus incrementa ,
in quo profecto proficimus ipsius corporali præsentia Salvatoris. Alia namque quorum memoriam agimus spiritu menteque complectimus ; sed non propter hoc realem eorum
præsentiam obtinemus. In hac vero Sacramentali Christi
commemoratione , Jesus-Christus præsens sub alia quidem
forma , in propria vere substantia est nobiscum. Ascensurus enim in coelum , dixit apostolis et eorum sequacibus ;
ecce ego vobiscum sum omnibus diebus usque ad consummationem sæculi , benigna ipsos promissione confortans ,
quod remaneret et esset cum eis etiam præsentia corporali. O
digna et nunquam intermittenda memoria, in qua¦ mortem
nostram recolimus mortuam nostrumque interitum interiisse,
ac lignum vivificum ligno crucis affixum , fructum nobis attulisse salutis. Hæc est commemoratio gloriosa , quæ fidelium
animos replet gaudio salutari , et cum infusione lætitiæ
devotionis lacrymas subministrat. Exultamus nimirum nostram memorando liberationem , et recolendo passionem
dominicam per quam liberati sumus , vix lacrimas continemus. In hac itaque sacratissima commemoratione , adsunt
nobis , suavitatis gaudium simul et lacrymæ, quia et in ea
congaudemus lacrimantes et lacrimamur devotè gaudentes ,
lætas habendo lacrimas et lætitiam lacrimantem , nam et
cor ingenti perfusum gaudio, dulces per oculos stillat guttas.
O divini amoris immensitas, divinæ pietatis superabundantia, divinæ affluentia largitatis. Dedit enim nobis Dominus
omnia , quæ subjecit sub pedibus nostris , et super universas
terræ creaturas , contulit nobis dominii principatum. Ex
ministris etiam spirituum superiorum , nobilitat et sublimat
hominis dignitatem , administratorii namque sunt omnes in
ministerium , propter eos qui hæreditatem salutis capiunt
destinati. Et cùm tàm copiosa fuerit erga nos ejus munificentia , volens adhuc ipse in nobis suam exhuberantem charitatem præcipua liberalitate monstrare , semetipsum nobis
exhibuit, et transcendens omnem plenitudinem largitatis ,
omnem modum dilectionis excedens , attribuit se in cibum.

O singularis et admiranda liberalitas, ubi donator venit in donum, et datum est idem penitus cum datore. Quam larga et prodiga largitas, cùm tribuit quis se ipsum. Dedit igitur nobis se in pabulum, ut quia per mortem homo corruerat, et per cibum ipse relevaretur ad vitam. Cecidit homo per cibum ligni mortiferum, relevatus est homo per cibum ligni vitalis. In illo pependit esca mortis, in isto pependit vitæ alimentum. Illius esus meruit læsionem, istius gustus intulit sanitatem. Gustus sauciavit, et gustus sanavit. Vide, quia unde vulnus est ortum, prodiit et medela; et unde mors subiit, exinde vita evenit. De illo siquidem gustu dicitur : *quacumque die comederis; morte morieris ;* de isto vero loquitur, *si quis comederit ex hoc pane, vivet in æternum.* Hic est cibus qui plene reficit, vere nutrit, summeque impinguat, non corpus, sed cor, non carnem, sed escam, non ventrem sed mentem. Homini ergo, qui spirituali alimonia indigebat, salvator ipse misericors, de nobiliori et potentiori hujus mundi alimento pro animæ refectione pia dispositione providit, decens quoque liberalitas extitit, et conveniens operatio pietatis, et verbum Dei Æternum quod rationabilis creaturæ carni et corpori, homo videlicet in edulium largiretur, panem enim angelorum manducavit homo, et ideo salvator ait : *caro mea vere est cibus.* Hic panis sumitur, sed vere non consumitur : manducatur sed non transmutatur, quia in edentem minimè transformatur, sed si dignè recipitur, sibi recipiens conformatur. O excellentissimum Sacramentum, O adorandum, venerandum, colendum, glorificandum, præcipuis magnificandum laudibus, dignis præconiis exaltandum, cunctis honorandum studiis, devotis prosequendum obsequiis et sinceris mentibus retinendum. O memoriale nobilissimum intimis commendandum præcordiis, firmiter animo alligandum, diligenter reservandum in cordis utero et meditatione, ac celebritate sedula recensendum. Hujus memorialis continuam debemus celebrare memoriam, ut illius, cujus ipsum fore memoriale cognoscimus, semper memores existamus, quia cujus donum vel munus frequentius aspicitur hujus memoria strictius retinetur.

Relatio causæ ob quam instituta fuit solemnis festivitas hujus sacramenti. — Licet igitur hoc memoriale sacramentum in quotidianis missarum solemnis frequentetur, conveniens tamen arbitramur et dignum, ut de ipso semel saltem in anno, ad confundendam specialiter haereticorum perfidiam et insaniam, memoria solemnior et celebrior habeatur. In die namque cœnæ Domini, que de ipse Christus hoc instituit sacramentum, universalis ecclesia pro pœnitentium reconciliatione, sacri confectione chrismatis, ad impletione mandati circa lotionem pedum, et aliis quam plurimum occupata plene vacare non potest celebrationi hujus maximi sacramenti. Hoc enim circa sanctos, quos per anni circulum veneramur, ipsa observat ecclesia, ut quamvis in litaniis, et missis, ac aliis etiam ipsorum memoriam sæpius renovemus, nihilominus tamen ipsorum natalitia certis diebus per annum solemnius recolat, festa propter hoc eisdem diebus specilia celebrando. Et quia in his festis circa solemnitatis debitum, aliquid per negligentiam, aut rei familiaris occupationem, aut alias ex humanâ fragilitate omittitur; statuit ipsa mater ecclesia certum diem, in qua generaliter omnium sanctorum commemoratio fieret, ut in hac ipsorum celebratione communi, quidquid in propriis ipsorum festivitatibus omissum existeret, solveretur. Potissimè igitur exequendum est erga hoc vivificum sacramentum corpis et sanguinis Jesu-Christi, qui est sanctorum omnium gloria et corona, ut festivitate, ac celebritate præfulgeat speciali, quatenus in eo quod in aliis missarum officiis circa solemnitatem est forsitan prætermissum, devota diligentia suppleatur, et fideles festivitate ipsa instante, intra se præterita memorantes, id quod in ipsis missarum solemniis sæcularibus forsan agendis impliciti, aut alias ex negligentia, vel fragilitate humana minus plene gesserunt, tunc attente in humilitate spiritus, et animi puritate restaurent. Intelleximus autem olim dum in minori essemus officio constituti, quod fuerat quibusdam catholicis divinitus revelatum festum, hujus modi generaliter in ecclesia celebrandum.

Institutio D. festivitatis, singulis annis feria quinta post octavam pentecostes solemniter celebranda. — Nos itaque ad

corroborationem, ad exaltationem catholicæ fidei, dignè ac
rationabiliter duximus statuendum, ut de tanto Sacramento
præter quotidianam memoriam , quam de ipso facit ecclesia,
solemnior et specialior annuatim memoria celebretur ; certum ad hoc designantes et describentes diem, videlicet feriam quintam proximam post octavam Pentecostes , ut in
ipsa quinta feria devotæ turbæ fidelium propter hoc ad ecclesias affectuosæ concurrant , et tàm clerici , quàm populi gaudentes, in cantica laudum surgant. Tunc enim omnium
corda et vota , ora et labia, hymnos persolvant lætitiæ salutaris; tunc psallat fides ; spes tripudiet ; exultet charitas ;.
devotio plaudat; jubilet chorus; puritas jucundetur. Tunc
singuli, alacri animo pronaque voluntate conveniant sua stu-
dia laudabiliter exequendo , tanti festi solemnitatem cele-
brantes. Et utinam ad Christi servitium , sic ejus fideles
ardor inflammat, ut , per hæc , et alia proficientibus ipsis
meritorum cumulis apud eum , qui sese dedit pro eis in pre-
tium, tribuitque se ipsis in pabulum, tandem post hujus
vitæ decursum eis se in præmium largiatur.

HORTATIO AD CELEBRATIONEM D. FESTIVITATIS. — Ideoque uni-
versitatem vestram monemus et hortamur in Domino, et per
apostolica scripta in virtute sanctæ obedientiæ districtè præ-
cipiendo mandamus, in remissionem peccatorum injungentes,
quatenus tam gloriosum festum, prædicta quinta feria singulis annis devotè et solemniter celebretis , faciatis studiosè
per universas ecclesias civitatum vestrarum, et diœcesum
celebrari , subditos vestros in dominica , dictam quintam
feriam proximè præcedentem, salutaribus monitis solicitè ,
per vos et per alios exhortantes, ut per veram et puram
confessionem, eleemosynarum largitionem, attentas et sedu-
las orationes , et alia devotionis et pietatis opera , taliter se
studeant præparare, quod hujus pretiosissimi Sacramenti
mereantur fieri participes illa die, possintque ipsum susci-
pere reverentur , ac ejus virtute augmentum consequi gratiarum.

INDULGENTIA PRO ILLAM CELEBRANTIBUS. HAS INDULGENTIAS
RECORDARE ESSE AMPLIATAS IN BULLIS CITATIS IN RUB. —Nos enim

Christū fideles, ad colendum tantum festum, et celebrandum,
donis volentes spiritualibus animare, omnibus verè pœnitentibus et confessis, qui matutinali officio festi ejusdem in
ecclesia, in quâ idem celebrabitur interfuerint, centum;
qui vero missæ totidem; qui autem in primis ipsius festi vesperis interfuerint, similiter centum; qui verò in secundis
totidem; illis vero qui primæ, tertiæ, sextæ, nonæ, ac completorii officiis interfuerint, pro qualibet horarum ipsarum,
quadraginta; illis autem qui per octavas illius festi, matuti-
nalibus, vespertinis, missæ, ac prædictarum horarum officiis interfuerint, centum dies, singulis octavarum ipsarum
diebus, de omnipotentis Dei misericordia, ac beatorum apostolorum ejus Petri et Pauli auctoritate confisi, de injunctis
sibi pœnitentiis relaxamus.

Datum Romœ, etc., etc.

INVENTAIRES DES RELIQUES CONSERVÉES

A L'ÉGLISE DE St-MARTIN.

I

Ego infrascriptus, deputatus ab insigni capitulo ecclesiæ
collegiatæ St-Martini ad extrahendum corpus beatæ Evæ cum
aliis reliquiis, quæ erant in base columnæ altaris majoris ex
parte evangelii, quia altare amovendum erat, ob novi constructionem, attestor, quod illud et illas extraxerim unâ cum
Rdo Dno barone de Crassier, presbytero, prothonotario apos-
tolico et sancti Martini canonico vice-scholastico, et in thesauraria reposuerim 18 februarii 1746 assistentibus thesaurario
et servientibus. Corpus beatæ Evæ capitulari sigillo munitum
super altare St-Martini exposui in reliquiario ligneo deaurato
18 décembris ejusdem anni.

Reliquias cæteras examinavi cum thesaurario et cognitas
posui in vitris separatis, quorum nomina apud reliquias non

15

inveni, sed tantum de pluribus sanctis sic etiam collocavi : '
inveni autem chartam in dicta base (Judicatur scripturæ de
sæculo decimo quarto) in qua erant sequentia nomina. De ligno pretiosaæ crucis Dᵃⁱ nᵗⁱ Jesu-Christi ; De ossibus sanctorum apostolorum Petri, Pauli, Andreæ et Jacobi Majoris. De
ossibus storum Johis Baptistæ, Laurentii, Vincentii Martyrum, Cornelii, Dionisy, Lamberti episc. mart. De ossibus storum Georgii, Xtophori, Sebastiani, Florentii Mart. De ossibus storum confessorum Nicolai, Martini, Bricci episc. De
ossibus starum Virg. Cæciliæ, Catharinæ, Agnetis, Agathæ,
Ursulæ, Margaretæ, Walburge. De ossibus sanctissimi prothomartyris Stephani, Ste-Andreæ apli, Stæ Luciæ Virginis
et Mart ; De pallio purpureo Sᵗⁱ-Servatii, de reliquiis Sᵗⁱ-Vic-
toris, de ligno Stæ Crucis, de oleo Beatæ Mariæ Virginis, de
ossibus sancti Petri apostoli, Jacobi apli, et Sᵗⁱ-Thomæ et
Sᵗⁱ-Bartholomæi aplrum. De sepulchro Dᵃⁱ nᵗⁱ Jesu-Christi, de
ossibus Sᵗⁱ Stephani prothomartyris. De ossibus Sᵗⁱ-Laurentii
et sancti Christofori martyrum. De ossibus storum eprum
Nicolai et Sᵗⁱ Martini et Sᵗⁱ Bernardi confessorum, de ossibus
sanctæ Catherinæ, Stæ Cæciliæ, Stæ Barbaræ, Stæ Margaretæ et XI M. Virginum et martyrum ; De ossibus Ste Mariæ
Magdalenæ, de Sto Remaclo episc. et confes. ; De ossibus
sanctorum Thæbæorum, de ligno sanctæ Crucis, De ossibus
storum aplorum Petri et Pauli, de ossibus strum Laurentii,
Georgii et Xtofori martyrum. De ossibus storum episcop. et
confes. Martini et Nicolai, de ossibus starum Catharinæ,
Agnetis et Margaretæ Virginum : de ossibus storum Martini
Nicolai et Bernardi confes. ; de ossibus starum Barbaræ et
Margaretæ Virginum, de pluribus aliorum storum reliqnys
quorum nomina scripta sunt in libro vitæ et nota omnipotenti
Deo orent pro nobis.

Nomina autem quæ apud reliquias inveni sunt, de sociis
Sti Gereonis, de Sto Gondulfo, de Sta Maria Magdalena, de
Sto Martino, de Sto Paulo apost., de sancto Remaclo, de
Sto Gregorio Magno, de Sto Nicolao, de Sto Monulfo, de Sto
Vincentio M., de sanctis Annâ, Agnete et Scholasticâ, de Stâ
Margaretâ, de Sto Hieronimo, de Sto Pancratio M., de Sto

Andrea at aliis discipulis, de Stâ Gertrude, de Stis Tyrso et
Eleuterio, de Sta Cæcilia, de Sto Desiderio, de Sto Victore,
de Stâ Ursulâ et sodalibus, de sanguine seu liquore SS. Virginum Colon., de Sto Cornelio et aliis sanctis, de Stâ Chris-
pinâ, de Stâ Sophiâ, de Stis Clemente et Follano, de Sto
Aegidio et Plur. SS. M. de Sto Joanne Bap. et plur. sanctis,
de Sto Leodegario episc et M. de Stâ Annâ, de Sto Dionisio,
de Sto Laurentio et Sta Cæcilia.

Item sunt de Sto Rocho, de Stâ Landradâ, de Sto Landoaldo
confess. et pont, de costis stæ Odiliæ, de Costâ Stæ Vincianæ
sororis Sti Landoaldi ; Prædictas, dico, reliquias examinavi,
ad illas suprà altare B. Mariæ Virginis in reliquiario ligneo deaurato reponendas una cum reliquiis SANCTÆ JULIANÆ,
festi augustissimi Corporis Christi promotricis, quas XXIX
januarii 1746 dono datas accepimus ab amplmo et reverendmo
Dno de Pester, ord. Cisterciensis, monasterii Sti Salvatoris
Antverpiæ abbate ; et quarum translatio solemnis facta fuit
ab ecclesiâ Sti Laurentii ad nostram die I aprilis 1746 in quorum fidem hæc Scripsi, Subscripsi et Sigillo meo munivi.

Actum Leodii hac XXIII septembris 1747.

E. DE HUBENS , *Sti Martini*
canonicus , presbiter et prothonotarius
apostolicus

II.

Reliquias hic contentas ex sacristiâ majore sive thesauraria
insignis ecclesiæ collegiatæ Sancti Martini Leodii ad hasce
capsulas digneas, intus dealbatas, foris rubras, quæ stabant
super altare Sanctæ Catharinæ in eâdem ecclesiâ translatas
inveni circa finem anni 1745. Quare illas examinavi nomina
quæ inveni sicut potui, legi et descripsi sunt autem sequentia : de Sto Huberto, de St. Andreæ, de ossibus B. Petri et
Pauli, de ossibus XI M. Virginum, de pluribus aliis, de
Scapula Sti Martini, de Sto Dionisio, de Sto Gereone, de
Sto Be. . . . . . ., de Sto Bartholomeo et B. Barbara. De

Sepulchro Domini , de Sacrofago Sti Martinis epis , de sanguine beatæ Catharinæ virginis et martyris.

Super parvo parchemeno quod est in uno ex duobus ipsis
sæculis qui sunt ligati simul, scriptum inveni in vase argenteo
triangulari (N. B. fuerint ex illo olim extracta) habentur hæ
reliquiæ Capil. matris Domini , de capillis beatæ Mariæ Mag-
delenæ, de Sto Sanguine Beati Joannis Baptistæ , de Capite
. . . . Beati Joannis de . . . . in cris-
tallino vase continentur (fuerint ex illo et ex illæ extractæ)
reliquiæ de vestimento matris Domini , de . . . . beati
Joannis Baptistæ , de Car. . . . . . . Sti Laurentii, de Sto
Dionisio , de Sto Follano , de Sto Genesio, de Sto Pancratio ,
de Sto Mangero , de Sto Thoma Cantuariensi, de Stis . . . .
. . . . . . Storum Joannis et Pauli , de Stis confessoribus
Martino , Egidio, Gerardo , Nicolao, Domitiano . . . . . . de
Stis virginibus Agnete , Margaritâ , Anastasiâ . . . .
de vestibus beatæ Gertrudis virginis et reliquias in nitidis
sacculis sericis et holocericis reposui. Insuper, deputatus a
capitulo prædictæ ecclesiæ ad examinandas reliquias quæ
fuerant in basæ columnæ ex parte evangelii altaris majoris,
quas ad thesaurariam reportaveramus. adm. R^{ndus} dominus Baro
de Crassier, Sti Martini canonicus prothonot. Aplcus et ego
die 18 februarii currentis anni , quia illud altare amovendum
erat ob constructionem novi (sic) ex illis reliquiis aliquas
extraxi cum duabus hisce super-scriptionibus, una habet de
pluribus Sanctis , de quibus nescimus nomina eorum. Alia
superscriptio est sequens : Reliquiæ plurimorum Sanctorum
ecclesiæ collegiatæ St Martini Leodiensis et illas simul cum
prædictis reliquiis reposui in dictis capsulis, eas super altare
Sanctæ Catharinæ repositurus. In quorum fidem hæc Scripsi ,
Subscripsi et Sigillo munivi , hac 4ta 10^{bris} 1746.

Signatum est : E. DE HUBENS ,
Sancti Martini Leodii canonicus , pro-
thonotarius apostolicus , Sacristiæ
dictæ ecclesiæ administrator.

BREF PAPAL POUR LE JUBILÉ DE 1846.

BENEDICTUS PP. XIV.

Universis Christi fidelibus præsentis litteras inspecturis, salutem et apostolicam benedictionem. Ad augendam fidelium religionem et animarum salutem cælestibus ecclesiæ thesauris pia charitate intenti, omnibus et singulis utriusque sexûs Christi fidelibus vere pœnitentibus et confessis , ac sacra communione refectis, qui ecclesiam collegiatam S. Martini civitatis Leodiensis die festo solemnitatis sanctissimi corporis Christi, vel in aliquo ex septem diebus immediate subsequentibus devote visitaverint, et ibi pro christianorum principum concordia , hæresum extirpatione, et sanctæ matris ecclesiæ exaltatione pias ad Deum preces effuderint, plenariam semel tantum spatio prædicti octidui per unumquemque Christi fidelem lucri faciendam, omnium peccatorum suorum indulgentiam et remissionem misericorditer in Domino concedimus. Omnibus vero et singulis confessariis ab ordinario loci approbatis, qui in ecclesiæ prædicta durante octiduo hujus modi ad audiendas confessiones deputati fuerint, omnes et quoscumque utriusque sexûs Christi fideles pœnitentes ab omnibus quibuscumque in præteritum usque ad diem publicationis præsentium commissis criminibus et excessibus , etiam nobis et apostolicæ sedi reservatis (hæresis , simoniæ , necnon duelli et violationis clausuræ monasteriorum monialium, et recursus ad judices laicos contra formam sacrorum canonum exceptis) necnon excommunicationis, aliisque sententiis , censuris et pœnis etiam in litteris die cœnæ Domini legi solitis contentis , in præteritum similiter usque ad diem publicationis præsentium incursis , impositâ quilibet arbitrio suo pœnitentiâ salutati in foro conscientiæ tantùm absolvendi pro unica vice dumtaxat tenore præsentium concedimus et impartimur , non obstantibus apostolicis ac in provincialibus et generalibus conciliis editis generalibus constitutionibus , cæterisque contrariis quibusque præsentibus post lapsum prædicti octidui mininè valituris. Volu-

mus autem ut præsentium litterarum transumptis seu exemplis, etiam impressis, manu alicujus notarii publici subs-
criptis et sigillo personæ in ecclesiasticâ dignitate constitutæ
munitis, eadem prorsus fides adhibeatur, quæ adhiberetur
ipsis præsentibus, si forent exhibitæ vel ostensæ. Datum Romæ
apud Sanctam Mariam Majorem sub annulo piscatoris die IV
decembris MDCCXLV, pontificatûs nostri anno sexto.

Erat signatum D Cardinalis Passioneus.

MANDEMENT DU JUBILÉ DE 1746.

JEAN THÉODORE, cardinal, évêque et prince de Liége, de
Freizing et Ratisbonne, duc des deux Bavières, du haut Pa-
latinat et de Bouillon, comte Palatin du Rhin, prince du
St. Empire romain, Langrave de Leuchtenberg, marquis de
Franchimont, comte de Looz et de Horne, baron de Hers-
tal, etc. etc.

A l'approche, mes très-chers frères, d'un jour si glorieux
à l'église en général et si honorable à celle de Liége en particulier, nous avons cru qu'il était du devoir de notre sollicitude pastorale de nous joindre au père commun des fidèles,
pour vous exhorter a célébrer avec dévotion, une solemnité
qui doit en quelque façon vous être encore plus précieuse
qu'aux autres enfants de l'église. L'institution de la fête du
Très-Saint-Sacrement, source de triomphe et de gloire pour le
fils de Dieu, a été le fruit du zèle de vos pères, et leur a acquis dans tout le monde chrétien une réputation qui ne s'é-
teindra jamais. C'est dans ce diocèse, c'est dans les murs de
cette ville, c'est dans la collégiale de Saint-Martin que cette
fête a pris naissance, c'est delà qu'elle s'est répandue dans
tout l'univers, pour y faire la consolation, la force et la gloire
de l'église.

Des considérations si puissantes et si propres à faire impression sur vos cœurs, nous donnent sans doute lieu d'attendre de votre part, mes très-chers frères, le même zèle, la
même piété, qui ont autrefois animé vos ancêtres, lors de.

l'institution de l'auguste fête dont vous vous apprêtez de renouveller la mémoire. Que ce jour soit donc grand pour vous;
regardez-le comme une de ces circonstances heureuses, que
la providence vous a ménagé pour votre salut; profitez de la
grâce que Notre Saint Père le Pape vous a faite, en accordant
pour cette solennité sainte à l'église collégiale de St-Martin,
une indulgence plénière en forme de Jubilé : tachez de mériter que cette faveur vous soit appliquée à chacun personnellement, en vous mettant dans des dispositions propres à en
retirer du fruit, car vous ne l'ignorez pas, mes très-chers
frères c'est de vos cœurs et des sentiments de piété que la
grâce ne manquera pas d'y produire, si elle les trouve due-
ment préparés, que doit particulièrement venir votre sanc-
tification. Nous entrons volontiers dans l'esprit de ce pontife
éclairé, et nous vous accordons aussi de notre part tout ce qui
peut contribuer à rendre plus auguste et plus solennelle une
fête à laquelle nous nous interressons, tant par nos dispositions
particulières, qu'en vue de l'honneur qui doit en rejaillir sur
l'église de Liége que la divine providence a confiée à nos soins.
Pour cet effet nous permettons à tous les confesseurs approuvés, d'absoudre, pendant l'octave de la solennité, des cas à
nous réservés, y compris de l'hérésie, de l'apostasie, de l'ho-
micide volontaire, et de la suspension encourue par la fré-
quentation des cabarets, de même que de l'irrégularité ensui-
vie, dans l'espérance que cette condescendance contribuera
à augmenter le nombre de ceux qui s'empresseront de gagner
l'indulgence et d'avoir recours aux miséricordes du Seigneur
pendant cette sainte Octave ; ordonnant aux curés qui en seront requis, de publier le présent mandement afin que la
connaissance en parvienne à leurs paroissiens. Donné dans
notre cité de Liége soûs le seing de notre vicaire-général et
soûs notre séel accoutumé le 13 mai 1746.

P. A. J. E. Comte De ROUGRAVE *Vicaire*
Général de Liége.

L. † S.

F. BEGHEIN.

PROGRAMME DU JUBILÉ DE 1746.

Jubilé de cinq cents ans de l'institution de la Fête du Très-Saint Sacrement dans l'Église collégiale de saint Martin.

La solennité prochaine de la Fête-Dieu étant la cinquième séculaire depuis son institution, et l'église collégiale de Saint Martin, ayant été particulièrement favorisée du Seigneur par le choix qu'il en a fait, pour célébrer les premiers cette auguste solennité, et d'où elle s'est ensuite répandue dans tout le monde chrétien pour rendre un honneur plus particulier à Jésus-Christ dans cet auguste Sacrement.

Messieurs les Doien et chapitre de cette église se sont crus plus spécialement obligés que les autres fidèles à réveiller dans le cœur des peuples, surtout des habitans de cette célèbre ville, les sentimens d'amour et de reconnaissance qu'ils doi-vent à Jésus-Christ dans l'adorable Eucharistie : touchés de ces considérations, Messieurs les révérends Doien et chapitre se sont adressés à notre Saint Père le Pape Benoit XIV, glorieusement regnant, et ils en ont obtenu un Bref par lequel Sa Sainteté ouvre les trésors de l'église, et accorde, pendant tout le temps que durera la solennité, presque les mêmes grâces et les mêmes prérogatives qui ont coutume d'être accordées dans un jubilé universel; Sa Sérénissime Eminence notre zélé et pieux prince a bien voulu aussi donner un mandement à la même fin.

On invite donc les vrais adorateurs de Jésus-Christ de prendre part à cette auguste et sainte solennité, laquelle commencera Jeudi 9 Juin , et d'assister en flambeaux blancs à la procession qui se fera Dimanche 12 dudit mois, et à laquelle Sa Sérénissime Eminence assistera , comme aussi messieurs du clergé primaire et secondaire, tant séculier que régulier, messieurs les échevins et les corps de ville.

Les premières vêpres se chanteront le 8, vieille de la Fête, à trois heures après-midi.

Jeudi , jour de la Fête la première Messe se célébrera vers les six heures et demie, par M. le Révérendissime Abbé de Saint Laurent ; la seconde Messe vers les dix heures, par M. le Révérend Doien de St.-Martin ; les vêpres à trois heures après-midi suivies de la prédication par le Révérend Père De Marne , jésuite et confesseur de S. A. S. E. ensuite les complies et le salut par monsieur le Révérendissime Abbé de St-Laurent.

Vendredi, la prédication vers sept heures du matin , par le revérend Père De Gages, prédicateur de la cathédrale. La Messe à dix heures, par le Révérendissime Abbé des Prémontrés ; les vêpres vers les trois heures, auquel jour et pendant toute l'octave le dernier salut se chantera par l'officiant du jour, vers les sept heures du soir.

Samedi, la prédication par le Révéreud Père Stefné , Récollet, stationnaire de la cathédrale ; la Messe par le Révérendissime Abbé des Ecoliers.

Dimanche, la Prédication par le Révérend Père Panaye, Minime , liseur en théologie ; la Messe à neuf heures et demie par le Révérendissime Abbé de St.-Jacques , suivie de la procession , à laquelle sont invités les zelés adorateurs, et messieurs les bourgeois priés d'orner et d'embellir les façades de leurs maisons, et faire nettoier devant icelles.

Lundi, la prédication par le Révérend Père Prieur des Carmes en Isle ; la Messe par monsieur le Révérend Doien de St.-Martin.

Mardi , la prédication par le Révérend Père Marnette, Augustin ; la Messe par monsieur le Révérend Doien de Ste-Croix,

Mercredi la prédication par monsieur Thiry, vicaire de Notre-Dame-aux-Fonts ; la Messe, par monsieur Harzé, chanoine de St-Martin.

Jeudi, jour de l'octave, la première Messe vers le six heures et demie, par Monseigneur l'Evêque d'Hippone, Suffragant de S. A. S. E. ensuite la prédication par monsieur Buysman, chanoine-Régulier de l'Ordre des Prémontrés, curé de Lover-valle : la seconde Messe vers les dix heures par monsieur Polspoel, chanoine de St-Martin; le dernier salut avec le *Te Deum* par Monseigneur l'Evêque d'Hippone, suffragant de S A S. E.

La procession du Dimanche ira de St.-Martin à Ste-Croix, par la rue Neuve, Derrière-le-Palais jusqu'aux Frères Mineurs, le Marché du côté de la Maison de ville, dessous la Tour, Place-Verte, Derrière St-Michel, Haute-Sauvenière, St.-Hubert, à St.-Martin.

Vendredi, lendemain de l'Octave, il se célébrera une Messe qui se célébrait ordinairement le lundi dans l'octave pour le repos des âmes des confrères défunts de l'archiconfrairie du Très-Saint Sacrement.

BREF PAPAL DU JUBILÉ DE 1762.

CLEMENS PP. XIII.

Universis Christi Fidelibus pæsentes Litteras inspecturis, salutem et apostolicam Benedictionem. Ad augendam fidelium religionem et animarum salutem cœlestibus Ecclesiæ thesauris piâ charitate intenti, omnibus et singulis utriusque sexûs. Christi Fidelibus verè pœnitentibus et confessis, ac sacrâ communione refectis, qui vel ecclesiam collegiatam Sancti Martini civitatis Leodiensis, vel ei annexam parochialem ec-clesiam sancti Remacli nuncupatam die festo solemnitatis sanc-tissimi corporis Christi, aut in aliquo ex septem diebus imme-diatè subsequentibus devotè visitaverint, et ibi pro christia-norum principum concordia, hæresum extirpatione, ac sanctæ Matris ecclesiæ exaltatione, pias ad Deum preces effuderint,

plenariam semel tantum spatio prædicti octidui per unumquemque Christi Fidelem lucrifaciendam, omnium peccatorum suorum indulgentiam, et remissionem misericorditer in
Domino concedimus. Omnibus vero et singulis confessariis, ab
ordinario loci approbatis, qui in qualibet ex dictis ecclesiis,
durante octiduo, hujus modi ad audiendas confessiones deputati fuerint, omnes et quoscumque utriusque sexûs Christi
Fideles pœnitentes ab omnibus quibuscumque in præteritum
usque ad diem publicationis præsentium commissis criminibus et excessibus, etiam nobis et apostolicæ sedi reservatis
(hæresis, simoniæ, necnon duelli et violationis clausuræ monasteriorum monialium, ac recursus ad judices laïcos contra
formam sacrorum canonum exceptis) necnon excommunicationis, aliisque sententiis, censuris et pœnis, etiam in litteris
cœnæ Domini legi solitis, contentis, in præteritum similiter
usque ad diem publicationis præsentium incursis, imposita
cuilibet arbitrio suo pœnitentiâ salutari, in foro conscientiæ
tantùm absolvendi facultatem pro hac vcie dumtaxat tenore
præsentium concedimus et impertimur. Non obstantibus apostolicis, ac in universalibus, provincialibusque synodalibus
conciliis editis generalibus, vel specialibus constitutionibus,
et ordinationibus, cæterisque contrariis quibuscumque præsentibus post lapsum prædicti octidui minimè valituris. Volu-
mus autem, ut præsentium litterarum transumptis, seu exemplis, etiam impressis, manu alicujus notarii publici subscrip-
tis, et sigillo personæ in ecclesiastica dignitate constitutæ munitis, eadem prorsus sedes adhibeatur, quæ adhiberetur ipsis
præsentibus, si forent exhibitæ vel ostensæ. Datum Romæ apud
S. Mariam Majorem, sub annulo Piscatoris, die XXII Maii
MDCCLXII. Pontificatûs Nostri anno quarto.

Erat signatum, H. Cardinalis Antonellus.

MANDEMENT DU JUBILÉ DE 1762.

JEAN THÉODORE cardinal, évêque et prince de Liége, de
Freisin [et Ratisbonne, duc des deux Bavières, du haut Pala-.

tinat et de Bouillon , comte Palatin du Rhin , prince du Saint
Empire romain , Landgrave de Leuchtenberg , marquis de
Franchimont , comte de Looz et de Hornes , baron de Herstal ,
etc. , etc.

De toutes les solemnités qu'on célèbre dans l'église , il n'y en
a pas de plus glorieuse au Fils de Dieu que celle où on rappelle
le souvenir de l'Institution de l'auguste Sacrement d'Eucharistie ; en y retraçant toutes les merveilles que le Dieu de miséricorde a daigné opérer pour la rédemption du genre humain ,
en nous y représente ses triomphes et sa victoire sur la mort.

Il n'y en a pas aussi , mes très chers frères , qui demande
plus de zèle et de reconnaissance de la part des fidèles en général , et en particulier de l'église de Liége , où elle a pris
naissance.

L'église se contentait de faire la mémoire journalière de
cet adorable mystère dans le sacrifice de la messe , lorsque Dieu
voulant qu'on célébrat tous les ans une fête pour l'honorer
d'un culte spécial et solennel , choisit des âmes saintes de cette
ville pour l'exécution de son dessein ; et ce furent vos pères qui
célébrèrent pour la première fois cette sainte solemnité , avec
autant de magnificence que de dévotion , et portèrent tout le
monde chrétien a suivre leur pieux exemple.

C'est pour réveiller en vous , mes très chers frères , ces sentiments de piété et de zèle qui ont animé vos ancêtres , et pour
rendre d'autant plus solennelle cette fête , que nous allons célébrer dans notre ville et diocèse par autorité d'Urbain IV ,
pour la cinq centième année , que le souverain Pontife , glorieusement régnant , a ouvert les trésors de l'église en faveur
de ceux qui , confessés et communiés , visiteront le jour de la
Fête-Dieu , où un des sept jours suivants , l'église collégiale de
St-Martin et y prieront pour les fins ordinaires.

Voulant , autant qu'il est en nous , seconder les vues du père
commun des fidèles , et porter un chacun à profiter de ses
grâces : nous accordons a tous les confesseurs approuvés le pouvoir d'absoudre , pendant l'Octave de la solemnité , des cas a
nous réservés , y compris de l'Hérésie , de l'Apostasie et de l'Ho-

micide volontaire, et leur permettons de changer les vœux en d'autres œuvres pieuses, le tout en faveur seulement de ceux qui voudront profiter de l'Indulgence accordée.

Nous espérons donc que ces moyens de salut qui vous sont offerts, exciteront dans vos cœurs des mouvements de pénitence et de componction, qui puissent vous mettre en état de célébrer avec fruit cette année séculaire, et la rendre pour vous une année de grâce et de remission : ordonnant aux curés, qui en seront requis, de publier le présent Mandement, afin que la connaissance en parvienne à leurs paroissiens. Donné à Liége, sous le seing de notre Vicaire-Général, ce 3 juin 1762.

Ed. Stoupy, Vicaire-Général.

RECÈS DE 1762.

EN L'ASSEMBLÉE DE MESSEIGNEURS LES DÉPUTÉS DU CLERGÉ PRIMAIRE ET SECONDAIRE DE LIÉGE.

Tenue à la maison Décale le 5 juin 1762.

Messieurs du magistrat de cette cité, pour célébrer avec plus de pompe et de magnificence, dans l'insigne église collégiale de Saint-Martin, le Jubilé de cinq cents ans, époque, que tout le peuple liégeois a commencé à solemniser la fête du très Saint-Sacrement, où elle a pris naissance, delà s'est répandue dans tout l'univers, et pour rendre des actions de grâces dues et unanimes au Tout-Puissant du choix qu'il a daigné faire de cette ville, pour l'institution d'une si auguste solemnité, ayant proposé à cet effet les points suivants : Messeigneurs ordonnent qu'ils soient communiqués aux membres du clergé interne.

S'ensuivent les dits points.

Le dimanche pendant l'octave de la dite fête, qui sera le 13 de ce mois, auquel jour se fera la procession solemnelle, à l'intervention du clergé séculier et régulier, Messieurs de la Cathédrale et des collégiales sont priés de faire sonner à matines à cinq heures; les primes à huit; afin qu'ayant achevé leurs offices à neuf heures et demie, ils daignent se rendre à la dite église de Saint-Martin pour la grand'messe.

Messieurs du clergé primaire et secondaire, et monastères, sont requis de faire sonner la grosse cloche, la veille de la Fête du très Saint-Sacrement, à six heures du soir, de même la veille du dimanche de l'Octave, pendant la procession, et le dernier jour de l'Octave pendant le Te Deum, vers les sept heures et demie du soir.

On prie Messieurs de la cathédrale et Messieurs des collégiales d'envoyer deux thuriféraires en dalmatiques rouges, avec leurs encensoirs, lesquels avec ceux de Saint-Martin feront le nombre de seize pour encenser le très Saint-Sacrement pendant la procession.

Les chapîtres sont pareillement requis de fournir à leurs bénéficiers des flambeaux blancs pour la dite procession.

L'ordre et le rang de la procession, seront le même qu'à la Translation, sauf que Messieurs les séculiers, qui seront à la procession, suivront immédiatement les ordres mendians.

Messieurs les doyens et chapitres sont priés de vouloir bien pendant l'Octave officier et assister à la grand'messe dans l'ordre suivant.

SAVOIR:

Le vendredi MM. les doyen et chapitre de Saint-Pierre.

Le samedi MM. les doyen et chapitre de Saint-Paul.

Le dimanche les seigneurs grand doyen et chapitre de la Cathédrale.

Le lundi MM. les doyen et chapitre de Sainte-Croix.

Le mardi MM. les doyen et chapitre de Saint-Jean.

Le mercredi MM. les doyen et chapitre de Saint-Denis.

Le jeudi MM. les doyen et chapitre de Saint-Barthelemi.

En requérant, en cas d'empêchement qui pourrait survenir aux officians, de vouloir y suppléer par le vice-doyen, ou quelqu'autre a requérir par les chapitres respectifs.

Par ordonnance de Mesdits Seigneurs.

H. MOUILLART, S. G. CAIGNON.

PROGRAMME DU JUBILÉ DE 1762.

Jubilé de Cinq Cents Ans de la célébration de la Fête-Dieu du
Très-Saint-Sacrement dans toute la Ville et Diocèse de
Liége, qui se solemnisera cette année 1762 dans l'Église
Collégiale de Saint-Martin.

C'est au milieu de nous que Dieu a suscité les Saintes Vierges qui ont servi d'instrument à la gloire de Jésus-Christ dans
l'adorable Sacrement d'Eucharistie. Nos pères ont vu naître la
bienheureuse Julienne et la bienheureuse Eve: leur dévotion envers le Sacrement de nos Autels les a édifiées, le ciel en a
été touché, il leur a fait connaître (sous un signe mysté-
rieux) ses volontés pour l'institution d'une nouvelle Fête à la
gloire du Corps et du Sang de Jésus-Christ, il les a choisies pour
l'établissement de cette auguste Fête ; elles y ont travaillé
avec tant de zéle et de succès qu'en 1246 par un mandement de
Robert de Torote, Evêque de Liége , elle fut établie , dans tout
son diocèse , et célébré pour la première fois dans cette Eglise,
et puis approuvée dans les légations des cardinaux Jacques
Pantaleon de Troye et Capoccio, Légats du Saint-Siége pour
le diocèse de Liége , jusqu'à ce que vers la fin de 1261 à la
sollicitation de la bienheureuse Eve, et en confirmant le
mandement de Robert de Torote, le Pape Urbain IV ordonna
qu'elle fut célébrée dans toute l'étendue de ce diocèse : de-
sorte que nous avons la gloire d'avoir été les premiers obser-
vateurs du culte que l'église à établi en instituant la Fête-
Dieu.

C'est pour rappeler le souvenir de tant de merveilles , et
pour nous animer à la reconnaissance que notre Saint-Père le
Pape Clément XIII glorieusement régnant, accorde a tous
les fidèles Chrétiens qui , confessés et communiés, visiteront
cette église , et y prieront pour les fins ordinaires dans l'Octave du Saint-Sacrement, une indulgence plénière et entière
rémission de leurs péchés , avec pouvoir aux confesseurs d'ab-

soudre des cas réservés au Saint-Siége selon la teneur de sa Bulle.

C'est pour les mêmes motifs que Sa Sérénissime Eminence le cardinal de Bavière, notre très-gracieux Evêque et Prince, en accordant aux confesseurs le pouvoir d'absoudre des cas qui lui sont spécialement réservés, leur permet de changer les vœux en d'autres œuvres pieuses, en faveur seulement de ceux qui voudront profiter de l'indulgence que le Vicaire de Jésus-Christ vient de nous accorder.

Enfin c'est pour perpétuer la dévotion de nos ancêtres; c'est pour rendre grâce a Dieu des merveilles qu'il a opérées parmi nous, et pour réparer les outrages que les impies font à Jésus-Christ dans le Sacrement de son amour, que nous célébrons dans cette Eglise le 10 juin par une Octave des plus solennelles, et en forme de Jubilé, la cinq centième année de l'établissement d'une Fête qui fait l'honneur et la gloire de notre nation.

La Solemnité commencera jeudi prochain 10 juin 1762. Les premières Vêpres se chanteront le jour précédent, vers les trois heures après midi; et puis les complies et le salut avec la bénédiction du Très-Saint Sacrement.

Le dit jour 10 juin, vers les six heures et demie, la première Messe solemnelle sera chantée par le très-révérend Seigneur Abbé de Saint Laurent. La seconde Messe vers les dix heures, par le révérend Seigneur Doyen de Saint Martin. On chantera les vêpres à trois heures, suivies de la Prédication par monsieur Hamoir, desserviteur de Saint Jean-Baptiste. Ensuite le salut et la bénédiction du Très-Saint Sacrement.

Le vendredi, vers les sept heures du matin la prédication par le père Tirteau, lecteur en Théologie, et correcteur des Minimes. La Messe à neuf heures et demie, par le Révérend Seigneur Doyen de Saint-Pierre, accompagné de son chapitre: les vêpres a trois heures, auquel jour et pendant toute l'Octave le dernier salut se chantera par l'officiant du jour, vers les sept heures du soir.

Samedi, la prédication par le père Renaut, Recolet stationnaire de la Cathédrale. La Messe par le Révérend Seigneur Doyen de Saint Paul, accompagné de son chapitre.

Dimanche, la prédication par monsieur Vallez, chanoine
Prémontré et sous-Prieur de l'Abbaye de Beaurepart La
Messe par le Très-Révérend et Très-Illustre Seigneur grand
doyen accompagné de son très-illustre Chapitre. Ensuite la Procession solemnelle, à laquelle sont invités les zélés adorateurs et messieurs les bourgeois, priés d'orner et d'embellir
les façades de leurs maisons, et faire nettoyer devant icelles.

Lundi, la prédication par le père Henuy, prédicateur de
Saint Paul. La Messe par le Revérend Seigneur Doyen de Sainte
Croix, accompagné de son chapitre.

Mardi la prédication par M. Defize, chanoine prémontré de
l'abbaye de Beaurepart; la messe par le Révérend Seigneur
Doyen de St-Jean, accompagné de son chapitre.

Mercredi la prédication par M. Marchal prêtre; la messe par
le Révérend Seigneur Doyen de St-Denis accompagné de son
chapitre.

Jeudi, jour de l'Octave, vers les six heures et demie, la
première Messe sera chantée solemnellement. Ensuite la prédication par Monsieur Damave, vicaire de Saint-André. La
seconde Messe, vers les dix heures, par le Révérend Seigneur
Doyen de Saint-Barthelemi, accompagné de son chapitre.

La procession du dimanche ira de Saint-Martin à Sainte-
Croix, par la rue Neuve, derrière le Palais jusqu'aux Frères
Mineurs, le Marché du côté de la Maison-de-Ville, dessous la
Tour, Place-Verte, derrière Saint-Michel, Haute-Sauvenière,
Saint-Hubert, à Saint-Martin.

*Procès-verbal de la visite des caveaux de l'Eglise de
Saint-Martin.*

A. M. D. G.

Le 13 mars 1845, à deux heures de l'après-dîner, en présence
de MM. Dewaide, curé-doyen, Marneffe, vicaire, Lavalleye et
Magis, conseillers de la fabrique, Davreux, professeur de chi-
mie, J. Demarteau, éditeur de la gazette de Liége, Ed. Laval-

leye, homme de lettres, Ch. Delsaux, architecte, et Ed. Magis
rentier, il a été procédé à l'exploration d'une partie des caveaux
et des sépultures que possède l'église primaire de saint Martin.

On ouvrit d'abord le caveau qui est situé dans la 3e chapelle
à droite à côté de celle du St.-Sacrement, MM. Davreux et Ed.
Lavalleye qui y descendirent, reconnurent qu'il y existait
quatre tombeaux scellés en maçonnerie de briques, sur lesquels
on lisait les quatre inscriptions suivantes :

« Hic jacet reverendus admodum ac perillustris Dominus
» D. Joannes Leonardus Baro De Hubens, Hungariæ magnas,
» hujus insignis eccles : Colleg : Sti Martini canonicus et custos
» qui pie obdormivit in Dni anno 26 aprilis 1787 anno ætatis
» sue 59 et decem mensis canonicus 44 sacerdos. 37. »

« Hic jacet perillustris ac generosus Dominus Ægidius Ja-
» cobus Josephus Baro De Hubens, magnas Hungariæ, hujus
» ecclesiæ per 47 annos Canonicus, decanus per tres, adorationis
» perpetuæ promotor qui obiit in festo Smi Sacramenti 23 maii
» 1780 ætatis (Augusti Sta Juliana) 68 erga quam devotissi-
» mus erat. »

« Hic jacet reverendissimus Jacobus Ignatius Baro de Hubens
» magnas Hungariæ insignis ecclesiæ Sti Petri Leodiensis Cano-
» nicus presbiter ætatis 53 Canonicatus 30 qui hic cum fatri-
» bus suis sepelliri desideraverit. Obiit 14 julii anno 1777. »

« Hic jacet reverendissimus ac perillustris Dominus Andreas
» Michael Josephus Baro De Hubens, magnas Hungariæ, ætatis
» 58 per 35 annos hujus ecclesiæ Canonicus et presbiter qui.
» obiit Tungris 23 9bris 1774. »

On se transporta ensuite dans la chapelle souterraine qui
existe derrière l'autel de la Ste.-Vierge, dans la partie droite
du transcept, où l'on souleva une trappe en pierre de taille,
qui recouvrait l'entrée du caveau, après y être descendu, on
reconnut que ce caveau de construction moderne, ne remontait
guère au-delà de l'année 1770, qu'il avait été exclusivement
destiné à la sépulture des chanoines de la ci-devant collégiale

de St.-Martin. Dix-neuf loges étaient remplies, toutes étaient scellés en maçonneries à l'exception de quatre laissées ouvertes. La plus ancienne tombe remontait à l'année 1777. Après quelques fouilles qui restèrent sans résultat, la pierre qui fermait la trappe fut replacée.

Les personnes susmentionnées se transportèrent ensuite dans le chœur de l'église, où elles procédèrent à l'ouverture du tombeau de l'évêque Eracle, qui est placé du côté de l'évangile.

Cette tombe qui fait face à la crédence est couverte d'une table de marbre d'une seule pièce, qui céda après quelques efforts. Cette table enlevée on trouva immédiatement au-dessous une lame en cuivre large de trente centimètres, longue de 90 centimètres et d'une épaisseur de 8 millimètres, clouée sur une planche de même dimension, on avait gravé sur le cuivre l'inscription suivante :

D. O. M.

Eraclio. Ducis. Polensis. filio. Saxoniæ. Ducis. filia patriæ. hujus. episcopo. hujusque ecclessiæ. nobilissimo ibidemque. sepulto. pontificem egit.

Anno 960 obiit. anno administrationis 12. 6. K^1 9^{br}.

Cette inscription est entourée de dessins et de têtes, dans le goût de la renaissance, au milieu des bordures de droite et de gauche se trouvent les armes d'Eracle qui ont été reproduites sur le marbre extérieur du tombeau. Nous pensons que cette plaque de cuivre provient du mausolée que l'on avait érigé à Eracle à la reconstruction de l'église au XVIe siècle et qui fut démoli lors des réparations que les chanoines firent faire pour le jubilé de 1746. Cette plaque ayant été enlevée on trouva en-dessous un coffret en plomb sur lequel on avait écrit avec la pointe d'un stylet les mots suivants :

Ossa Rni Dmi
Eracly epi. Leod.
Fundatoris Nri 1746.

Quatre cachets en plomb scellaient ce coffret, ils portaient l'empreinte du chapître de St.-Martin (St.-Martin à cheval don-

n**»** son manteau au pauvre). Le couvercle de ce coffret ayant
;» enlevé, on trouva à l'intérieur une cassette en bois de
;êne verni, parfaitement conservée, d'une longueur de 43
centimètres, d'une largeur de 28 centimètres et de 27 centimètres de hauteur, le couvercle en ayant été également enlevé, on y trouva attaché à l'intérieur, le procès-verbal suivant,
écrit sur parchemin et portant les signatures des chanoines
qui y furent présents.

« Anno D^{mi} MDCCXLVI die XV mensis Martii, Demolito
» antiquo mausoleo R^{mi} D^{ni} Euraclii epis : Leod : fundatoris
» nostri juxta resolutionem Capituli 12me curritis inventa sunt
» Hœc ossa panno serico rubra involuta et in thecâ ligneâ pene
» corrupta reclusa quæ RR. DD. subsiguati in theca lignea
» nova et deinde plumbeâ prius novo panno serico rubro
» involuta reposuerunt hac 21 Martii anno ut suprà. »

Tilmanus Dossin Decanus, H. P. Coune Cantor, Joannes
Baptista Paradis canonicus St-Martini, Egidius De Hubens protonotarius apostolicus, Andreas de Hubens
Canonicus. Dion. Arn. Guil. Tombeur *notarius et ca-*
pituli secretarius.

Les os de l'évêque, assez mal conservés, étaient contenus
dans une enveloppe de toile bleue claire.doublée en soie rouge
avec des franges de même couleur à trois cotés; on y trouva le
crâne qui avait 185 millimètres ; le fémur qui en avait 435,
des phalanges des doigts, des côtes, des dents, des morceaux
d'étoffe tissée d'or et de soie, sur lesquels on reconnut des
traces de couleur rouge et violette, des fragments d'étoffe de
chanvre, et de petits morceaux de bois de chêne assez bien
conservés. Après avoir exploré ces restes précieux avec la plus
religieuse attention, on a acquis la conviction qu'il ne contenaient aucune partie de l'anneau, ni de la Crosse pastorale; ils
furent ensuite replacés dans la soie qui les contenait et furent
déposés de nouveau dans le petit coffret en bois qui fut repla-
cé dans son enveloppe de plomb.

TABLE

DES MATIÈRES.

— ✠ —

APPENDICES ET PREUVES.

FIN DE LA TABLE.

MANDEMENT

POUR LA PUBLICATION DE LA BULLE PONTIFICALE DU JUBILÉ QUI SERA
CÉLÉBRÉ EN 1846 DANS L'ÉGLISE DE ST.-MARTIN A L'OCCASION DE
LA SIXIÈME COMMÉMORATION SÉCULAIRE DE L'INSTITUTION DE LA
FÊTE-DIEU.

*Corneille-Richard-Antoine Van Bommel, par la grâce de
Dieu et du Saint-Siége Apostolique, Evêque de Liége,
Prélat Domestique de S. S. et Évêque Assistant au Trône
Pontifical, au clergé et à tous les fidèles de notre diocèse
salut et bénédiction en Notre Seigneur.*

NOS TRÈS-CHERS FRÈRES.

C'est avec un vif sentiment de reconnaissance envers la divine miséricorde que nous annonçons aujourd'hui pour la ville
et le Diocèse de Liége une grande et heureuse nouvelle.

La cité de Liége, après avoir hérité de son fondateur saint
Hubert ce magnifique sceau qui forme en même temps sa devise :
Sois sainte et la digne fille de Rome! (1) a traversé douze siècles en remplissant noblement une si haute destinée. Nous
pourrions rappeler ici ses relations avec la ville éternelle qui
furent si intimes que Liége donna à Rome au moins quatre

---

(1) *Inter alia monumenta*, dit Baronius ad an. 699 n° 1, *quibus suam ecclesiam illustravit (Hubertus), illud quidem
edidit haud mediocris gloriæ et utilitatis quo posteris omnibus bené voluit esse consultum, ne fidem catholicam quam
purissimo e latice hausiam bibissent, aliquando, novatoribus
suadentibus permutarent. Quo igitur sibi subditos in catholicæ fidei observantia et Stæ Romanæ Ecclesiæ obedientia,
a qua S. Evangelium accepissent, cultu perpetuo firmiter contineret posteros et eodem vinculo obligaret* TRADI-
DIT PUBLICUM SIGILLUM URBI S. LAMBERTI MARTYRIS IMAGINE SCULP-
TUM, *atque hujusmodi inscriptione notatum :* SANCTA LEGIA
ROMANÆ ECCLESIÆ FILIA.

16

Papes (1) et un nombre considérable de Princes de l'Eglise (2) ;
nous pourrions louer son application soutenue à l'imiter dans
la majesté du culte , dans le nombre et la magnificence de ses
basiliques (3), et dans la sainte profusion de ses établissemens
religieux et de charité ; mais nous préférons nous arrêter à
d'autres traits de ressemblance plus glorieux encore , qui l'ont
rendue la digne fille de sa mère. Liége en effet a brillé, même
dans les temps les plus difficiles , par son attachement inviolable à la foi catholique; Liége a su défendre ce dépôt sacré contre l'hérésie avec une si noble ardeur, que c'est peut-être là
l'origine de la mission providentielle qu'elle reçut de préparer
le triomphe du plus auguste mystère de notre foi.

(1) Ces Papes sont : 1. Frédéric, grand oncle de Godefroid de
Bouillon, Archidiacre de Liége, qui devint Pape en 1057 sous le
nom d'Etienne IX (ou X) ; c'est lui qui tira de sa solitude Saint-
Pierre Damien pour le faire Cardinal Evêque d'Ostie, et qui envoya à l'Eglise de Liége, en 1058, sous l'évêque Théoduin, une
magnifique relique de la vraie Croix, qui se conserve encore dans
le trésor de la cathédrale.
2. Gérard de Bourgogne, chanoine de l'Eglise de Liége, succéda
à Etienne IX sous le nom de Nicolas II.
3. Jacques Pantaléon, chanoine et archidiacre de Liége, l'un
des plus savants théologiens de son siècle, devint Pape sous le
nom d'Urbain IV.
4. Thibaud, également archidiacre de Liége, élu Pape sous le
nom de Grégoire X, présida au 2ᵐᵉ concile général de Lyon en
1274. Il est compté parmi les Bienheureux dans le martyrologe
romain au 6 février.
(2) Entre ceux qui ont occupé le Siége Episcopal de Liége, on
en compte quatre qui furent honorés de la pourpre romaine,
savoir : St Albert de Louvain, Erard de la Marck, Gérard de
Groesbeck et Jean Théodore de Bavière.
Parmi les autres cardinaux en grand nombre tirés du clergé
et surtout du Chapitre de Liége, nous mentionnerons particulièrement Hugues de St.-Cher, docteur de Sorbonne, provincial
des Dominicains à Liége et l'un des confidents de Ste.-Julienne.
Créé Cardinal-Prêtre du titre de Ste.-Sabine par Innocent IV, il
vint à Liége en qualité de Légat apostolique en 1249 et y publia
un décret pour faire solenniser dans tous les pays de sa légation,
a Fête-Dieu qu'il célébra lui-même dans l'église collégiale de
St.-Martin.
(3) Outre l'ancien et illustre Chapitre de St.-Lambert qui comp-

La divine Eucharistie est incontestablement le trésor par excellence de l'Eglise militante. Les bienheureux habitans de la Cité céleste jouissent de la vue immédiate du Dieu trois fois saint. Ils contemplent avec un ineffable bonheur l'essence divine, et possèdent, parce qu'ils le voient face à face et tel qu'il est, l'Eternel qui ne connaît ni passé ni futur, le Tout-Puissant qui d'une parole tira du néant le ciel et la terre; la Sagesse infinie qui atteint tout avec force et dispose de tout avec douceur. Ils se plongent avec délices dans la source infinie de tout bien, de toute grandeur et de toute félicité. Leur Dieu est le Roi immortel des siècles dans les splendeurs des Saints. Nous, faibles mortels, enfans d'Ève, qui souffrons et combattons dans cette vallée de larmes, nous possédons le même Dieu, mais c'est *un Dieu caché* dans un adorable mystère. Pour se faire *notre Dieu*, il a poussé l'amour, la bienveillance pour nous, non seulement jusqu'à se faire homme comme nous, mais jusqu'à devenir notre Pontife et notre victime, notre nourriture et notre force, le compagnon inséparable de notre pélerinage, et notre viatique au passage de la vie à l'éternité. Contemplez ce Dieu eucharistique descendant tous les jours en corps et en âme sur nos autels, comme il est descendu une fois dans le sein de la Vierge, et continuant en quelque sorte le mystère de son incarnation afin de vous donner aussi, sous les plus humbles apparences, la représentation quotidienne et réelle de sa passion et de son triomphe sur la mort. C'est dans cet ineffable mystère d'amour que Jésus-Christ, toujours assis à la droite de Dieu son Père, a trouvé le secret de demeurer personnellement et substantiellement avec nous jusqu'à la consommation des siècles. Il y reçoit nos hommages et nos adorations ; il

---

tait soixante Tréfonciers et plus de vingt autres Chanoines, la ville de Liége possédait huit collégiales, savoir Saint-Pierre, St.-Paul, St.-Martin, St.-Jean, St.-Denis, Ste.-Croix, St.-Barthélemi et St.-Jacques. Chacune de ces collégiales comptait trente chanoines. Il y avait en outre dans les villes du Diocèse treize autres Collégiales, huit Abbayes d'hommes et onze de filles, sans compter un nombre considérable d'autres communautés religieuses de l'un et de l'autre sexe.

y retrace toutes les vertus de sa vie mortelle ; il y écoute nos vœux et nos prières ; il y distribue ses grâces et ses consolations ; il s'y donne et s'y communique lui-même ; il y fait ses délices d'habiter avec nous et en nous, comme gage de notre union éternelle avec lui.

Le sacrement d'Eucharistie est donc l'abrégé des merveilles qu'un Dieu de bonté et de clémence a opérées pour le salut des hommes ; il est pour eux le grand objet de leur culte, la victime de la nouvelle alliance, autour de laquelle ils doivent se réunir pour offrir à la Divinité un don et des hommages dignes de son infinie majesté. Sans l'Eucharistie, il n'y a plus dans l'Église de culte suprême ; l'Eglise est veuve de son divin Epoux ; ses enfans sont des orphelins abandonnés ; le chef-d'œuvre de la sagesse divine, pour relier le ciel à la terre, a disparu.

Aussi les hérétiques des premiers siècles qui avaient attaqué la plupart des dogmes, n'osèrent point toucher à celui-ci. Nier le sacrifice et le sacrement du Corps et du Sang de Jésus-Christ, leur eût paru renverser le Christianisme, et ils prétendaient l'épurer.

Une si audacieuse témérité était réservée au onzième siècle, et ce fut l'archidiacre Bérenger qui, reprenant les erreurs déjà oubliées de Jean Scot d'Erigène, osa le premier soutenir publiquement que le Corps et le Sang de Jésus-Christ ne se trouvent pas réellement présents sous les espèces du pain et du vin.

Alors l'Eglise de Liége entra vigoureusement dans l'arène. *Les premiers coups portés au monstre de l'hérésie*, dit un célèbre historien (1), *partirent de la très-illustre Église de Liége, renommée par son attachement à la foi orthodoxe.* Son Evêque, et Adelman (2), chanoine écolâtre du chapitre, signalèrent leur

_____

(1) *Baronius ad ann.* 1035. *Vides lector, prima spicula in virulentum draconem vibrata fuisse a nobilissima Ecclesia Leodiensi, catholicæ fidei tenacissima; in primis vero ab ejus episcopo Durando.*

(2) Adelman, disciple de Fulbert, évêque de Chartres, adressa à Bérenger, son ancien condisciple, un traité en faveur du dogme Eucharistique, qui se trouve dans la Bibliothèque des Pères, Tom. 3. p. 949.

zèle dans des écrits où ils prouvèrent le dogme de la présence
réelle par la croyance de tous les siècles et appuyèrent le texte
des divines Ecritures du sentiment unanime des Pères. Algère (1), autre savant du clergé de Liége, marcha sur leurs
traces, et au jugement du docte Pierre de Cluny, *réfuta plei-
nement, parfaitement, victorieusement l'archidiacre d'Angers.*
Enfin, un ancien membre du chapitre de Liége, devenu Pape,
sous le nom de Nicolas II, obligea le novateur, dans un concile
tenu à Rome, d'abjurer ses erreurs et de jeter au feu les écrits
de Jean Scot où il les avait puisées.

Après avoir fourni de si zélés défenseurs du plus auguste de
nos mystères, l'Eglise de Liége parut digne de lui élever un
monument qui fut comme un hommage éclatant rendu à la
vérité eucharistique, une profession publique de la foi en la
présence réelle de Jésus-Christ dans le sacrement de son amour,
une réparation des outrages qu'il y reçoit, une hymne d'actions de grâces pour un si précieux bienfait et un antidote contre
les erreurs des siècles qui allaient suivre.

Ce monument, N. T. C. F., c'est la solennité de la Fête-Dieu.

Comme toutes les grandes choses qui se font dans l'Eglise,
la Fête-Dieu eut ce double caractère, de devoir son origine à
une cause très-faible en apparence, et de s'être affermie au
milieu des obstacles et des contradictions.

Ici se déroule l'histoire d'une sainte fille, inconnue, mé-
prisée du monde, et devenue cependant l'instrument d'un si
vaste dessein. Ste.-Julienne (2), née en 1193 au village de

(1) Algère a composé contre Bérenger un traité *de veritate corporis et sanguinis Domini in Eucharistia*, réimprimé à Anvers par les soins d'Erasme et inséré au Tome 6 de la Bibliothèque des Pères.

(2) Julienne devenue orpheline à l'âge de cinq ans, fut confiée
aux religieuses hospitalières du monastère de Cornillon à l'extré-
mité d'un faubourg de Liége. Elle s'y distingua par son application à l'étude, au travail et aux vertus les plus sublimes de la
perfection religieuse. Ce fut là que dans ses communications intimes avec le Seigneur, elle reçut ses premières inspirations pour
l'établissement de la fête du Saint-Sacrement. (Voir l'*Histoire
de l'institution de la Fête-Dieu* ou Fisen, *Origo festi corporis
Christi.*)

Retinne près de Liége, se trouva depuis son enfance, éprise de l'amour le plus ardent pour l'adorable Sacrement de nos autels. Eclairée d'en haut, on la vit pendant une longue suite d'années, préoccupée de cette pensée unique, qu'il manquait à l'Eglise une brillante clarté, parce qu'il manquait à son divin Epoux une fête spéciale en l'honneur de son Corps sacré et de son précieux Sang. Quoiqu'appuyée de l'autorité de plusieurs docteurs célèbres (1), elle eut la douleur de voir ses intentions méconnues et ses vues traversées. Enfin, après vingt ans de luttes, de contrariétés et d'inutiles démarches, un pieux Evêque, Robert de Torote, qui du siége de Langres avait passé à celui de Liége, mit le comble à ses vœux. Il porta, l'an 1246, pour tout son diocèse, le décret d'institution de la Fête-Dieu, fixée au jeudi après la Trinité, et s'en fit lire l'office pendant la maladie dont il mourut peu après. Les chanoines de la collégiale de St. Martin furent les premiers à célébrer cette touchante solennité. Mais il s'en faut qu'elle fut également bien accueillie ailleurs. La Sainte fut même traitée de visionnaire, la Fête de nouveauté; c'était, disait-on, assez honorer le saint Sacrement, que de célébrer journellement le saint sacrifice de la Messe; une fête spéciale paraissait superflue. Ainsi les uns rejetèrent ouvertement la solennité, les autres firent leurs réserves jusqu'à ce que l'Eglise universelle eût parlé. Elle parla enfin, cette Eglise universelle, et ce fut encore un ancien archidiacre de Liége, devenu Pape sous le nom d'Urbain IV, qui en fut le premier organe. Il publia en 1264 une Bulle pour étendre la fête à toute la chrétienté, et cette Bulle fut confirmée par Clément V au concile œcuménique de Vienne (2).

---

(1) L'un d'eux qui mérite une mention spéciale, est le pieux et savant Jean de Lausanne, chanoine de St.-Martin.

(2) Urbain IV mourut l'année même qu'il publia sa constitution de 1264. Après sa mort, les guerres intestines qui troublaient alors l'Italie, firent oublier la nouvelle fête; et, à l'exception du diocèse de Liége, elle ne se célébrait nulle part. Plus de cinquante ans après, Clément V, dans le concile de Vienne, ordonna la mise à exécution de la bulle d'Urbain IV et alors la fête commença à être généralement célébrée. Jean XXII successeur de Clément V, en confirmant la constitution dite *Clémentine*, décréta, que la

Quelle gloire, N. T. C. F., pour l'Eglise de Liége d'avoir été ainsi providentiellement destinée à procurer à la divine Eucharistie son jour annuel de triomphe, à l'Eglise universelle sa plus brillante solennité! Faut-il être étonné, si dans les jours les plus mauvais du 16e siècle, lorsque l'hydre de l'hérésie, après avoir ravagé tant de pays, se présenta aux portes de la cité de St. Hubert, ses enfants se trouvèrent assez fermes dans la foi, pour la forcer par un cri d'indignation à une prompte retraite (1)? Marqués au front du sceau de leur saint Fondateur, ils se déclarèrent pour Rome et sauvèrent le trésor de leur foi. Pour les raffermir de plus en plus dans cette foi de leurs pères, on vit leurs vénérables Pontifes aider à l'érection de l'illustre archiconfrérie du très-saint sacrement de l'Autel dans la collégiale de St. Martin (2), et à l'introduction dans la ville et dans le diocèse de la sainte pratique de l'adoration perpétuelle (3), et

---

Fête-Dieu serait solennisée avec octave et qu'on porterait le Saint-Sacrement en procession. Martin V ordonna que la Fête se célébrât au son des cloches, à portes ouvertes, même dans les localités et terres soumises à l'interdit ecclésiastique, et il doubla les indulgences accordées par Urbain IV. Enfin Eugène IV, en 1433, confirma la Bulle de Martin V, enrichit la fête de nouvelles indulgences, et voulut que tous les évèques de la chrétienté publiassent à ce sujet des lettres pastorales dans l'étendue de leurs diocèses.

(1) Le poison de l'hérésie s'étant glissé dans l'esprit de quelques Liégeois vers 1561, on excita les assemblées du peuple à recevoir la confession d'Augsbourg. Mais les anciens métiers, composés en grande majorité de bons catholiques et puissamment stimulés par Pierre de Bex et Gérard de Fléron, repoussèrent unanimement et avec force les propositions des rares partisans de l'hérésie.

(2) D'après l'auteur de l'Histoire de l'Institution de la Fête-Dieu, il se forma plusieurs confréries du Très-Saint-Sacrement, ou du Sacré Corps de J.-C. Mais il regarde comme la plus ancienne celle que l'évèque de Liége érigea dans l'église de St.-Martin où la Fête-Dieu avait été célébrée en premier lieu. Fisen, dit-il, qui écrivait en 1628, rend témoignage à l'antiquité de cette confrérie, laquelle date de temps antérieurs à 1539, année de l'établissement dans l'Eglise de Ste.-Marie de la Minerve de l'archi-confrérie de Rome, par le pape Paul III. Les chanoines de St.-Martin demandèrent l'aggrégation de leur confrerie à celle de Rome et elle leur fut accordée en 1575.

(3) L'Adoration perpétuelle, à laquelle donnèrent lieu les

combien d'églises dans la chrétienté profitèrent de ces beaux
exemples et s'affilièrent à l'Eglise de Liége!

Enfin cette Eglise a de siècle en siècle célébré avec pompe
la mémoire de l'institution de la Fête-Dieu qui fait à jamais son
plus beau titre de gloire (1). Et comme l'année 1846 est celle
de la sixième commémoration séculaire de ce grand événement,
nous avons profité de notre séjour à Rome, pour supplier notre
Saint-Père le Pape Grégoire XVI d'accorder à cette occasion
une indulgence plénière en forme de Jubilé. Nous sommes heureux, N. T. C. F., de pouvoir vous annoncer, qu'il a daigné
déférer à nos vœux. Le Chef auguste de l'Eglise, par l'exercice
le plus étendu de la puissance qui lui a été donnée de remettre les péchés et de bénir les hommes, veut bien relever
l'éclat de la solennité que nous allons célébrer. Nous publions
la Bulle pontificale qui contient ces faveurs.

GREGORIUS PP. XVI.

« Universis Christi fidelibus præsentes litteras inspecturis
» salutem, et Apostolicam Benedictionem. Ad augendam fide-
» lium religionem, et animarum salutem cœlestibus Ecclesiæ
» thesauris pia charitate intenti, omnibus et singulis utriusque
» sexus Christi fidelibus vere pœnitentibus, et confessis, ac
» Sacra Communione refectis, qui Ecclesiam S. Martini Civ.
» Leodiens., vel aliquam aliam Ecclesiam ejus Civitatis per
» Ordinarium designat. die festo Solemnitatis SS. Corporis
» Christi anni proxime futuri, vel in uno ex quatuordecim
» diebus immediate subsequent. devote visitaverint, et ibi pro

---

prières de 40 heures, fut établie à Liége le 4 août 1765 par le
Prince-Evêque Charles d'Oultremont et approuvée par le Pape
Clément XIII le 4 decembre de la même année.

(1) Le Jubilé de 1746 concédé par le Pape Benoît XIV fut
publié par le Cardinal Jean-Théodore, Prince-Evêque de Liége.
La présence de cette Eminence et des nombreux dignitaires de
l'Eglise de Liége, le concours des hauts fonctionnaires de tout
ordre, la pompe des cérémonies, l'affluence des fidèles du pays et
des contrées voisines, le nombre prodigieux des communions,
tout contribua à la splendeur de cette grande solennité.

» Christianorum Principum concordia, hæresum extirpatione,
» ac S. Matris Ecclesiae exaltatione pias ad Deum preces effu-
» derint, plenariam omnium peccatorum suorum indulgen-
» tiam, et remissionem, quam etiam Animabus Christi fidelium,
» quæ Deo in charitate conjunctæ ab hac luce migraverint per
» modum suffragii applicari posse misericorditer in Domino
» concedimus. Præterea etiam impertimur, ut Moniales, in
» carceribus detenti, ac alii ejusdem Diœcesis Christi fideles
» qui ob aliquod legitimum impedimentum, aliquam ex dictis
» Ecclesiis visitare nequiverint, nec non pueri, qui nondum
» Sacram Synaxim sumpserint, eadem indulgentia plenaria,
» et remissione omnium peccatorum gaudere valeant, dum-
» modo Moniales Ecclesiam, seu Capellam respectivi Monas-
» terii rite dispositæ visitent, et ut supra orent; in carceribus
» detenti, aliique legitimo impedimento detenti rite pariter
» dispositi alia pietatis opera a Confessario injungenda pera-
» gant : itemque pueri aliqua pietatis opera a Confessario sta-
» tuenda persolvant. Ut autem Christi fideles cœlestium mu-
» nerum hujusmodi facilius valeant esse participes, Venerabili
» Fratri Moderno Episcopo Leodien. aliquot Presbyteros secu-
» lares, vel Regulares ad excipiendas ipsorum Sacramentales
» confessiones alias approbatos deputandi, qui eosdem Christi
» fideles eorum confessionibus diligenter auditis ab omnibus,
» et quibuscumque excessibus, criminibus, ac casibus Sedi
» Apostolicæ reservatis (hæresis, simoniæ, duelli, violationis
» clausuræ Monasteriorum Monialium, et recursus ad judices
» laicos contra formam Sacrorum Canonum exceptis) nec non
» excommunicationis, aliisque ecclesiasticis sententiis, cen-
» suris, ac pœnis imposita cuilibet arbitrio suo pœnitentia sa-
» lutari in foro conscientiæ tantum absolvere, ac vota simplicia
» in aliud pium opus eorum similiter arbitrio, et prudentia
» commutare possint, facultatem auctoritate Aplica tenore præ-
» sentium concedimus, tribuimus, et elargimur. Non obstant.
» Aplicis, ac in universalibus Provincialibusque, et Synoda-
» libus conciliis editis generalibus, vel specialibus constitu-
» tionibus, et ordinationibus, ceterisque contrariis quibus-
» cumque. Praesent. pro hac vice tantum valituris.

» Datum Romæ apud S. Petrum sub Annulo Piscatoris die
» 23 Maii MDCCCXLV. Pontificatûs Nostri Anno Decimoquinto. »

A. Card. LAMBRUSCHINI.

Nous nous bornons à cette publication de la Bulle pontificale. Le programme des fêtes sera publié plus tard. Il est cependant de notre devoir, N. T. C. F., de vous donner dès aujourd'hui quelques conseils sur la manière de vous préparer
de loin à une si grande solennité afin que vous en retiriez
pour votre salut éternel les fruits les plus abondants.

I. Et d'abord nous dirons un mot de la part que sans doute
vous voudrez prendre à tout ce qui doit relever l'éclat de la
solennité et devenir un exemple pour nos arrière-neveux.

Le chapitre de St-Martin qui figure si honorablement dans
l'histoire de l'institution de la Fête-Dieu, et qui contribua si
largement à la solennisation du dernier Jubilé, a disparu;
mais la vénérable archi-confrérie du saint Sacrement est demeurée attachée à l'ancienne collégiale et s'offre à remplacer
le chapitre auprès du peuple fidèle, à l'effet de seconder son
zèle et d'en régulariser les pieux mouvements. Nous vous ex-
hortons, N. T. C. F., à vous abandonner avec confiance à sa
direction pour qu'en mettant de l'ensemble et de l'harmonie
dans les efforts réunis du clergé et des fidèles, l'on parvienne
à donner à la solennité le degré de splendeur que réclament,
et la noble cité qui la célèbre, et surtout l'auguste et divin
Sacrement qui en est l'objet. Nous émettons ici le vœu, qu'à
l'occasion du Jubilé, un grand nombre de personnes éminentes en dignité et en vertu, se fassent agréger à l'archi-confrérie; que surtout la ville et le diocèse, qui s'y trouvent déjà
si dignement représentés, le soient, dès avant la célébration
de la Fête, par un nombre d'associés beaucoup plus considérable encore. Ce zèle et cet empressement nous combleront de
joie.

II. Mais il est des soins plus importans qui doivent vous
préoccuper, N. T. C. F., c'est d'ouvrir et de préparer les temples de vos cœurs à recevoir les grâces et les bénédictions spéciales du Jubilé. Vous y réussirez par la prière et les bonnes
œuvres.

D'abord par la prière.

Vous en connaissez la nécessité, l'excellence, la force, les conditions ; ce n'est pas de cela que nous voulons vous entretenir. Ce que nous désirons obtenir de vous, c'est, à dater de la publication de la Bulle du Jubilé, une plus grande assiduité dans vos familles à assister et à participer aux saints mystères ; c'est encore un empressement plus vif et plus général à visiter le saint Sacrement dans les églises où se fait l'adoration perpétuelle. Nous espérons que l'année du Jubilé de St.-Martin, sera pour cette excellente pratique de l'adoration perpétuelle, une année de renouvellement dans tout notre diocèse. Nous conjurons les ministres du Seigneur qui habitent en quelque sorte sa maison et son sanctuaire, de donner l'élan au peuple fidèle par leur exemple et par leurs exhortations, afin que le Seigneur soit plus que jamais loué, honoré et adoré dans le sacrement de son amour. Et vous, âmes pieuses, qui l'aimez et le vénérez déjà, suppliez-le de vous disposer dès-à-présent à goûter pendant les saints jours du Jubilé quelque chose du bonheur et des consolations intimes qui inondaient le cœur de Julienne et de ses compagnes. Appliquez-vous à étudier ce parfait modèle de toutes les vertus qui distinguent les zélés adorateurs du Dieu eucharistique. Invoquez-la tous les jours avec confiance, et rendez-la-vous propice en aidant à la construction du monument religieux que la piété de ses compatriotes élève en ce moment dans le village où elle est née. Il est encore une prière que nous adressons aux âmes dévouées à Dieu, soit qu'elles vivent dans le monde, soit qu'elles habitent les asyles de la piété ; chaque fois que pendant ces jours de préparation vous serez prosternées devant nos tabernacles, suppliez le Seigneur avec une sainte ardeur d'ouvrir les yeux à tous ceux qui les tiennent encore fermés aux clartés de la foi, et ne fléchissent plus le genou au nom adorable de Jésus notre divin Sauveur. Conjurez-le d'amener ces esprits séduits et ces cœurs malades au pied de la chaire de vérité, pour y subir l'heureuse et puissante action de la parole de vie, qui pénètre jusqu'au fond des âmes, et y ramène la lumière, la chaleur et le mouvement ; puis, de les conduire au tribunal de la divine clémence, où il suffit de s'accuser humblement

pour cesser d'être coupable. Qu'il parte de tous les cœurs en-
flammés de l'amour divin des vœux ardents pour le retour
des pécheurs !

III. Mais, N. T. C. F., si nous désirons que nos prières soient
agréables à Dieu, il faut qu'elles soient accompagnées de bonnes
œuvres; et telle est notre situation présente, que ce sera sans
contredit, la meilleure et la principale préparation aux fêtes
du Jubilé.

En effet, depuis quand avons-nous vu des circonstances
plus propres à stimuler la charité chrétienne, que celles qui
sont nées de la perte presque totale d'une denrée jugée indis-
pensable à la subsistance des pauvres et des classes ouvrières?
Et que serait-ce, si à la pénurie et à la cherté des vivres venaient se joindre les rigueurs d'un froid intense et le manque
de travail? Mais sans devoir pénétrer dans ce sombre avenir,
nous nous croyons dès-à-présent suffisamment autorisés à faire
un appel sérieux à votre générosité, au nom et pour l'amour de
Celui que vous adorez enveloppé de langes dans une crèche et
renfermé sous de vulgaires apparences dans un simple tabernacle, parce qu'étant riche il a voulu se faire pauvre afin de
nous enrichir.

C'est d'abord à vous, Ministres de ce Dieu de charité, que
nous devons nous adresser, parce que c'est vous qui avez reçu
de lui la double mission de soigner les intérêts de l'éternité et
de soulager les misères du temps. On vous rend hautement le
témoignage bien consolant sans doute, que vous vous acquittez
dignement de cette noble mission; nous vous en félicitons de
toute l'étendue de notre cœur. Continuez, et puisque les be-
-soins du peuple deviennent plus alarmants, redoublez même
de zèle et d'activité. Qu'elles sont belles les démarches des
ministres de l'Evangile de la paix, lorsqu'en prêchant la céleste doctrine qui console et encourage le pauvre et le malheureux, on les voit, à l'imitation du divin Maître, marquer leur
passage par des bienfaits, verser l'huile et le vin dans les plaies
du malheureux, pleurer avec ceux qui pleurent, souffrir avec
ceux qui souffrent, se faire tout à tous, afin de pénétrer dans
les âmes par la charité et de les gagner toutes à Dieu! Qu'ils
sont dignes de louanges, ces hommes de miséricorde, dont le

zèle est comme une source qui ne tarit pas, et dont les œuvres de piété subsisteront toujours !

Malheureusement il n'est que trop vrai, que les moyens dont notre vénérable clergé dispose en propre, sont excessivement bornés et hors de toute proportion avec son désir de faire le bien. Mais d'abord, ces ressources se multiplient par la bonne harmonie avec les autorités civiles, et nous avons l'entière conviction, que jamais cette union n'aura été plus intime que durant ces temps calamiteux. Partout où le clergé sera appelé à faire partie des bureaux de bienfaisance et des comités de charité, il prêtera son concours avec empressement, en appuyant toutes les mesures qui seront prises dans l'intérêt des malheureux. Tel est notre désir, telle est notre volonté.

Ensuite, au bon exemple les disciples du Seigneur doivent joindre le ministère de la parole. Oui, prêtres du Très-Haut, unissez votre voix à la nôtre; qu'elle retentisse durant cet hiver aux oreilles des fortunés du siècle, afin qu'ils parviennent à comprendre et à aimer le précepte de l'aumône. Calculez souvent avec eux la somme immense de consolations pour la vie présente et d'espérances pour la vie future que l'aumône procur . Disposez leurs cœurs à la compassion par le tableau des souffrances de leurs frères, et mieux encore, efforcez-vous de les déterminer à se rendre au domicile du malheureux, pour voir et pour toucher les plaies qui le couvrent. C'est alors surtout que s'ouvriront tout-à-la-fois leurs cœurs et leurs trésors et qu'une rosée bienfaisante viendra rafraîchir et ranimer le pauvre sur sa couche.

Nous dirons encore aux riches, et vous le redirez en notre nom, que s'ils veulent multiplier les moyens de soulager les maux du peuple, il faut, et peut être il suffira qu'ils retranchent les superfluités d'un luxe qui va toujours croissant et menace d'absorber leurs ressources. Ce sacrifice leur coûtera moins, s'ils reconnaissent avec nous la main de Dieu dans la calamité qui nous frappe; et si, en s'humiliant avec les pauvres sous cette main toute-puissante, ils font avec eux de dignes fruits de pénitence.

Nous ne saurions assez inviter la jeunesse chrétienne de notre diocèse à s'associer dans un but de charité, sous le patronage de St.-Vincent de Paul, afin de venir aux secours des pauvres. Unie par ce lien sacré, elle sera plus ferme et plus puissante en œuvres. Qu'elle se forme en même temps à répandre avec l'aumône les consolations de cette religion divine, qui seule inspire la vraie résignation dans les maux de cette vie, et apprend à les convertir en biens réels pour l'éternité. Faire connaître à ceux qui souffrent les vérités consolantes de la religion, c'est ouvrir leurs cœurs à la confiance ; et dès que cette confiance renaît, quand ils seraient au fond de l'abîme, ils sauront faire monter leurs cris vers le Seigneur, pour retrouver en lui un père plein de bonté et de miséricorde.

Nous ne terminerons pas sans engager tous ceux que la charité anime, à prendre pour règle, de procurer, autant qu'il sera possible, du travail aux personnes valides, et de réserver plus particulièrement les secours en nature et en argent, aux malades, aux vieillards et aux veuves chargées d'une nombreuse famille.

Et nous pourrions ajouter comme autrefois l'Apôtre à la fin de son épître aux Galates : « Tous ceux qui pratiqueront cette règle, et se conformeront aux autres avis par lesquels nous les avons préparés aux saintes solennités qui approchent, attireront sur eux, pendant ce jour de salut, la paix et la miséricorde promises aux vrais enfants de Dieu. *Quicumque hanc regulam secuti fuerint, pax super illos et misericordia et super Israël Dei* (Gal. 6, 16.). »

Sera le présent Mandement lu en chaire le dimanche qui suivra sa réception.

Fait à Liége, le 18 novembre 1845.

† CORNEILLE, Evêque de Liége.

Par Mandement,

J. BECKERS, secrétaire.

MANDEMENT POUR LA CÉLÉBRATION DU JUBILÉ QUI AURA LIEU A
L'ÉGLISE SAINT-MARTIN A LIÉGE, A L'OCCASION DE LA SIXIÈME
COMMÉMORATION SÉCULAIRE DE L'INSTITUTION DE LA FÊTE-DIEU.

*Corneille-Richard-Antoine Van Bommel , par la grâce de
Dieu et du S. Siége Apostolique , Évêque de Liége , Prélat
Domestique de S. S. et Évêque assistant au Trône Pontifical ,
au Clergé et à tous les fidèles de la ville et du Diocèse , salut
et bénédiction en notre Seigneur.*

NOS TRÈS-CHERS FRÈRES :

Dès le mois de Novembre dernier nous avons annoncé à la
ville et au Diocèse de Liége un heureux évênement dont se
préoccupent en ce moment la Belgique entière et les pays en-
vironnants.

Nous avons publié la Bulle Pontificale par laquelle Notre
Saint Père le Pape Grégoire XVI accorde une Indulgence Plénière en forme de Jubilé à l'occasion de la sixième commémoration séculaire de l'Institution de la Fête-Dieu.

Et nous ne nous sommes pas borné à faire ressortir ce que
cette solennité a de glorieux et de touchant pour la Cité de
Liége ; nous avons aussi indiqué les moyens par lesquels vous
deviez vous y préparer de loin.

Aujourd'hui que ces jours de salut approchent, nous croyons
devoir revenir sur un si grand sujet ; nous éprouvons le besoin d'exciter plus vivement notre zèle et le vôtre, afin que
la sainte quinzaine qui va s'ouvrir , soit pour tous un temps
de foi, de piété, de renouvellement, de grâces et de salut.

Nous ne nous étendrons pas sur les grandeurs de la divine
Eucharistie. Nous laissons aux hommes éminents qui viendront vous distribuer le pain de la parole, le soin de vous
faire mesurer la hauteur, la profondeur et toute l'étendue du
mystère d'amour, qui renouvelle, perpétue et complète sur
la terre le bienfait de l'Incarnation et le sacrifice de la Croix.
Ils vous diront que si Dieu a tant aimé le monde que pour le
sauver, il a donné son Fils unique, ce don a été irrévocable
et sans repentance ; le Verbe fait Chair est devenu à jamais
notre Emmanuel, Dieu avec nous, notre bien , notre propriété
demeurant en nous et faisant ses délices d'habiter avec les

enfants des hommes jusqu'à la consommation des siècles. Ils
vous le dépeindront, d'après les divines Écritures et la grande
voix de la Tradition, comme notre pain de vie et la propre
substance de nos âmes, comme notre Pontife et notre victime,
comme le fidèle et inséparable compagnon de notre pélérinage. Ainsi, mieux que jamais, vous concevrez la divine Eucharistie comme la plus haute réalité de votre foi, la plus
touchante expression de la charité divine, l'unité consommée
de vos âmes avec Dieu durant cette vie, et le gage le plus précieux de votre immortalité. Elle vous apparaîtra comme l'abrégé de toutes les merveilles divines, le résumé de tous les
dogmes, le grand et l'unique trésor de l'église militante.

Quelle haute idée ne devons-nous donc pas nous former
de notre auguste solennité ? N'apercevons-nous pas déjà pourquoi elle s'appelle par excellence la *Fête-Dieu* ? Ce n'est pas
seulement une fête commémorative de quelque insigne bienfait accordé autrefois par la Divinité aux hommes ; non, c'est
la Fête du Dieu présent et vivant au milieu de nous ; la fête
qui résume toutes les fêtes par lesquelles nous célébrons ses
bienfaits. C'est la Fête du Dieu incarné, perpétuant parmi
les hommes les effets de son Incarnation ; car le même corps
et le même sang qu'il a pris une fois dans le sein de la Vierge
Marie, il les rend véritablement, réellement et substantiellement présents, sous les apparences du pain et du vin, afin de
devenir l'aliment de nos âmes et de consommer son union
avec elles. C'est la fête de l'Agneau divin, immolé sur la
Croix pour le rachat de l'humanité; car, la même victime
pure et sans tache est réalisée, rendue présente et offerte dans
toute sa vérité et dans toute sa substance, quoique d'une manière différente, chaque jour et en tout lieu, sur nos autels;
et tout le peuple est appelé à y participer, pour devenir un
avec elle, et offrir ainsi à Dieu un culte et des hommages dignes de son infinie Majesté. C'est la Fête du Dieu ressuscité,
vainqueur de la corruption et de la mort; car, dans sa vie
sacramentelle, il apparaît aux hommes de foi qui le reconnaissent pour leur Seigneur et leur Dieu, converse familièrement avec eux, et leur communique sa vie nouvelle, la vie
de la grâce, qui devient en eux le gage de la résurrection

et le germe de la vie éternelle. Se peut-il rien de plus grand, de plus magnifique, de plus consolant que la Fête-Dieu?

Pourquoi donc l'institution de cette solennité ne remonte-t-elle pas au berceau de l'Église?

Nous avons déjà eu l'occasion de le dire : c'est que pendant dix siècles la croyance en la divine Eucharistie n'avait reçu aucune atteinte. Être chrétien, et adorer le Dieu Eucharistique, célébrer les saints Mystères ou y participer par la communion, avait toujours été une seule et même chose. La foule même des novateurs, qui pendant ce long espace de temps, s'étaient séparés de l'Église, n'avaient considéré la religion du Christ comme une réalité que par la divine Eucharistie. Il n'y avait donc eu aucun besoin de réveiller ou de soutenir la foi en la présence réelle du Dieu Eucharistique; cette foi se maintenait forte et vivace par la participation quotidienne à tous les actes essentiels du culte. Mais lorsqu'au onzième siècle une première atteinte sérieuse eut été portée à cette antique et universelle croyance, et que ce coup d'essai de l'enfer eut prélude aux efforts inouis que l'hérésie devait faire au seizième siècle pour ébranler l'Église et ruiner son culte par une attaque directe, générale et violente contre le dogme de l'Eucharistie, alors Dieu, toujours attentif à la conservation de son immortel ouvrage, prépara et amena l'institution d'une fête, qui fût, dans toute la suite des temps, un hommage éclatant rendu à la vérité, une profession publique de foi en la présence réelle de Jésus-Christ au Sacrement de l'autel, un hymne d'action de grâces pour un si précieux bienfait, et tout à la fois un puissant antidote contre l'erreur, une pieuse réparation des outrages que le Seigneur reçoit dans le monument même de son amour de la part d'hommes abusés et ingrats.

Cette fête devint pour notre Emmanuel un magnifique triomphe, pour sa divine épouse une nouvelle gloire, pour tous ses enfants une source intarissable de grâces et de consolations.

C'est ici qu'apparaissent dans toute leur beauté, dans toute leur grandeur, les destinées de l'église de Liége, choisie entre toutes les églises de l'Univers pour être le berceau d'une si auguste solennité.

Heureuse Cité ! l'Église fortunée ! tu as mérité la reconnaissance de toutes les églises de la Chrétienneté, même de celle qui est la mère et la maîtresse de toutes les autres !

Ouvrons nos cœurs à la joie, N. T. C. F. Rendons au Dieu de bonté d'éternelles actions de grâces, mais surtout, prouvons-lui notre profonde gratitude, en marchant sur les traces de nos pères, dont l'inviolable attachement à la foi et le zèle ardent pour la défendre, ont pu fixer les regards bienveillants et déterminer le choix de la divine Providence !

Il s'est écoulé six siècles depuis que la *sainte église de Liége, fille chérie de Rome* est devenue l'objet d'une si haute prédilection, et à chaque siècle elle a tressailli d'amour et d'allégresse. Ne dégénérons pas de la piété de nos ancêtres; que plutôt les cœurs des enfants se rapprochent des cœurs de leurs pères, afin que les fêtes qui vont se célébrer portent le double caractère d'être éminemment saintes et solennelles. *Hæ sunt feriæ Domini, quas vocabitis celeberrimas et sanctissimas.* (Lev. 37, 33).

I. Oui, N. T. C. F. qu'elles soient éminemment saintes ! C'est dans les desseins du Dieu Eucharistique et de son vénérable Vicaire sur la terre, leur caractère le plus essentiel. Que pures de tout mélange profane, elles ouvrent à tous les sources du Sauveur et que tous accourent pour y puiser avec joie ! Ames saintes, qui avez toujours soif de la justice, venez vous y désaltérer, et remportez-en, pour le reste de votre vie, le caractère distinctif d'amantes de Jésus-Christ à l'imitation de l'humble Vierge de Rétinne, qui par la ferveur de son amour pour l'adorable Sacrement mérita de devenir la promotrice de notre auguste solennité. Et vous, qui gémissez encore sous le poids de vos péchés, vous qui êtes frappés d'une langueur mortelle, plongés dans cette déplorable indifférence qui ravage aujourd'hui une partie de l'héritage du Seigneur, ah ! prenez courage ; ouvrez vos cœurs à la confiance ; approchez de votre Dieu avec amour ; c'est pour vous surtout que les jours qui vont luire, seront des jours de

vérité, de lumière et de vie. Hâtez-vous de faire un sérieux
retour sur vous-mêmes ; bientôt vous aurez récupéré la grâce
de votre divin Sauveur, et goûté combien il est doux de
l'aimer et glorieux de le servir.

C'est , N. T. C. F. pour vous aider tous à entrer dans ces
voies salutaires, que des instructions particulières et ana-
logues aux solennités prochaines auront lieu pendant les
quelques jours qui en précéderont l'ouverture ; et nous invitons, nous conjurons tous les fidèles, surtout les pères de
famille et les jeunes gens, de s'y rendre avec la simplicité
de la foi , et de se préparer ainsi à gagner la grâce du Jubilé
dès le commencement de la sainte quinzaine, et avant le
concours , probablement très-considérable , des étrangers.
Nous ne pouvons que répéter aujourd'hui , ce que nous
avons déjà dit du haut de la Chaire de notre Cathédrale : la
ville de Liége, centre de la solennité, doit donner , et non
pas recevoir l'exemple. Qu'une même pensée unisse donc
tous les esprits, qu'une même volonté remue tous les cœurs !
Faites trêve pour quelques instants à votre trop grande sollicitude pour les affaires du temps; et occupez-vous plus
sérieusement du culte et du règne de ce Roi immortel, qui
décidera de vos destinées éternelles ? Vous-même , Seigneur,
de votre main puissante , touchez les rochers, nous voulons
dire, les cœurs les plus endurcis : faites en sortir les premières étincelles de votre amour; produisez un saint ébran-
lement, signe précurseur de votre descente dans les âmes !

Un mouvement si heureux , si décisif ne saurait être im-
ploré avec trop d'ardeur, et, ne l'oublions pas, il doit être,
il sera le fruit de nos prières. Qu'elles soient donc quoti-
diennes et ferventes durant les jours qui nous séparent
encore du Jubilé. Que les fidèles de la ville , dociles à nos
exhortations, remplissent chaque jour l'église où se font les
Prières de 40 heures ! Que là , aux pieds du divin Sauveur,
elles le supplient avec larmes de visiter au jour du salut la
ville et le Diocèse, berceau de sa Fête , dans sa très-grande
miséricorde , en versant sur toutes nos familles des flots de
grâces de conversion et de pénitence, de foi et d'amour.
Qu'à notre appel toutes les familles distinguées s'empressent

et tiennent à honneur de donner des associés à l'Archi-Confrérie du Saint-Sacrement, afin de rendre plus nombreux et plus imposant le cortège des adorateurs du Roi de gloire au jour de son triomphe! Il est beau, le spectacle que donnent aux anges et aux hommes, les rois, les magistrats et les juges de la terre, lorsqu'inclinant leurs fronts devant la Majesté du Dieu Eucharistique, ils lui paient publiquement le tribut de leurs respects et de leurs adorations!

Nous conjurons notre vénérable Chapître, nos séminaires, tout le clergé séculier et régulier de la ville et du Diocèse, les communautés religieuses, les associations pieuses, qui sont notre joie et notre plus intime consolation, de redoubler, pour l'heureux succès du Jubilé, la ferveur dans leurs prières et le zèle dans la pratique des bonnes œuvres. Nous désirons que chaque prêtre offre une fois le saint sacrifice de la Messe et que les âmes pieuses communient fréquemment à cette même intention. Quelle n'est pas la force de dix justes seulement, intercédant pour le salut de leurs frères!

Enfin, nous interpellons les nombreux et pieux enfants de Marie groupés pendant le mois de Mai autour du trône de la Mère de miséricorde; nous les prions d'être plus que jamais assidus et zélés à présenter à la Reine du Ciel, avec leurs bouquets de fleurs, celui de leurs vœux et des plus saints désirs de leurs cœurs! Intéressée à la gloire de son adorable Fils, Marie écoutera ces prières avec complaisance, et n'en doutons pas, c'est par elle surtout que nous obtiendrons pour la ville et le Diocèse, que les prochaines fêtes soient éminemment saintes et salutaires.

II. Il faut aussi, que selon la parole du Seigneur, elles soient solennelles, c'est-à-dire, qu'elles forment, pour le Dieu d'amour qui habite au milieu de nous, un magnifique triomphe.

Ici nous serons facilement compris d'un peuple, qui de siècle en siècle s'est distingué par son profond respect et son zèle ardent pour le culte de la divine Eucharistie.

D'ailleurs, si nous en croyons à nos pressentiments, jamais la ville de Liége, à l'époque de ses précédents Jubilés, n'aura été honorée de la présence de tant de Pontifes, ni visitée par tant de milliers de fidèles, accourant de tous les pays pour prendre part à sa joie. Combien ne sera-t-il pas heureux et consolant pour nous, d'entendre ces illustres et pieux pèlerins rendre à la Cité de St.-Hubert le témoignage, qu'aujourd'hui, comme à son origine, elle est digne encore par sa foi, d'être appelée la fille chérie de Rome.

Lève-toi donc, et brille de tout ton éclat, cité privilégiée, où bientôt la grâce sera prêchée aux captifs, la liberté à ceux qui sont dans les chaînes, la consolation pour ceux qui pleurent. la gloire pour ceux qui ont courbé leurs fronts dans la cendre ! Travaille avec une sainte ardeur à la décoration de tes maisons, de tes rues, de tes places publiques, aux arcs de triomphe sous lesquels passera le Dieu dont tu célèbres l'amour pour les hommes ; mais souviens-toi que tous ces dehors ne sont que les emblèmes des ornements de la justice et du vêtement de salut, par lesquels tu plairas à son cœur.

Pour obtenir de si beaux résultats, N. T. C. F. ce ne sera pas trop de la réunion de toutes les volontés, de la combinaison de tous les efforts. Aussi prions-nous sans cesse le Dieu de charité, d'unir l'un à l'autre le prêtre et le fidèle, le magistrat et le peuple, le savant et l'artiste, le riche et l'artisan, toutes les autorités, toutes les conditions, tous les bras, tous les cœurs, afin de donner à nos solennités une splendeur digne de leur objet (1).

Il y aura deux processions générales du Très-Saint-Sacrement de l'autel pendant la sainte quinzaine du Jubilé. Nous supprimons durant cet intervalle toutes les autres processions du Saint-Sacrement en ville.

La première se fera le jour même que notre prédécesseur

_____

(1) A l'imitation de ce qui s'est fait de notre temps dans les Cités de la Belgique les plus renommées par la magnificence de leurs fêtes religieuses, nous engageons chaque quartier de la ville par où passera la Procession, à créer une commission autorisée à cette fin, et composée principalement de membres de la Confrérie du Saint-Sacrement, afin de faciliter la réunion des ressources nécessaires, et d'en régler convenablement l'emploi. Il résulte de là ensemble, harmonie et tout à-la-fois variété dans les décorations de tous les quartiers.

de pieuse mémoire Robert de Torote avait assigné à la célé-- bration de la Fête-Dieu et que conserva le Souverain Pontife lorsqu'il l'étendit à l'église universelle. C'est donc le jeudi après le dimanche de la Sainte-Trinité, le 11 juin de cette année, premier jour du Jubilé. Pour compléter ce souvenir et le rendre d'autant plus touchant, la Procession partira de l'église de Cornillon, qui fut comme le premier berceau de la Fête-Dieu, où Sainte-Julienne reçut du Ciel la mission de procurer à l'église militante cette divine consolation, à son époux ce glorieux triomphe. De Cornillon, la Procession se rendra directement à l'église de Saint-Martin, où la fête fut célébrée dès son institution, où elle continua de l'être d'an- née en année malgré les luttes et les contradictions des hommes, et qui a mérité de devenir le foyer de la dévotion envers l'auguste Sacrement, le siége de l'Archi-confrérie vouée à son culte. C'est la gloire de l'ancienne église collé- giale de St.-Martin, d'avoir servi d'instrument aux desseins de la divine Providence alors que tout conspirait pour les renverser. Aussi c'est elle qui jouira particulièrement des faveurs insignes que nous avons obtenues de la sainte libé- ralité du Souverain Pontife; c'est elle qui verra affluer la foule innombrable des fidèles désireux d'en profiter ; c'est encore sous ses voûtes que retentira la voix éloquente de tant de ministres de la parole, accourus pour publier les gran- deurs et les bienfaits de notre Dieu ; c'est dans son glorieux sanctuaire que le culte divin se développera dans toute sa. majesté.

Nous sommes pénétré de reconnaissance envers nos véné- rables collègues dans l'épiscopat, qui de toutes parts se sont offerts à nous prêter leur concours pour rehausser l'éclat de nos saintes solennités. Ainsi tous les jours, nous l'espérons, il sera célébré dans l'église de St.-Martin, une messe pon- tificale, et le premier jour, après l'évangile, vous entendrez les félicitations et les encouragements du vénérable Pontife, qui remplace aujourd'hui Robert de Torote sur le siége de Langres, comme nous le remplaçons sur le siége de Liége.

La seconde Procession, où Son Éminence le Cardinal Ar- chevêque de Malines, notre vénérable Métropolitain, portera le Très-Saint-Sacrement, et à laquelle assisteront tous les Évêques de Belgique et plusieurs Prélats des contrées voisines, aura lieu le dimanche 21 juin et se dirigera d'abord vers la place où fut l'ancienne Cathédrale à laquelle se rattachent de si grands souvenirs ; elle fera ensuite une station près de la Cathédrale nouvelle, pour delà remonter à St.-Martin.

Hâtons-nous de vous faire remarquer, N. T. C. F. que c'est votre foi, votre recueillement, votre profond respect pour la présence du Dieu Eucharistique, qui devront former le principal ornement de ces imposantes cérémonies. Que votre maintien soit l'expression d'une foi vive et d'une tendre piété. Fléchissez le genou au passage du Très-Saint-Sacrement, en lui offrant avec ferveur vos vœux et vos adorations. Si vous marchez à sa suite, que ce soit dans un ordre parfait, évitant avec soin tout ce qui pourrait troubler le recueillement ou affliger la piété. Qu'il sera consolant de voir une longue suite de fidèles marchant en ordre derrière le Saint-Sacrement, et implorant continuellement, par l'intercession de la Vierge Mère, dans un pieux accord de voix et de sentiments, les bénédictions de son divin Fils sur l'Église universelle, sur Notre Saint Père le Pape, sur tous les Évêques, sur tous les fidèles et particulièrement sur la Belgique, sur le diocèse et la ville de Liége !

Les Confréries et les autres associations pieuses, appelées à faire partie de la procession, précéderont le St.-Sacrement avec leurs bannières, le flambeau à la main. Nous leur ferons assigner le rang qu'elles devront occuper, et nous les prions dès aujourd'hui de le garder avec la plus scrupuleuse attention. La Fête-Dieu doit rendre impossible tout esprit de vanité et de contention, puisqu'elle nous montre en action le Dieu de charité, redevenu dans nos tabernacles et sur nos autels, ce qu'il fut durant sa vie mortelle, le parfait modèle de la douceur, de l'obéissance et de l'humilité.

Nous avons appris, qu'indépendamment de ces deux grandes Processions de la ville, le clergé et les fidèles de notre Diocèse s'apprêtent de toutes parts à se rendre processionnellement au Mont Saint-Martin pour y adorer le Dieu de nos autels. Notre cœur en a tressailli de joie et nous bénissons le Seigneur, unique auteur d'un si pieux mouvement. Obéissez, peuple d'adorateurs, à sa douce voix qui vous appelle; accourez, race bénie rachetée au prix de son sang, pour lui offrir les témoignages de votre amour et de votre reconnaissance. Pendant quinze jours ce saint d'Israël sera comme assis sur un trône de grâces pour vous écouter et vous bénir; approchez de lui avec confiance en chantant ses louanges et en invoquant son Saint nom!

Que de pieux pèlerins viendront même des contrées lointaines et seront reçus, nous ne pouvons en douter, comme des frères bien-aimés! Lorsque naguères à Trèves l'on a exposé à la vénération publique la sainte Robe du divin Sauveur, l'on ne sait ce qu'il a fallu admirer le plus, ou de l'empressement des fidèles à s'y rendre de toutes parts, ou de la charité des habitants à les bien accueillir. Cet exemple ne sera pas perdu. S'il devait arriver à quelques-uns de ceux qui viendront nous visiter, ce qui est arrivé au Rédempteur à son entrée dans le monde, de ne plus trouver de place dans les hôtelleries, les enfants de la cité de St.-Hubert, marchant sur les traces des premiers chrétiens, sauront dignement exercer à leur égard les devoirs de l'hospitalité. Le parfum de cette douce vertu, se mêlant à celui d'une piété sincère, sera un nouveau sacrifice d'agréable odeur offert au Dieu Eucharistique; il attirera sur la cité de nouvelles bénédictions.

C'est ainsi que cette cité conservera comme le plus précieux héritage qu'elle ait reçu de ses pères, une tendre piété envers l'auguste mystère de la foi, et qu'elle le léguera à ses enfants en garantie de leur inviolable attachement à l'Église Catholique, Apostolique, Romaine. Pour elle aussi, honorer du culte suprême l'adorable Eucharistie, et conserver sur son front le sceau qu'y imprimera le saint fondateur, ce sera toujours une seule et même chose. Autrefois elle associait à ce culte les actes de son patriotisme, et confiait au Dieu qu'elle adore ses libertés et ses franchises. Ces temps ne sont plus, N. T. C. F., mais ils nous ont laissé de grands exemples et de magnifiques souvenirs. Qu'il nous soit permis, en terminant, d'en rappeler un seul.

Il fut une époque où le jour de la Fête du Très-Saint Sacrement les trente-deux Métiers venaient deux à deux , dans la grande nef de la Cathédrale de St.-Lambert, prêter serment de fidélité à la religion Catholique. Sur un autel dressé au milieu de la nef se trouvait exposé l'adorable Sacrement. Les Métiers s'avançaient respectueusement , leurs bannerets en tête. Arrivés au pied de l'autel , ils abaissaient l'une sur l'autre en croix leurs banderolles ; puis prononçaient à haute voix , entre les deux gouverneurs, le serment solennel par lequel ils promettaient et juraient en présence de Dieu et du Très-Saint-Sacrement de l'autel , tant pour eux que pour la Cité entière , de vivre et de mourir dans la foi et religion Catholique , Apostolique , Romaine. A peine les paroles sacramentelles étaient-elles prononcées : « Ainsi Dieu » nous aide au Saint-Sacrement de l'autel , » que les voûtes du temple retentissaient d'unanimes acclamations : « Oui , » nous le jurons ! Vivat , Vivat ! »

N T. C F. les anciens Métiers n'existent plus ; mais les héritiers de leur foi sont là ; c'est vous ; l'ancien serment ne se prête plus ; mais le lien qui vous attache à la foi Catholique doit être indissoluble ; la Cathédrale de Saint-Lambert, cette ancienne gloire du pays , hélas ! elle aussi n'est plus , mais bientôt, au jour d'une de nos grandes Processions ; nous serons tous réunis sur l'emplacement de la basilique, au lieu même , qui fut fécondé par le sang du Pontife Martyr. Là , sur un autel élevé, se présentera à vos adorations le même Dieu que notre glorieux Patron nous apprit à connaître et à aimer , le même à qui nos pères juraient fidélité. Lors donc que prosternés à ses pieds , vous recevrez sa solennelle bénédiction , rappelez-vous la foi et les transports d'amour de vos pères et tous ensemble redites intérieurement du fond de vos cœurs : « Oui , Seigneur, nous aussi , nous voulons vivre et mourir dans la foi et la religion Catholique , Apostolique , Romaine ! A la vie comme à la mort, vive Jésus !   17

A CES CAUSES, NOUS ORDONNONS :

I. A dater du mardi 2 Juin jusqu'au mercredi 10 inclusivement , il sera fait dans toutes les églises de notre diocèse une Neuvaine de prières afin d'attirer les bénédictions du ciel sur la ville et sur le diocèse durant les saints jours du Jubilé.

1° Tous les prêtres diront à la Ste-Messe, après la Collecte du jour , celle *ad postulandam charitatem :* Deus qui diligentibus Te ... avec la secrète et la post-communion. (*Inter orationes diversas Missalis.*)

2° Après la Messe , le prêtre et les fidèles réciteront les litanies de la Sainte Vierge, avec les oraisons du Processionnal.

Les Messes de la Neuvaine seront annoncées au Prône les deux dimanches précédents, et dites à l'heure où le plus grand nombre de fidèles pourra s'y rendre.

3° Il y aura chaque jour de la Neuvaine un salut le soir à 7 1/2 heures. On y chantera l'antienne *O quam Suavis* , avec l'oraison du Saint-Sacrement , le psaume : *Qui habitat* , avec les oraisons du processionnal , et le *Regina Cœli* etc.

II. Les quatre derniers jours de la Neuvaine , il se fera le soir, au Salut, une courte instruction analogue aux solennités du Jubilé. Il sera loisible d'en faire une également le matin après la Messe, pourvu qu'elle soit très-courte.

Ces instructions serviront de préparation à recevoir la grâce du Jubilé , en disposant les fidèles à purifier leurs consciences par une pénitence sincère.

Dans les localités trop éloignées pour que les fidèles puissent en grand nombre se rendre à Liége , ces instructions auront particulièrement pour but, d'apprendre aux fidèles l'histoire de l'institution de la Fête-Dieu , afin de réveiller leur foi , et d'exciter leur dévotion envers l'auguste Sacrement de nos autels. Il sera très-utile de répandre dans tout le Diocèse les petits ouvrages qui viennent de paraître sur ce sujet.

III. La solennité du Jubilé commence le 11 Juin et finit le

25 du même mo is. On ne peut obtenir la grâce du Jubilé que durant ces quinze jours.

Pour gagner le Jubilé, il faut 1° se confesser dans un véritable esprit de pénitence; (on peut le faire dès la veille, 10 juin), 2° recevoir la Sainte Communion un des jours du Jubilé; (on peut se confesser et communier dans sa paroisse ou dans une autre église à choix); 3° faire une station dans l'église de Saint-Martin et y prier au moins cinq *Pater* et cinq *Ave* à l'intention du Souverain Pontife; savoir, pour la concorde des Princes chrétiens, pour l'extirpation des hérésies et des schismes et pour l'exaltation de Notre Mère la Sainte Église.

L'indulgence du Jubilé est applicable aux âmes du Purgatoire.

Les prisonniers et les malades, empêchés de se rendre à St.-Martin, peuvent satisfaire par d'autres œuvres de piété que prescrira leur confesseur.

Les enfants qui n'ont pas encore fait leur première communion, peuvent gagner l'Indulgence du Jubilé, pourvu que s'étant confessés, ils fassent quelques œuvres pies prescrites par leur confesseur.

IV. Le présent Mandement sera lu au prône de toutes les Eglises et servira de texte d'instructions durant le mois de Mai.

Donné à Liége, sous notre seing, notre sceau et le contreseing de notre Secrétaire, le jour de la Translation de Saint-Lambert, 28 Avril 1846.

CORNEILLE, ÉVÈQUE DE LIÉGE.

Par Mandement :

J. P. A. J. BECKERS, *Chanoine-Secrétaire.*

DISPOSITIF GÉNÉRAL DU JUBILÉ.

I. Mercredi , 10 Juin, ve ille de la Fête-Dieu , nous chan-
terons solennellement les premières Vêpres à quatre heures
avec l'assistance du Chapître de notre Cathédrale.

Les Vêpres finies , nous entonnerons le *Veni-Creator*, qui
sera suivi du Sermon par M. l'abbé Dupanloup , Grand-
Vicaire de Paris, sur la nécessité de se sanctifier par la
grâce du Jubilé. Après le Sermon , Salut. La bénédiction
du Saint-Sacrement sera donnée par M. le Curé-Doyen de
St.-Martin.

L'autorité militaire a bien voulu nous informer que pour
relever l'éclat de nos solennités, elle fera tirer une salve de
coups de canons, la veille de la Procession de la Fête-Dieu ,
pendant la Procession , la veille de la clôture , et pendant
le *Te Deum*.

A 7 heures précises, au signal que donneront le canon
et le bourdon de la Cathédrale , toutes les cloches de la ville
et de la banlieue annonceront l'ouverture du Jubilé. Elles
sonneront pendant une demi-heure.

II. Jeudi 11 Juin, jour de la Fête-Dieu, la Messe de l'Archiconfrérie à St.-Martin à 6 heures.

Première Procession de la Fête-Dieu. A 8 heures , réunion
à Cornillon. A 8 1/2 heures départ ; la Procession traverse le
quartier de l'Est, le Pont-des-Arches, Le Grand-Marché et
monte par la Haute-Sauvenière à St.-Martin. Il y aura quatre
reposoirs : dâns la rue Puits-en-Sock , au Pont-des-Arches ,
au Grand-Marché et au pied de la Sauvenière.

La Procession marchera dans l'ordre indiqué à la fin du
dispositif, (1er appendice).

Au départ de la procession, le canon de la Chartreuse ayant
donné le signal , on sonnera toutes les cloches de la ville et
des faubourgs pendant une demi-heure. Elles seront également sonnées au moment où la Procession atteindra le Mont-
St-Martin.

Dans chaque paroisse que traversera la Procession, on sonnera sans désemparer toutes les cloches, tant que durera le passage du St.-Sacrement.

Si le mauvais temps empêchait de faire la Procession, elle serait remise au dimanche 14.

Aussitôt que la Procession sera entrée à St.-Martin, on commencera la Messe solennelle. Après l'Évangile, discours par Monseigneur Parisis, Évêque de Langres. A 5 heures les Vêpres solennelles suivies du Sermon par Monseigneur l'Évêque de Curium, du Salut et de la bénédiction du Saint Sacrement.

III Chaque jour de la sainte quinzaine il y aura, à Saint-Martin :

1re Messe à 5 heures,

Messe de la Confrérie à 8 heures,

Messe Pontificale à 10 heures.

Vêpres solennelles à 5 heures, suivies du Sermon, du Salut et de la bénédiction du Saint Sacrement.

(Voyez pour l'ordre des offices pontificaux et des sermons le deuxième appendice).

IV. Le samedi 20, à 7 heures précises du soir le canon et la grosse cloche de la Cathédrale donneront le signal, et aussitôt les cloches de toutes les Eglises annonceront la Procession solennelle du St.-Sacrement du jour suivant. La sonnerie pendant cette seconde Procession se fera de la même manière que pendant la première.

V. Le dimanche 21 Juin, Messe Pontificale à 9 1/2 heures, célébrée par Monseigneur l'Archevêque d'Éphèse, Nonce Apostolique à Bruxelles. Le St.-Sacrement sera porté à la Procession par son Éminence Monseigneur le Cardinal Sterckx, archevêque de Malines, Primat de Belgique. Tous les Évêques du royaume y assisteront.

La Procession suivra le Mont-St.-Martin, Saint-Séverin, la place St.-Lambert, la rue des Dominicains, la place Saint-Paul, le pont d'Avroy, le Quai de la Sauvenière, et remontera par la Haute-Sauvenière à St.-Martin.

1 ; .... à .. .. à .....
b'............ ... .
.. ..

3 ; ....
....

.. .. à ....
....

2; .... ; ....
à ....

1° ...a ... . à St.-Martin après la Messe
.. à ....

2° ...a .. .. Ser-
mon à .. .. à .. .. par M. l'abbé
.... Paris et les R.R. P.P. de ......
.... Jésus et .... de la Congré-
....

3° .... la première semaine
.. .. pour .... des fidèles venus du dehors,
et de ..... de la ..... que leurs occupations .. de pénibles
travaux .... d'assister aux offices du jour, nous a-
vons ...... qu'il y ait un Sermon le matin après la première
Messe de 5 heures , et le soir pendant le Salut qui commencera à 6 heures, dans les églises suivantes :

A St.-Servais , pour le quartier de l'Ouest.

A St.-Jacques et à St.-Christophe, pour le quartier du Sud.

A St.-Barthélemi et à Ste-Foi pour le quartier du Nord.

A St.-Nicolas et à l'église de Cornillon pour le quartier de
l'Est.

4° A l'église de Notre-Dame de la Conception , il y aura ,
pour les pèlerins venus d'Allemagne , aux jours qui seront
fixés ultérieurement , des Sermons en langue allemande vers
onze heures. Nous espérons que les Seigneurs Évêques de
Trèves et de Chersonèse voudront bien s'en charger en partie.

A l'église de St.-Denis, il y aura trois fois par jour une instruction en langue flamande.

VII. Afin d'éviter le trop grand encombrement dans l'église
de St.-Martin, nous avons jugé à propos de déterminer l'ordre des jours dans lequel les populations du dehors s'y ren-

dront en procession. (Voyez le 3ᵉ Appendice). Nous prions instamment les paroisses de s'y tenir. Si quelques localités avaient des réclamations motivées à faire valoir, nous les écouterons volontiers, et ferons les changements désirés.

Le mercredi 24, veille de la clôture du Jubilé, le canon et toutes les cloches de la ville annonceront, à 7 heures du soir, le *Te Deum* solennel qui sera chanté le 25 à St.-Martin en actions de grâces.

Le 25, jour de la clôture du Jubilé, les offices aux heures ordinaires. Le *Te Deum* sera chanté à la fin du salut, immédiatement avant la bénédiction du Saint Sacrement. On tirera une salve de coups de canon et toutes les cloches sonneront pendant le *Te Deum*.

VIII. Nous recommandons à toute la population de la ville et du dehors le recueillement, l'ordre et la décence la plus parfaite. Nous espérons que tout le monde évitera jusqu'aux apparences du mal, à tel point que pendant toute la sainte quinzaine on n'aura pas d'excès à réprimer. Nous invitons à la joie, mais cette joie doit être sainte, sans mélange de jeux ou de divertissements profanes. Nous verrons avec bonheur qu'aux jours de nos solennelles processions, les rues qu'elles traverseront, soient décorées le jour et illuminées le soir ; mais ces décorations et ces illuminations, fruits du mouvement spontané de la foi et de la piété des fidèles, devront encore porter un caractère purement religieux.

1ᵉʳ APPENDICE.

ORDRE DE LA PROCESSION.

Quelques cavaliers ouvrent la marche.
1° Les enfants de Marie avec la bannière de la Ste-Vierge.
2° L'association des Saints Anges avec sa bannière.
3° L'association de la Sainte Famille avec sa bannière.
4° L'association de St.-Paul avec sa bannière.
    Celle de St.-Vincent de Paul.
    Celle de St.-François Régis.

5° La Confrérie de St.-Hubert avec sa bannière.

6° La Confrérie de Charité des Prisonniers avec sa bannière.

7° Les Confréries combinées du Très-Saint Sacrement de toutes les paroisses, marchant dans l'ordre des quartiers de la ville, indiqué pour les prières de 40 heures.

8° Les reliques de Ste-Julienne,

Celles de la bienheureuse Eve,

Elles seront portées par des lévites, entourées de 40 bannières et précédées du Gonfalon de l'Archiconfrérie.

9° L'Archiconfrérie.

10. La Croix.

11. Les Chantres.

12. Le Séminaire.

13. Le clergé de la ville et des environs.

14. Le Chapître Cathédral de Liége.

15. Monseigneur le Doyen.

16. Les Thuriféraires.

17. Le Dais entouré de lanternes.

18. Les Seigneurs Archevèques et Évêques.

19. Quatre rangs de fidèles se formeront en ordre, récitant le chapelet, aux fins indiquées dans le Mandement. Le quartier de l'Est se placera le premier, puis ceux du Nord, de l'Ouest et du Sud.

On prie instamment tous les fidèles qui auront vu défiler la Procession, de prendre immédiatement rang derrière le Saint Sacrement sous la petite bannière de leur quartier, laquelle portera le nom de l'église primaire.

———

2ᵐᵉ APPENDICE.

ORDRE DES OFFICES SOLENNELS A ST.-MARTIN.

Cet ordre ne saurait être fixé que d'une manière provisoire ; les affiches en indiqueront le complément et s'il y a lieu, les rectifications.

Le 10 juin. 1ʳᵉˢ Vêpres Pontificales à 4 heures.
Veni Creator.
Sermon par M. l'abbé *Dupanloup.*
Salut et Bénédiction.
Le 11 juin. A 6 heures Messe de l'Archiconfrérie.
A 8 ½ , Procession de Cornillon à St.-Martin.
A 11, Messe Pontificale par Monseigneur le comte de
Mercy-Argenteau , Archevêque de Tyr , doyen du
Chapitre.
Sermon par Monseigneur *Parisis* , *Évêque de Langres.*
A 5 heures. Vêpres , sermon par Monseigneur le *Baron
de Wykerslooth* , *Évêque de Curium.*
Le 12 à 10 h. Messe Pontificale par Monseigneur *l'Évêque de
Langres.*
A 5 h. Vêpres , Sermon par le R. P. *Lacordaire* , de l'or-
dre de Frères prêcheurs.
Le 13 à 10 h. Messe Pontificale par Monseigneur *l'Évêque
de Curium.*
A 5 h. Vêpres , Sermon par le R. P. *Dechamps* , de la
Congrégation du St.-Rédempteur.
Le 14 à 10 h. Messe Pontificale par Monseigneur *Gousset* ,
Archevêque de Rheims , Primat de la Gaule Belgique.
A 5 h. Vêpres , Sermon par le R. P. *de Ravignan* , de la
Compagnie de Jésus.
Le 15 à 10 h. Messe Pontificale par Monseigneur *Arnoldi* ,
Évêque de Trèves.
A 5 h. Vêpres , Sermon par M. l'abbé *Dupanloup.*
Le 16 à 10 h. Messe Pontificale par Monseigneur *Laurent ,
Évêque de Chersonèse* , Vicaire apostolique à Luxem-
bourg.
A 5 h. Vêpres , Sermon par le R. P. *Dechamps.*
Le 17 à 10 h. Messe Pontificale par Monseigneur *Paredis* ,
Évêque d'Hirène , Vicaire apostolique à Ruremonde.
A 5 h. Vêpres , Sermon par le R. P. *Lacordaire.*
Le 18 à 10 h. Messe Pontificale par
A 5 h. Vêpres , Sermon par le R. P. *de Ravignan.*
Le 19 à 10 h. Messe Pontificale par
A 5 h. Vêpres , Sermon par M. l'abbé *Dupanloup.*

Le 20 à 10 h. Messe Pontificale par Monseigneur *Dehesselle*, *Évêque de Namur*.

A 5 h. Vêpres, Sermon par le R. P. *Dechamps*.

Le 21 à 9 h. Messe Pontificale par son Excellence Monseigneur *le Comte de St.-Marsan, Nonce apostolique à Bruxelles*.

La Procession par Son Eminence Monseigneur le *Cardinal Sterckx*, *Archevêque de Malines*, *Primat de Belgique*.

Outre Nos Seigneurs les Évêques de Bruges, de Tournay, de Namur et de Gand, les Seigneurs Archevêques de Rheims, de Cambray et les Évêques de Trèves, de Nancy et Toul, de Chersonèse, etc., etc., suivront le St.-Sacrement.

A 5 h. Vêpres, Sermon par Monseigneur *Giraud*, *archevêque de Cambrai*.

Le 22 à 10 h. Messe Pontificale par Monseigneur

A 5 h. Vêpres, Sermon par le R. P. *de Ravignan*.

Le 23 à 10 h. Messe Pontificale par Monseigneur *Labis*, *évêque de Tournay*.

A 5 h. Vêpres, Sermon par M. l'abbé *Dupanloup*.

Le 24 à 10 h. Messe Pontificale par Monseigneur *Delebecque*, *Évêque de Gand*.

A 5 h. Vêpres, Sermon par le R. P. *Lacordaire*.

Le 25 à 10 h. Messe Pontificale par Son Eminence Monseigneur le *Cardinal Archevêque de Malines*.

A 5 h. Vêpres, Sermon, Salut, Te Deum et Bénédiction par Monseigneur l'*Évêque de Liége*.

—

3ᵐᵉ APPENDICE.

ORDRE DES PROCESSIONS VENANT DE L'EXTÉRIEUR.

Les fidèles de l'intérieur de la ville de Liége sont invités à communier à St.-Martin de bonne heure le jour même de la Fête-Dieu, et de se réunir ensuite à Cornillon pour suivre la Procession en priant.

Le St.-Sacrement sera exposé à St.-Martin tous les jours de la quinzaine depuis la première Messe jusqu'au Salut.

On y distribuera la Sainte-Communion à l'autel de la chapelle du Saint-Sacrement et à celui de la Sainte-Vierge.

Cependant on rappelle ici que l'on peut se confesser et communier où on le désire , et l'on prie les fidèles venant du dehors de le faire la veille ou le jour même dans leurs paroisses respectives, avant de monter à Saint-Martin pour y faire leur adoration et les prières prescrites.

Voici l'ordre dans lequel les processions venant de l'extérieur , sont invitées à se rendre à St.-Martin ; elles y entreront par la porte du fond et sortiront par celle du transept.

Le 11 juin. *Fête-Dieu.* Vacat.

Le 12 , *vendredi.* La banlieue de l'ouest , avec Bierset , Loncin, Alleur.

Le canton de Seraing.

Le 13 *samedi.* La banlieue du Sud avec Tilleur et Jemeppe.

Les cantons de Herve et d'Aubel.

Le 14 *dimanche.* La ville et le canton de Verviers.

Le 15 *lundi.* La banlieue de l'Est, avec Chênée , Vaux-sous-Chèvremont, Embourg et Chaudfontaine.

Le canton de Landen.

Le 16 *mardi.* La banlieue du Nord avec Vivegnis, Oupeye.

Le canton de Limbourg.

Le 17 *mercredi.* Glons, le vallon du Geer en dessous, Juprelle, Paifve , Villers-St.-Siméon , Othée , Xhendremael , Houtain , Fexhe, Slins , Milmort , Liers, Rocour , Lantin.

La ville et le canton de Spa.

Le canton de Looz.

Le 18 *jeudi.* Partie du canton de Hozémont : — Grâce-Montegnée , Awans, Velroux, Roloux, Jeneffe . Momalle , Fexhe , Kemexhe , Fize , Thys, Crisnée, Odeur, Fooz , Hognoul.

La ville et le canton de St.-Trond.

Le 19 *vendredi.* Partie du canton de Glons sur la Meuse : — Lanaye , Lixhe, Haccourt, Heure-le-Romain , Hermalle, Hermée.

Le canton de Waremme , la ville de Hasselt.

Le 20 *samedi*. La ville et le canton de Visé. — Le canton de
  Hannut.

Le 21 *dimanche*. Vacat.

Le 22 *lundi*. Les cantons de Tongres et de Nandrin.

Le 23 *mardi*. Partie du canton de Hozémont : — Hozémont,
  Engis, Awirs, Chokier, les deux Flémalle, Mons,
  Hollogne.

  Les cantons de Louvegné et de Couthuin.

Le 24 *mercredi*. Les cantons de Huy, de Bodegnée, de Sou-
  magne.

Le 25 *jeudi*. Les cantons de Herck-la-Ville, de Mechelen, de
  Bilsen et de Maeseyck.

  Fait et arrêté d'un commun accord avec notre vénérable
Chapitre Cathédral et l'Archi-Confrérie du Saint-Sacrement,
le 8 mai 1846.

† CORNEILLE , Évêque de Liége.

Par Mandement ,

J. P. A. J. Beckers , *Chanoine-Secrétaire*

P. S. Voici les titres des ouvrages recommandés aux fidèles à
l'article II de notre Mandement. — *Le plus beau souvenir de
l'Histoire de Liége*, par le R. P. Dechamps. — *La Fête-Dieu,
Sainte Julienne et l'église de Saint-Martin à Liége*, par un
membre de l'Archi-confrérie du St.-Sacrement. — *Histoire de
l'Institution de la Fête Dieu*, par le R. P. Bertholet, (nouvelle
édition 1846) et *Vies de Sainte Julienne et de la bienheureuse
Eve*, extraites de cette *Histoire*. — Enfin le *Manuel des Adorateurs du St.-Sacrement* que l'Archiconfrérie fait imprimer en
ce moment.